U0686974

广告学原理与实务

GUANGGAOXUE YUANLI YU SHIWU

（广告策划技能项目化教程）

主 编 霍骁勇 徐 艟

湖南师范大学出版社

图书在版编目(CIP)数据

广告学原理与实务(广告策划技能项目化教程)/霍骁勇,徐艟主编. -- 长沙:湖南师范大学出版社,2017.5

ISBN978-7-5648-0653-8

Ⅰ.①广… Ⅱ.①霍…徐…Ⅲ.①广告学原理与实务-高等教育-教材 Ⅳ.①F713.8

中国版本图书馆 CIP 数据核字(2012)第 006057 号

广告学原理与实务(广告策划技能项目化教程)

主编:霍骁勇　徐艟

◇全程策划:刘　伟
◇组稿编辑:杨美荣
◇责任编辑:胡晓军
◇责任校对:张　腻
◇出版发行:湖南师范大学出版社
　　　　　地址/长沙市岳麓山　邮编/410081
　　　　　电话/0731-88853867　88872751　传真/0731-88872636
　　　　　网址/http://press.hunnu.edu.cn
◇经　　销:全国新华书店　北京志远思博文化有限公司
◇印　　刷:北京俊林印刷有限公司

◇开　　本:787×1092　1/16
◇印　　张:16.5
◇字　　数:480 千字
◇版　　次:2017 年 5 月第 3 次印刷
◇书　　号:ISBN978-7-5648-0653-8
◇定　　价:36.00 元

精品课程配套教材
双创型人才培养优秀教材　编审委员会

前　言

　　广告学专业是将广告以学术性的方法进行研究的专业。它通过研究市场经济、消费心理、美学等来增强人们的消费意识，产生社会心理共鸣。俗话说，"酒香不怕巷子深"，然而在现代信息社会，随着各类媒体的发展，这种观念也发生了变化。在社会主义市场经济发展进程中，广告业成了不可或缺而且炙手可热的行业。虽然广告这一社会现象出现较早，国外的相关研究也早已蒸蒸日上，但国内专门研究广告的广告学却起步较晚。改革开放后，随着我国社会主义市场经济的发展以及国际经济全球化进程的不断加快，商品流通日趋频繁。在激烈的企业竞争中，广告战也愈演愈烈。各企业不惜在广告上花费巨资，促进了中国广告业迅速发展。基于此我们组织了相关老师编写此教材。

　　本广告学层面的著述与材料，国内学者多有贡献.本教材的编写，力图在吸取广告学最新研究成果的基础上，并适应我国广告实务与广告高职教育的最新发展，有一些新的特色，新的进步。主要体现在工学结合方面，本书以八佰伴商场节日广告策划，企业庆典广告策划，恒大地产广告策划，影视广告策划，建立广告策划公司等五个可操作性的任务作为学习项目，让学生通过学习具体的操作任务过程中逐步掌握相关广告理论，并通过具体工作任务的学习可以在今后营销实践中展开广告策划，同时本教材始终把广告活动视为一种市场行为，本着广告策划是属于营销活动的组成部分，广告活动至始至终是为营销服务的理念，在工作任务的设置中都是选取典型的营销活动案例，并在不同任务中都蕴含了广告调研，广告预算，广告效果评价，广告传播及媒体整合，广告创意策划，广告管理等基本广告理论，不再宥于过去的理论体系来向学生灌输知识，而是紧紧结合广告实践活动，通过具体的工作任务导向式让学生在具体操作中知晓广告理论知识，以学会各种广告策划为主，以掌握相关广告理论知识为辅，所以本教材的编写吸收了很多广告企业中有丰富实践经验的策划人员，极大地丰富了本教材的知识内容。本书由霍骁勇、徐艟任主编；并审阅编写此书。

　　本书历经作者数年的教学总结而成，适合大中专作为教材，也适合广告从业者进行自我学习。在本书编写出版过程中还应特别感谢相关同志的大力帮助，在此，期待广大读者的评说，并提出宝贵意见，本人也预先一并感谢。

编　者

2017 年 5 月

目　录

第一篇　基础入门

一、教材特点

项目教学是指师生通过共同实施一个完整的项目工作而进行的教学活动，其指导思想是将一个相对独立的任务项目交予学生独立完成，从信息的收集、方案的设计与实施，到完成后的评价，都由学生具体负责。通过一个项目的实施，使学生能够了解和把握完成项目的每一环节的基本要求与整个过程的重点难点。项目教学法被认为是改变当前职业学校教学方法的有效手段。项目教学法在培养学生实际能力方面优势明显，但实施难度较大，尤其在文科类专业的实施难度更大。我校市场营销专业自开设广告策划课程以来，历经传统教学方式、模拟项目教学和项目导向教学法的探讨，逐步形成了完整有效的基于工作过程的教学模式，并将相关教学资料整理成本工学结合的教材，本教材主要有一下几方面特点：

（一）能力培养方面

《广告策划技能项目化教程》课程的目标是培养营销专业学生的广告策划职业能力，因此在课程的各个环节都紧紧围绕这一目标来设计。对课程目标的描述，必须明确"能够进行各种广告策划书的撰写"的目标。能力不同于操作技能，职业能力更加强调的是在复杂的工作情境中进行分析、判断并采取行动的能力。课程设计时从行业调查中总结出这一岗位所需的能力要求，进而从教学的角度予以梳理，总结出其职业关键能力和职业专门能力的分析表，作为本课程的能力培养目标。并以此为依据设计课程学习目标：能够编撰符合客户要求的指定产品策划书。学会广告策划工作室的创建、组成和分工；掌握广告市场对产品、消费者和竞争者的调查分析方法；在调查的基础上掌握广告定位和主题策划的正确方法；并要求能够准确的运用艺术手法表达出广告主题；掌握广告预算和广告媒体的运用，学会对广告效果进行有效测评。并形成最终的广告策划书。

（二）课程结构方面

课程结构分析时，主要针对的是课程结构的整体设计。传统教学方法过分注重学科体系，其教学结构为建筑构造型，即先打好基础再一层层的构建上层建筑；而项目课程则注重课程宏观结构的全新设计，其结构采用的是仿生物成长型，即象小鸟学飞一样不断的在实践中摸索最终学会飞翔。在课程设计上严格按照工作结构来对项目及其之间的逻辑关系和课程体系做整体规划，以工作过程中的知识结构关系来组织课程内容。在课程结构的设计方面，结合广告策划实际工作中的逻辑关系和工作流程，将广告策划活动的任务结果表现为广告策划书的撰写，将这一总项目分解为广告市场调查、广告主题与目标、广告创意与表现、广告媒体与预算以及广告效果测评等诸多模块来展开教学，由此组成了与本教材配套课程的教学内容。

（三）教学保障方面

项目教学的重要保证是寻找到合适的真实工作任务，要求这个任务可以涵盖课程教学的主要内容。教学中与企业的合作是课程教学的基本保证，同时教学队伍中还需要企业职业人员的参与。本工学结合教材的工作任务都是取材于江苏三艾国际广告公司，恒大地产集团，苏立信广告公司，八佰伴商贸有限公司等数家实体企业真实的广告策划素材上编撰的，在教学中对应的项目任务由老师和学生共同按照收集信息、计划、实施、检查、评价的五个步骤有序进行。在教学中可以组建广告策划工作小组，小组的建立是按照学号分配而得，不是由学生自组。主要是培养学生与任何合作对象的团队合作能力。工作小组的组织结构由成员自行决定，角色分配也由成员讨论决定，报教师备案，以便检查任务完成情况时参考。由于教材的编写主要服务于实际的广告策划工作，其内容的取舍以实际工作的需要为依据，适合高职高专学生使用；二是该教材结合了《国家职业标准》所规定的广告师职业应具备的广告知识与能力的要求。在知识储备方面，课程增加了思维创新方面的内容。在辅助教学手段上，通过运用模拟教学软件的方法，为课程提供了有效的保证。

（四）学习结果

本教材一方面以广告策划书为载体使工作任务具体化。通过工作分析所获得的"工作任务"是形式化的，项目课程强调通过完成工作任务所获得的典型产品或服务来使之具体化。在评价课程学习结果时候，将任务的每个项目作为一个节点，相当于工作中完成一个阶段任务，教师对每个节点进行记录考核，作为本课程考核成绩的依据。考核内容包括课堂出勤、任务完成、工作小组活动参与程度、有效学习方法的掌握、团队贡献、资料整理、表达交流等，通过教师评分和学生互评，形成过程性评价，作为学习结果的平时考核成绩，占20%比例；在项目完成后，按照项目结果的正确性和创新性进行终结性评价，占考核成绩的30%；最终还要根据学生对项目涵盖的应知应会内容进行考核，占总成绩的50%，从而形成一个完整的评价体系。

以上四个方面的内容最终形成了"广告策划课程任务分析和课程内容体系设计表"，如下所示：

课程任务分析	课程目标内容体系设计				
	教学目标	教学内容及教学活动框架	课程性质	课程范型
职业关键能力 1. 广告策划 2. 促销策划 3. 广告调查分析 4. 创新能力 5. 沟通能力 6. 自主创业能力 **职业专门能力** 1. 广告调查 2. 广告策划书撰写 3. 广告创意与表现 4. 合作 **知识目标** 1. 广告和广告策划 2. 广告市场调查分析 3. 广告定位 4. 广告创意 5. 广告媒体 6. 广告效果测评	学习目标：能够编撰符合客户要求的指定产品策划书。学会广告策划小组的创建、组成和分工；掌握不同广告市场对产品、消费者和竞争者的调查分析方法；在调查的基础上掌握广告定位和主题策划的正确方法；并要求能够准确的运用艺术手法表达出广告主题；掌握广告预算和广告媒体的运用，学会对广告效果进行有效测评。并形成最终的广告策划书。	学习内容：通过本教材的不同工作任务的项目学习分别掌握以下知识点： 1. 广告市场调查分析 2. 产品广告的定位和主题研究 3. 符合广告定位和主题的广告创意与表现 4. 广告预算与媒体运用 5. 广告效果的测评 学习时间：90课时 按照本项目课程体系设计课程内容如下： 一、广告与广告策划模块 1. 广告策划流程 （任务一八佰伴商贸公司的五一促销广告策划） 2. 广告媒体整合 （任务三恒大地产不同媒体的广告宣传策略） 二、广告市场调查与分析模块 1. 广告环境 （任务二丹阳汽配市场环境分析） 2. SWOT分析 （任务一，二，三都有分析） 3. 消费者调查 （任务一，三调查问卷） 三、广告定位和主题分析模块 1. 广告目标 2. 广告主题策划 3. 广告定位与策略 （任务一，三都很典型） 四、创意训练与广告表现模块 1. 广告创意 2. 文案撰写 3. 广告表现 （任务三地产文案，任务一，二，三都有创意及表现的内容展示） 五、广告预算与广告媒体运用模块 1. 广告预算 2. 广告媒介 （所有工作任务都有预算，任务一，三的媒体策略表现较多） 六、广告效果测评模块 1. 广告效果类型和测评方法 任务一，三最后都有	专门技术课程	项目导向

二、项目教学法

（一）对教师团队的要求非常高

任课教师必须具备完成一个项目所涉及到的所有专业理论知识和专业技能。广告策划是综合性能力体现，包含了艺术、营销和经济等诸多方面的因素，课程要求主讲教师必须具有相应的广告策划实践经验，并能真正起到引领学生的作用；能够对学生的创意思路给予有意义的指导。为了满足这一要求，《广告策划技能项目化教程》教材编撰团队不仅包括了学校的专业教师，还聘请了专业广告公司的策划人员共同组成校企结合的编写团队，从而对广告策划课程有一个全面的完整的规划，并能真正符合日后企业的实际广告策划要求。同时在教学内容设计方面，注重工学结合的模式，设定具体的几个工作任务，让学生在广告策划操作中培养真正实际能力。

（二）需要有合适的真实项目的支持

广告策划在实际工作中通常是要求在很短的时间内做出策划方案，企业无法等待一个学期按部就班的策划过程。另外，还必须能够寻找到能涵盖学习领域所涉及的全部或绝大部分教学目标规定的各项目内容。由于真实工作与教学过程之间存在着较大的时间差异，工作的延续性无法保证，使得项目教学的真实度受到限制。因而本教材选取了商场，庆典，房产，影视等四个具有典型意义的广告策划工作任务，让学生可以从这些具体实践中体验广告策划的操作要领。

（三）对学生的自学能力要求很高

自主获得项目中所需知识也是本教材项目教学中要达到的目标之一，但从教学实践中看，目前学生自主学习的能力比较弱，甚至有时候无法完成项目要求所需要的知识，对一些共同的问题还需要教师组织学习，减弱了项目导向教学法自主学习的导向。在教学中为了推动和督促学生养成自主学习的习惯，在本教材对应的课程考核体系中建议增设"有效学习方法的掌握"的考核指标，具体考核方法是充分利用学校"BLACKBOARD"网络教学平台中的"讨论板"功能，在每个项目阶段由教师提出一个问题或观点，并提供相应的参考资料和网站，每个工作小组围绕这个问题或观点进行研究并将其结果在讨论板上公开，再要求每个学生起码要针对一个工作小组的研究结果进行讨论分析。由于网络教学平台系统的用户都是以真实学号注册的，通过系统统计可以准确得到每个小组、每个学生的发帖次数，再根据问题的研究和讨论质量，给定"有效学习方法的掌握"的分数。这一方式较好地起到了督促学生自主学习的效果，同时也极大地提高了学生利用社会资源学习课程的兴趣，这样可以更好地把本教材工学结合的特点发挥到极致。

三、项目介绍及要求

表2：

序号	工作任务	学习目标	技能目标
1	八佰伴五一促销广告策划	了解百货类企业广告调查、策划、评价的基本内容及方法。掌握商业企业假日促销的广告策划的基本流程。	1、学会运用问卷法、观察法展开广告调查2、撰写广告综合调研报告技能3、了解微博广告策划4、了解喷绘广告制作流程
2	丹阳投资说明会及汽配零件展示会	掌握新开张企业庆典策划的基本内容及流程，了解企业庆典策划所用的设备、物品、预算及相关操作细则。	1、学会运用文献法展开广告调查2、会撰写庆典策划流程方案3、了解普通灯箱的制作流程
3	恒大绿洲地产广告策划	能够在地产项目展开前进行swot分析；熟悉整合媒体展开广告策划的策略；掌握楼书及DM相关创意和设计技巧；会进行简单的文案描写。	1、掌握地产项目广告策划基本流程2、会撰写房地产文案3、了解手提广告袋的制作流程
4	影视广告策划	了解影视艺术语言的基本单位，影视艺术语言的技巧——蒙太奇，掌握影视广告创作与广告策划的基本技巧，影视广告的创作原则。	1、撰写简单的分镜头广告剧本、可以策划一个简单的影视广告3、可以运作此类广告所用基本器材，道具，人员组成，成本核算
5	注册广告公司	掌握广告公司注册的基本流程，广告公司各部门的职责	1、可以自己注册广告公司2、可以理清广告公司各部门职能

四、考核标准

表3：课程模块考核标准

模　块	教学单元教学内容	考核评价目标	权重（%）	考核方法
基础模块	基本概念	是否掌握	5	笔试+面试
	广告与广告策划模块	会撰写广告策划书	15	
	广告市场调查与分析模块	会运用文献法、观察发展开广告调查，会写基本的调查问卷	10	

续表

模 块	教学单元教学内容	考核评价目标	权重（%）	考核方法
基础模块	广告定位和主题分析模块	掌握广告定位方法、广告主题的确定	10	笔试＋面试
	创意训练与广告表现模块	可以针对不同广告要求提出自己个性创意、撰写文案并评价	10	
	广告预算与广告媒体运用模块	掌握广告预算方法和媒体整合运用策略、知晓不同媒体广告的作用	10	
	广告效果测评模块	会展开广告效果的测评	10	
选学模块	可以通过平面设计软件创作简单创意广告作品	掌握 PHOTOSHOP 等软件并创作出相关广告作品	10	笔试＋面试
拓展模块	掌握成立广告实体公司的流程和程序	熟悉相关工商注册过程	8	面试
	独立撰写广告业务合同并可以展开相关广告策划活动	依靠成立公司独立接洽并成功签约广告策划业务（模拟和现实结合）	12	面试

表4：课程总成绩考核标准

评价方式	考核项目	成绩	说明
平时考核（50%）	出勤（满勤）	15分	迟到早退旷课酌情扣分
	课堂提问、讨论参与度及表现	15分	每人每项至少1次取平均值
	任务一涉及知识点	10分	每个工作任务学习完成后，分组独立完成对应的广告策划方案，同时互相做出评价讨论
	任务二涉及知识点	10分	
	任务三涉及知识点	10分	
	任务四涉及知识点	10分	
	任务五涉及知识点	5分	
学期末考核（50%）	综合试卷	15分	闭卷书面考试
	策划方案实施	10分	将各组策划方案中最优的参评
总分		100分	

表 5：具体项目技能考核标准

序号	项目技能	配分
1	手提袋广告制作流程	10 分
2	灯箱广告制作流程	10 分
3	喷绘广告制作流程	10 分
4	分镜头脚本撰写	10 分
5	根据创意广告图片撰写文案	10 分
6	会一般的广告预算并核算成本	12 分
7	草拟签约的格式规范的广告合同	8 分
8	SWOT 分析	5 分
9	网络教学平台参与度	10 分
10	小组策划班级活动	15 分
	合 计	100 分

第二篇　策划工作任务

任务一　八佰伴商场五一促销策划

第一节　项目引入

八佰伴百货公司委托某广告公司帮忙其展开五一的商品促销策划，公司老板兴致勃勃地要小张就这客户的广告做个策划方案，然后看看如何做比较好，小张回家翻了以前的教材，看了半天，云里雾里不知从哪里着手，就赶紧问了老板，老板告诉小张：先要做个市场调查，譬如周围竞争对手的促销策略，顾客反映（可以做个调查问卷访谈）

总结下自己商场的优势和弱势，确定自己的定位，然后确定广告策略。

小张急忙问：那具体的广告策略如何展开呢？老板想了想说道：那主要就要依靠媒体了，像报纸、杂志、广播、电视、网络还有现在最火的微博，你就要想想投放怎样的广告比较有效，广告的图案、文案、口号等等，不过创意好是一方面，还必须考虑资金的情况，不能超出预算，不然我没有那么多钱支撑的。小张马上接着话茬说：老板请放心，我一定既达到你预期的广告效果，也帮你节约开支，反正我在策划方案做好后一定把预算请你过目，那请老板再细细说说还有哪些应该主要注意的细节呢？老板听了很满意地说：看来你考虑还比较周到，方方面面都事先问好，防止以后出错，这样我就很放心了，另外我再强调下商场广告策划要按照"立意高深、实施简捷"的企业策划理念，创新营销机制，尽力从传统的4P即：价格、产品、渠道、促销方式，向着4C即：消费者、方便、价值与费用、沟通转变，以顾客的满意度为策划宗旨，为了逐步避免在经验的、感性的操作下进行，同时注意有简约的量化比较。百货商场营销策划方案抓住"聚人气"、"留人气"和"回人气"三个要素展开。

小张好奇地问：这"聚人气"、"留人气"和"回人气"如何在策划中体现呢？

老板说道：聚人气是指用一种极为简单明了的表达方式，带着一种激情，激发人们向卖场空间聚集的广告。商场发出的广告要求是"让全市人民都知道"。为了把广告做得有效，先要对各种媒体的发行量、收看率做了认真的调查，选择人们关注的媒体及播出时间段，如《某晚报》、《某电视报》、电视台晚间气象预报时间、电台早晨天气预报时间等。广告词要求简洁、明了、到位，还要具有感情色彩、有特色。广告追求的风格：大气和视觉冲击力。要求能引起受众的兴趣，同时要整合媒体资源，在节日前的黄金时段大批量地滚动播出。留人气是人气指数在一定时间内不减，形成旺盛的人气空间。停留时间量，是指使每一个到达商场的顾客到店内做更长时间的停留。其中有购买停留、实际上的交易时间。商场要在店内做足广告宣传，譬如大幅喷绘广告、POP 广告等来吸引顾客停留时间。由于每一个顾客购买行为都要花费一定的时间，因此，延长顾客停留时间就意味着更多的交易机会，并且，由于顾客在停留的过程中，会因环境的刺激引发购买冲动，而演变成实际的购买行为，所以，我们在广告策划方案时往往要关注卖区与卖区之间的联动。例如，买家电商品赠超市优惠券；买服装、鞋、针纺品赠金店优惠券等，有效的延续了顾客的购买行为。同时注意卖场环境的舒适度，包括灯火、道具、媒体广告、POP、DM 等以及动线的合理设计，使顾客减少无意义的闲逛，有利于把注意力集中在促销的商品上。回人气是指在让顾客在有限的卖场空间，特有的卖场时间内留下留连忘返感受和深刻印象，为培养成"回头客"而做出有效辅垫的服务。广告策划的最终目的是让每一个顾客尽可能多地买走商品，我们期望通过我们的广告策划努力来尽可能提高销售量。

小张听到这里皱起眉头：老板我感觉你的要求还是比较高的，我尽力吧。

老板哈哈笑道：你是初出茅庐可能很多方面了解不是太多，我说的这些都是基本的商场广告策划要求呢，你先试着写策划方案，如果你策划中有问题可以随时问我。

小张看到老板那么宽容的要求顿时觉得身上担子轻松不少，便答应老板一周后交方案，究竟小张会交出如何的策划方案，我们拭目以待。

学习目标：了解百货类企业广告调查、策划、评价的基本内容及方法。掌握商业企业假日促销的广告策划的基本流程。

技能目标：1、学会运用问卷法、观察法展开广告调查2、撰写广告综合调研报告技能

3. 了解微博广告策划4、了解喷绘广告制作流程

第二节　项目前期

一、用观察法展开广告调查

【知识文件夹一】观察法是指通过对调查现场的情况进行直接观察以获取有关信息的调查方法。这种方法的特点是被调查对象感觉不到自己是在被调查，因此，调查人员所获得的第一手资料就比较客观。

观察法分为直接观察和仪器观察。直接观察是由调查人员直接到现场察看以收集有关资料的方法。仪器观察是利用仪器进行现场观察的方法。在实际操作中，使用较多的是人员现场观察，因为利用照相机、摄像机以及视向测定器、瞬间显露器等特定的测录设备进行观察，其成本高，因此很难普及。

在广告调查中，观察法常用于检测销售点的顾客流量、成交率，某路段的车流量、人流量，户外广告的注目率等。用观察法进行调查能及时了解现场的情况，但却只能发现外部表象，而很难了解到广告信息接受者的心理活动和消费动机等深层次的情况。

（一）观察法调查八佰伴广告

1. 目的及要求：

目的：能够用观察法观察到顾客进入八佰伴的行为和现象。顾客进入八佰伴的步行路线，顾客的购物情况。本次调查的目的是为在八佰伴内树立各种广告的广告主提供真实、客观、有效的顾客浏览广告的资料统计，以此得来的资料来作为广告主投放广告方案的调整依据。我们的具体目标包括：

（1）顾客在每天进入八佰伴的平均人数。

（2）进入八佰伴后的路线统计。（要画出八佰伴的平面图）

（3）进入八佰伴后选择在何处购物。

（4）顾客喜欢注意何种商业广告，创意内容怎么样。

（5）浏览各种广告的停留程度。以时间秒数为标准。

要求：（1）事先要有研究目的，在这个目的下进行我们的观察。

（2）另外我们要有系统的设计，我们要事先设计好观察模式，不能够盲目随意地进行。各组人员在进行观察法的调查过程中需要做到相互配合、合理分配资源。

（3）我们记录结果时一定要系统，以便后面好做结果分析。

（4）我们的观察人员在观察和记录以及分析结果的时候一定要避免主观和偏见，要不然观察的结果会被影响。

2. 任务步骤：

（1）确定观察对象。我们的观察对象是去八佰伴购物的顾客。

（2）选择观察方法。我们选择的是无控制观察法，实施方法是以人来观察。

（3）制定观察步骤。我们的观察步骤是：

①记录下进入八佰伴的人数。

②小组分区域负责观察前来购物人员。其中包括行走路线，浏览情况，广告浏览停留情况。

③再记录浏览的广告创意内容及停留时长。

我们的观察记录表如下：

表1-1：八佰伴浏览商业广告受众情况表

排序	开始时间	结束时间	地点	性别	是否独自	陪同人	是否浏览	浏览停留时间长短	广告的内容	数量	备注（有无拍照、浏览广告后表情等）
1											
2											

①按观察计划进行记录。记录过程时一定要忠于原记录。

②结果统计与分析。

③写出观察报告。

3. 任务环境：

1. 小组成员走访观看

2. 八佰伴（已经树立广告主的各种商业广告）

任务结果与分析：

观察法调查八佰伴各种商业广告效果的报告

摘要：概括我们今日观察所得的顾客在八佰伴购物的时间特征，行为特征，以及选择八佰伴各个楼层的特征和八佰伴铺面的特征。给投放八佰伴的广告主提供投放广告建议。

关键词：3－6个具有概括词语。八佰伴、观察法、选择、

正文：为调查结果分析。包括图表 和自己的分析统计结果。

表1－2：八佰伴购物的时间段人数统计

八佰伴购物的时间段人数统计：（单位：人）				
楼层	11：55—12：05	12：06—12：15	12：16—12：25	12：26—12：35	小计
一楼	127	320	115	310	872
二楼	322	248	240	211	1021
三楼	300	235	211	321	1067
四楼	425	463	362	331	1581
五楼	412	312	342	245	1311
六楼	356	129	211	453	1149
七楼	321	401	425	615	1762

4. 结果分析。

（1）时间分布。在周一到周日顾客去商场的时间里，周末周日八佰伴里顾客较多，八佰伴购物的高峰期在十一点四十五到十四点一十五、十七点三十到二十点四十这个时间段。而在周六周日前来购物的人集中在十一点到二十点之间。

（2）在周六到周日的人到八佰伴的比较多，因为逛的人多而且所耗的时间较长，就会有人关注树立八佰伴各处树立的广告，会由于广告内容的不同分别停留时间不一。

（3）在八佰伴购物的高峰期时因为等待较久，驻足浏览相关广告的人就比较多。

（4）去八佰伴二楼购物的人比去八佰伴一楼的人多。可以考虑根据人流增加广告树立的位置和朝向。

5. 特征。概括我们今日观察所得的顾客在八佰伴购物的时间特征，行为特征，以及选择八佰伴各个楼层的特征和八佰伴铺面的特征：

（1）中午时段从十一点半开始八佰伴的人逐渐增多，到十二点过五分左右达到顶

峰，然后人逐渐减少，下午购物时间主要集中在十七点十分至十九点四十，十九点半达到顶峰。

（2）高峰段未到来前，多数人会选择在八佰伴购物，其中女性居多。

（3）非高峰时段人们等待的时间较短，而高峰时段等待的时间相对比较长。这时可以注意浏览广告的人群眼睛观看方向，毕竟正对着视线方向的广告最容易被注意。而二边方向广告只有转身会注意到。

（4）约30%的人到八佰伴后会犹豫在哪购物，其中女性占2/3，这时可以统计落座购物人数的分布情况，原则上有阳光，光线好、靠近空调处的位置为佳，由此可以判断广告应该针对更多落座人群位置摆放更有效果。

（5）根据男女性八佰伴分流情况打出分别针对不同性别的广告宣传效果会更佳。

（6）选择八佰伴各个楼层的特征：

①选择在一楼购物的基本上都是从一楼大门进入者，从电梯或扶梯两个门进入的基本上都选择在以上楼层购物；

②在一楼购物者多为独自一人者，而选择上楼购物的大多都有同伴；

（7）八佰伴铺面的特征：

①一楼的铺面较少而且经营的基本都是名牌首饰，柜台广告多是 POP 展示广告，女性停留较多。

②二楼以上相对来说商品柜台就多了些，经营项目也比较多，而且柜台都较大，各种广告做得也比较醒目。

6. 建议：

（1）广告主树立的广告创意内容不能单一，因为逛商场人员如果浏览到明显同样广告会不再细看。

（2）要根据人流集中的规律来树立商业广告：

①在进出比较频繁的八佰伴出入口树立广告。

②在落座人数视线正对的区域树立广告。

③在人数比较多的四周，根据视线朝向不同树立广告。

④根据男女性购物分流规律，分别树立针对不同性别宣传的广告。

⑤不同柜台的人流密集程度相应地安排广告树立密度，人多多树立广告，人少则少树立广告，无人就不必安排广告。

通过调查后发现

表 1－3：八佰伴八佰伴广告效果调查

八佰伴广告调查			
楼层	广告吸引力	停留时间	停留人数 2 小时内
1	一般	大于 10 秒	21
2	强烈	大于 20 秒	38
3	弱	低于 5 秒	4

续表

八佰伴广告调查			
楼层	广告吸引力	停留时间	停留人数 2 小时内
4	很弱	低于 2 秒	2
5	较强烈	大于 20 秒	29
6	强烈	大于 20 秒	40
7	很强烈	大于 30 秒	52

根据调查显示我们得出

①广告主树立的广告创意内容不能单一，因为逛商场人员如果浏览到明显同样广告会不再细看。

②要根据人流集中的规律来树立各种商业广告：

（二）观察法调查八佰伴周边商城广告及策划活动状况

目的及要求：

目的：能够用观察法观察到五一前镇江地区大型百货类市场现状。顾客的购买情况。

本次调查的目的是为在八佰伴为顾客提供真实、客观、有效的商品销售情况统计，以此得来的资料来作为八佰伴五一促销的广告策划方案的调整依据。

要求：

（1）镇江商业城购物广场、万千百货、万达广场同期五一期间策划活动。

1. 商业城购物广场

商业城购物广场总体布局和商品格调在镇江地区总的说来反映良好，通过现场观察调查发现一些细节上有问题：比如货架之间太过拥挤等等。但是，最大的问题不在于此，而在于商业城购物广场的商业在战略上没有层次，在战术上起点太低。所展示品牌主要是"国内中西部地区的非省会城市消费者中比较流行的品牌"而"国内外著名品牌"几乎很少。而广告策划主要依据自己的市中心位置，譬如大型的电视屏幕显示屏广告，商场内的 POP 展示和传统媒体的促销广告，新媒体微博宣传几乎没有。

图 1-1　镇江商业城

2. 同期五一期间商业城活动策划方案

活动主题：感恩 16 周年庆－店庆回馈月·第 1 波

活动时间：2012.4.28—5.6

活动内容：主力品类春夏新款满 88 元减 58/48 元或 3.5 折起（两种活动任选其一）

持 VIP 卡当日累计消费每满 500 元再加赠 500 积分

【黄金珠宝】4.28－5.1：中贵/宝庆/恒祥黄金饰品立减 62 元/克；中国黄金/翠绿黄金饰品立减 60 元/克；潮宏基/明牌黄金饰品减 40 元/克；周大福黄金减 28 元/克；金至尊/老庙/老凤祥黄金饰品立减再满 400 元加送 1000 积分；周大福 K/铂金满 1200 元减 200 元；

【化妆品】欧珀莱满 98 减 28；欧莱雅、兰芝、水之澳等满 98 元减 26 元；丸美/娥佩兰等满 200 元减 40 元；

【手表】中外名表、优惠酬宾、加送积分；

【国际精品】BOSS/雅格狮丹满 88 元减 62 元；

【床品】宝缦家纺婚庆四件套 780 元起、全棉四件套 278 元起；富安娜婚庆系列指定款优惠价；

【床品】海伦/花花公子/斯林百兰/富安娜等满 88 减 58/48/38；

【女装】丽莱/哥弟/路易莎美精品女装重装升级华丽登场！芝禾/雅莹满 500 元加送 1000 积分；成熟女装满 188 元减 78/68/58/48 等；

【国际运动】满 188 元立减 40 元再满 500 元加送 500 积分；

【时尚休闲】歌瑞丝芬/衣臣/多琳娜等满 88 减 58 再满额加送积分；秋水伊人满 88 减 48；【男装】英克莱、骄子、东方圣罗兰等满 88 减 58；西裤区满 88 减 48；【鞋包】百丽/她他/天美意等满 88 减 45；花花公子/赛帝等女鞋满 88 减 58；梦特娇/卡鳄等男鞋满 88 减 48；骆驼/皇冠箱包满 88 减 28；

【羊毛羊绒】鄂尔多斯满 88 减 38；贝加尔/梦特娇/鲨鱼等满 88 减 48；恒源祥等满 88 减 60、部分 80 元起；

【文胸】欧迪芬/曼妮芬/安利芳等满额再加送 1000 积分；

五一期间，镇江商业城以 16 周年店庆为契机，推出周年庆典回馈主题促销，满减与折扣任选的商品折扣形式、黄金珠宝类大力度减价、满额加赠积分的促销组合，大大提高了商场的人气以及销售，有一定的市场号召力。

3. 万达广场

镇江万达广场地处镇江市南徐新城核心，背靠新镇江市政府，紧邻沪宁城际铁路站及长途客运中心。项目总建筑面积近 40 万 ㎡，总投资约 25 亿元，由购物中心、五星级万达喜来登酒店、城市商业步行街、住宅等组成，是镇江迄今为止最大的城市综合体项目。镇江万达广场是万达集团开业的第 36 个万达广场，也是今年开业的第三个万达广场；万达喜来登酒店是今年万达开业的首家酒店。据悉，万达集团 2011 年将开业 16 个万达广场、12 家五星级酒店。

镇江万达广场购物中心引入万千百货、万达电影院线、国美电器、华润苏果、大歌星 KTV、大玩家电玩城、ZARA、星巴克、满记甜品等主力店及上百家品牌专营店，其中约 50% 品牌为首次亮相镇江，是集吃、穿、住、用、行于一体，满足消费者"一站式"生活消费需求的新商业中心。

镇江万达广场无论是规模、品质、业态、功能，都为镇江树立了全新的标杆，将区域内原本落后零散的商业格局有效整合，成为镇江最大的商业集群。同时，镇江万达广场开业后将实现企业效益与社会效益的高度统一，为镇江提供大量稳定的就业岗位，每年创造上亿元税收，促进镇江的经济发展。

由此可见无论商品定位和广告促销力度万达都是八佰伴的强有力竞争对手，特别是新媒体的广告运作应该说是比八佰伴有优势。由于二者地理位置差异，八佰伴在五一策划时应主要考虑区域影响因素。

图 1-2 镇江万达广场

4. 镇江万千百货五一策划活动

活动主题：五一变换季·万千 GO 时尚

活动时间：2012.4.27—5.3

活动内容：全场穿着类夏款满 10 元减 7/6 元

【黄金珠宝】中国黄金/中贵黄金/宝庆等黄金饰品 358 元/克；全场镶嵌类满 99 元减 50 元；

【化妆品】全场满 200 元立减 40/30 元；

【美丽炫彩启幕】购以下新进品牌满额再赠大歌星 1 小时免费欢唱券！

1F：NBA/欧冠/博士蛙/巴布/托马斯/网球王子/哈利波特等童品；孚日/梦兰家纺；乐滋堂进口食品；

2F：欧珀莱/烟酒/自然堂；

3F：BEFORE/JOLIE&DEEN/BRJ/璞秀；

4F：佰慧奴少女装；ZUO 休闲装；

5F：CHRIS&ROEDER 男装；阿柯姆等户外运动装；

五一期间，镇江万千百货主推"低门槛满减＋新品开柜赠礼"活动，同时黄金珠宝类一口价、全场购物满额赠礼等，对年轻客群仍然具有很大的吸引力。

图 1-3　镇江八佰伴

5. 新媒体策划运作情况比较

表 1-4　镇江 3 家百货类企业微博新媒体策划对照

情况 百货 公司	是否有微博认证	微博版面设计	微博原创	粉丝微博关注度（目前为止）	微博刷新速度	微博宣传本公司的力度	微博客户管理
镇江万达	有	活泼生动	很多	28386 人	几乎是每天刷新	较大	有
镇江商业城	无	版面设计很乱	几乎无，都是转播	27 人	刷新速度非常慢	小	无
镇江八佰伴	有	缺少生机	很多	659 人	比较慢	一般	有，但不完善

从上表可以看出，在镇江百货公司的市场上，万达占了一个领先地位，八佰伴仅次其后，而商业城与其他两个百货公司比起来，差距太大了。八佰伴和万达比起来，同样差距也很大。从微博版面设计来看，镇江万达的版面设计很活泼生动（如图）：

图 1-4　镇江万达广场微博

而镇江八佰伴的版面比较死板（如图）

图 1-5　镇江八佰伴场微博

不过，镇江八佰伴的微博首页有一个滚动频，可以给进微博的粉丝一个视觉上的冲击，这是其他两个百货公司所没有的．

二、运用问卷法展开广告调查

（一）设计《八佰伴商场促销广告》的调查问卷

1. 您的性别？（单选）

A. 男　　　　　　　　　B. 女

2. 您的年龄段？（单选）

A. 13 岁及 13 岁以下　　B. 14-24 岁　　　C. 25-34 岁　　　　D. 35 岁及 35 岁以上

3. 请问您经常在哪里看到八佰伴的广告？（单选）

A. 电视　　　　　　　　　　　　　　B. 网络

C. 公交车　　　　　　　　　　　　　D. 微博　　　　　E. 其他

4. 请问八佰伴广告哪个地方让你印象最深？（单选）

A. 代言人　　　　B. 故事情节　　　C. 广告语　　　　D. 音乐

E. 没印象　　　　F. 其他

5. 您对八佰伴广告的评价如何？（单选）

A. 喜欢　　　　　　B. 跟其他广告没什么差别　　C. 不喜欢

6. 看完八佰伴这则广告后，您是否购买了该商品？（单选）

A. 是　　　　　　　B. 否

7. 如果八佰伴要制作新的广告，您最希望看到什么？（单选）

A. 大牌明星　　　　B. 名胜取景　　　C. 感人故事

D. 创意情节　　　　E. 其他，请注明_____

8. 您觉得八佰伴的广告给我们的生活带来哪些影响？（单选）

A. 信息及时，让我们最快了解到最新的产品

B. 广告就是卖东西，需要时还是很有用的

C. 广告很烦人，从来不看

D. 其他

9. 您对广告播出的时间要求是？（单选）

A. 10 分钟　　　　　B. 5 分钟　　　　C. 2 分钟　　　　D. 没有

10. 您比较喜欢的八佰伴中的品牌是？（单选）

A. 欧珀莱　　　　　B. 周大福　　　　C. 潮宏基碎钻　　D. 欧时力

E. 喜来登　　　　　F. 其他

11. 您认为八佰伴微博广告的创意如何？（单选）

A. 很好　　　　　　B. 一般　　　　　C. 不怎么样

12. 您是否关注过八佰伴微博？（单选）

A. 是　　　　　　　B. 否

11. 您觉得八佰伴微博的广告能使你到商场去购买商品？（单选）

A. 是　　　　　　　B. 否

13. 您看过八佰伴微博的广告后会去体验一下嘛？（单选）

A. 看了就心动，马上就去体验　　　B. 看看别人是什么态度

C. 一般不感兴趣　　　　　　　　　D. 根本不相信

14. 八佰伴举办的促销活动方式中你最喜欢哪种？（单选）

A. 送券　　　　B. 打折　　　　C. 抽奖　　　　D. 赠品

E. 会员独享　　F. 当场返现金　　G. 文化活动　　H. 其他

15. 在进入八佰伴购买时，是否会看电子屏上的广告？（单选）

A. 是的　　　　　　B. 否

16. 如果看了电子屏上的广告，大概会看几秒？（如果上题没有请跳过该题）（单选）

A. 1 - 2 秒　　　　B. 3 到 5 秒　　　C. 6 - 8 秒　　　D. 9 秒以上

17. 就八佰伴的购物环境给您的整体感觉是？（单选）

A. 没有特别感觉　　B. 错综复杂　　　C. 极具特色　　　D. 新鲜多变

18. 在您八佰伴的购物中，让您最不满意的是？（单选）

A. 服务态度太差　　　　　　　　　B. 售后没保障

C. 环境嘈杂　　　　　　　　　　　　D. 没有休息的地方

19. 您对八佰伴的商品促销活动满意度如何？（单选）

A. 非常满意　　　　　　　　　　　　B. 比较满意

C. 一般　　　　　　　　　　　　　　D. 不太满意　　　E. 很不满意

20. 您认为八佰伴的商品信誉度如何？（单选）

A. 非常高　　　　　　　　　　　　　B. 比较高

C. 一般　　　　　　　　　　　　　　D. 比较差　　　　E. 很差

21. 您觉得八佰伴的定位应该是？（单选）

A. 大众化　　　　B. 中档　　　　C. 中高档　　　　D. 高档

22. 你一般多久会去一次八佰伴？（单选）

A. 一星期　　　　B. 半个月　　　　C. 一个月或以上　　D. 不定期

23. 您平时逛街的时候会来八佰伴吗？（单选）

A. 会　　　　　　B. 不会

24. 您是通过什么渠道了解到八佰伴的？（单选）

A. 电视广告　　　B. 报纸广告　　　C. 朋友介绍　　　　D. 其他

25. 您是否看过八佰伴的网络广告？（单选）

A. 看过　　　　　B. 没看过

26. 您曾经因为看过八佰伴的网络广告而购买过产品吗？（单选）

A. 有　　　　　　B. 没有

27. 您对八佰伴网站广告投放量有什么看法？（单选）

A. 对我没什么用，无所谓多少。

B. 能获取更多信息，不错，可以继续投放

C. 会影响观众观看视频的热情，不建议过多投放

D. 最好不要投放

E. 其他

28. 下列八佰伴的哪种网络广告更吸引您？（多选）

A. 文件链接式

B. 横幅式网络广告（包括静态和动态）

C. 插页式网络广告（即在打开你点击的链接打开页面时，插在两个页面之间出现的广告）

D. 弹出式网络广告（即用户在打开或关闭一个窗口时，出现的一个窗口广告）

E. 富媒体广告（即采用视频、音频、动画等互动式的综合广告）

F. 在线互动游戏广告 G 关键词广告（即搜索引擎广告，如在百度里搜索"餐饮"一词，而出来的结果）

H. 电子邮件网络广告

I. 其他

29. 您是否看过八佰伴的 pop 广告？（单选）

A. 是　　　　　　B. 否

30. 您看过八佰伴的 pop 广告后，有没有对你产生购买欲望？（如果上题没有请跳过该题）（单选）

A 是　　　　　　　　B. 否

31. 您是否注意过八佰伴的 pop 广告？（单选）

A. 是　　　　　　　　B. 否

32. 对八佰伴的产品关心最多的是？（多选）

A. 品牌　　　　　　　　　　　　　　B. 价格

C. 保质期　　　　　　　　　　　　　D. 质量　　　　　　E. 其他

33. 您是否在公交车上看过八佰伴的户外广告？（单选）

A. 是　　　　　　　　B. 否

34 您选择八佰伴的主要原因是？（多选）

A. 物美价廉　　　B. 商品种类齐全　　C. 服务态度好　　　D. 商场氛围好

E. 美食和娱乐　　F. 促销方式　　　　E. 停车比较方便

35. 您是否关注过八佰伴的微信？（单选）

A. 是　　　　　　　　B. 否

36. 您会因为八佰伴的微信广告是否使您产生了购买欲望？（如果上题没有请跳过该题）（单选）

A. 是　　　　　　　　B. 否

37. 您比较喜欢八佰伴哪种形式的广告？（单选）

A. 电视广告　　　B. 网络广告　　　C. 微博广告　　　　D. 微信广告

E. 户外广告　　　F. 其他

38. 八佰伴一般能给你留下深刻印象的电视广告是商业广告还是公益广告？（单选）

A. 商业广告　　　B. 公益广告

39. 八佰伴告是否激发了你购买产品的欲望？（单选）

A. 是　　　　　　　　B. 否

40. 您有将八佰伴电视广告中看到的产品推荐给您的朋友的吗？（单选）

A. 非常低　　　　　　　　　　　B. 低

C. 一般　　　　　　　　　　　　D. 高　　　　　　　E. 非常高

41. 八佰伴电视广告对您的购物有没有导向作用？（单选）

A. 作用很大　　　B. 作用不大　　　C. 没作用　　　　D. 反作用

42 逛商场您是否第一时间想到八佰伴？（单选）

A. 是　　　　　　　　B. 否

43. 您对八佰伴的电视广告时长满意吗？（单选）

A. 满意　　　　　　B. 太长　　　　　C. 太短

44. 您对八佰伴的电视广告的内容满意吗？（单选）

A. 满意　　　　　　B. 不满意　　　　C. 一般

45. 您会因为朋友介绍来八佰伴吗？（单选）

A. 会　　　　　　B. 不会

（二）【知识文件夹二】

问卷法

利用一定的调查方法收集原始资料后，如何设计理想的调查表或问卷（Question-naire），是整个广告调研工作中最重要的一环。

1. 问卷的定义

所谓问卷，是指为了调查和统计用的一种问题表格，是最常用的一种调查工具。问卷的设计必须与调查的目的和主题以及调查的方式相适应，问卷的类型也随所研究的问题、对象和方式的不同而不同。

2. 问卷的分类

若按调查方式分，有"自填问卷"和"访问问卷"两种。按结构分，有"无结构型问卷"和"结构型问卷"两种。如果按回答问题的形式分．有"开放式问卷"和"封闭式问卷"两种。在设计调查问卷时，除了注意一般的规则和程序之外，还应注意以下几个方面：

（1）首先要明确调查方式，是电话调查，邮寄调查，还是面访调查，不同的调查方法需要不同设计的问卷。

（2）全面考虑将要分析研究的问题，设计问卷时都要配以适当的变量（指标或项目），尽量不要遗漏。

（3）问卷正文的顺序除了要合乎逻辑之外，还要考虑先易后难，第一个问题最好富有趣味性。一般顺序是：较为简单的事实型问题，较为复杂的事实型问题，态度型问题．开放式问题。关于个人的基本情况可以放在最前边。但是如果调查的问题较为敏感，则最好将它放在最后面。

（4）对于封闭式的问卷，可选择的答案必须包括所有的可能。对于择一答案问题，可供选择的答案不能有重叠的部分，即答案必须是穷尽的、互斥的。

（5）可供选择的答案如果在程度、范围或分量上有顺序大小的关系，最好让对应代码的大小排列和该顺序一致。

（6）问卷不可太长，所问项目不可太多；问题必须明确、客观、简洁；过于复杂的问题应分成多个简单问题进行提问；问题不能有刺激性或诱导性；避免不合理问题和涉及私生活的问题。

（7）在态度量表中，除了有正向问题外，还要适当配以逆向和中性的问题。

（8）可要可不要的问题一定删除掉；一概而论的问题也不要。总之，问题要少而精。

（9）注意问题的措词与语气，除了必须表示确切的含义外，还要符合人们口头提问和交谈的习惯，避免书而化和文人腔。总之，出发点应是为被调查者着想。

设计问卷的问题，艺术成分不亚于科学成分，设计工作应由智慧高超且经验丰富的人担任，否则将影响整个调研的质量。

3. 问卷结构

一份完整的问卷通常包括标题、说明语、调查问题、被调查者背景情况和编码号等几部分的内容。

（1）标题

问卷卷头一般设计有一个标题，概括说明调查的主题，让被调查者对要回答的问题有一个大致的了解。标题设计应简明扼要，易于引起回答兴趣

（2）说明语

说明语要在恰当称呼后，说明调查的目的和意义，用恳切的评议请求被调查者给予配合。说明语中可以注有填表须知，交表的时间、地点、途径等。

问卷说明语举例：

女士/先生：您好！

我们是 X 营销咨询公司的调查员，向您请教有关 XX 牛奶产品的一些问题。我们将对调查结果进行认真分析，作为厂家开发新产品的依据，以便今后让您能够消费到更多、更好的奶产品，请您抽出几分钟的时间回答下列问题，稍后还有精美的礼物奉送。我们将严格遵守职业规范，对您的资料严格保密，感谢您的配合。

（3）问题部分

问题部分是问卷的主体。主要包括以下几方面。

表1-5 问卷设计中的问题

	事实性问题	行为性问题	动机性问题	态度性问题
目的	掌握过去、现在已存在的事实	了解被调查对象的行为特征	了解被调查者行为的内在原因	掌握被调查的评价、意见
例子	"您的职业"、"您的年龄"等	"您喝过 X 牌牛奶吗?"	"您为什么买 X 牌牛奶?"	"您喜欢哪种品的早餐奶?"

（4）被调查人的背景资料

被调查人的背景资料主要是指被调查者的一些人口统计特征，如性别、年龄、民族、家庭人口、婚姻状况、教育状况、收入、地址、电话号码以及姓名等。（要依据调查目的，确定哪些特征项目需列入调查，一般与调查无关的特征因素不必列入，比如姓名等项目，因为大多数被调查者可能因为需要填写姓名而拒绝调查）

（5）编码号

问卷上的记录资料要由电脑进行统计处理，因此要预先对问卷上的各个项目做好电脑编码，以利于分类整理。

4. 问卷设计中的询问技术

问卷问题的设计直接与所获得的信息相关，这是问卷设计的核心所在。

（1）直接性问题、间接性问题和假设性问题

①直接性问题

对被调查者直接提问，并确定一个明确的范围，问题适于个人基本情况或一些

"有"、"无"、"是"、"否"等事实的反应。如："您的电冰箱是什么牌子的?"、"您的住宅多少平方米?"

②间接性问题

通常用于被调查会产生顾虑，不敢或不愿表达真实观点和意愿的情形。

③假设性问题

假设出一种情景或场合，向被调查者询问情况，如问："如果 XX 房产公司新建一个高档小区，您认为哪种情况更适合你?"

答：（A）精装修;（B）简装修;（C）毛坯房

（2）封闭型问题、开放型问题

1）封闭型问题

事先拟定好各种可能的答案供被调查者选择，答卷者从中选择一项或多项答案，如：

问："您平均每天看电视花费多少时间?"

答："（A）基本不看;（B）看，但不超过两个小时;（C）2～5 个小时;（D）6 个小时以上。

2）封闭型问题的优点表现在：

①答案的设计标准化，易于选择，无需填写，有利于提高问卷回收率;

②容易进行编码，利于统计分析处理;

③明确的回答范围，有利于答卷人理解，可避免无关回答。

3）封闭型问题的缺点：

无法反映答卷者真实的目的或想法;答案太多或相近，难以判断选择;由于答案设计的技术问题，反映不出答卷者的差异，或者没有提供答卷人所想的答案。

4）开放型问题

开放型问题只有问题，不提供答案，由答卷人自由表述回答，问题一般较为简单。如：

问："您平时常看哪些电视节目等?"

5. 问卷答案设计技术

（1）二项选择法

二项选择法也叫做真伪法或二分法，提供的答案为"是"或"否"、"有"或"无"、"对"或"错"，两者必选其一，非此即彼。如问"您家中购买高清电视了吗?"

答：（A）有;（B）没有。

这种方法明确，易于理解，答卷人答卷迅速，便于进行统计处理。但难以反映被调查者意见与程度的差异，了解情况不够深入，只适合较为简单的事实性问题。

（2）多选法

这种方法强制性较弱，易被答卷人接受，统计资料较为方便。

（3）排序法

排序法是列出若干项目，让答卷人按其认为的重要程度排序。这种方法便于答卷人对动机、感觉作衡量和比较性的表达。如：

问："您选房产时可能考虑下列条件，请将其重要的程度用1，2，3······标出。"

答：价格［ ］位置［ ］建筑风格［ ］交通方便［ ］小区配套［ ］

（4）回忆法

回忆法用于测定印象、记忆强度的一种方法。包括两种方式：无帮助回忆与有帮助回忆。如问："请说出您在电视广告中看到的手机广告的大致内容。"（无帮助回忆）

（5）结对比较法

针对品牌、商标、质量、效用等问题，可以采用结对对比提问的方式，请被访者进行两两比较，做出肯定回答。如：

问："请您比较一下下列两种产品的味道，您认为哪一种更好？"立顿——雀巢

（6）配合法

出示两类提示物，请被调查者找出提示物间的对应关系，以了解被调查者地事物的认知程度。如：表左侧列出了几种广告的产品名称，请找出它们对应的风格特点

表1-6 配合法调查表

产品	广告风格
李宁	浪漫
阿迪达斯	活泼
耐克	自由

（7）连续询问法

对某种调查问题（产品、品牌、企业形象、广告等）进行连续询问，以了解被调查者的态度倾向程度。这种方法常用于对消费者态度、意见的调查。如：问："你平时喜欢到哪个高尔夫球场打球？"

答：A球场

问："目前大家都认为B球场比A球场条件更好，今后您是否仍去A球场？"答："是"（"不"）问："针对'是'，现在是一月份，最近B球场广告说要半年以上会员在7月份欧洲游，您还去A球场吗？"

（8）数值尺度法

即对某些属性进行顺序分等，被调查者可以在满意不满意、喜欢不喜欢的量度之间进行选择。如："看了XXX的广告以后，您的感觉如何？"

1. 很不喜欢（ ）；B. 不喜欢（ ）；C. 一般（ ）；D. 喜欢（ ）；E. 很喜欢（ ）。

三、撰写广告综合调研报告

（一）问卷分析

本次调查范围是镇江市区内，共发出100份问卷，99份有效。地点涉及河滨公园、

大市口、小区附近等地，所以我们统计的数据和分析得出的结论可以从一定程度上反映镇江八佰伴商业广告的效果情况和广大消费者对八佰伴广告的认识。

　　为了更好的分析问卷我们在收集数据的时候，将所有的问卷按照人的学习工作期，家庭事业期，退休养老期分成男女四个年龄段男（30岁以下，30岁－55岁，55岁以上）女（30岁以下，30岁－55岁，55岁以上）因为人在上述三个阶段的重心不一样，随着年龄的不断增长，消费观念有很大的差异。由于难以取得调查者的收入数据，我们放弃了一个影响消费行为的重要因素——收入角度来分析，但根据高学历与高收入成正比的实际情况，误差应该在可以接受的范围内。因此我们选定了以下的调查方式。

（二）总体分析

1. 首先，我们来分析一下问卷样本的受教育程度。

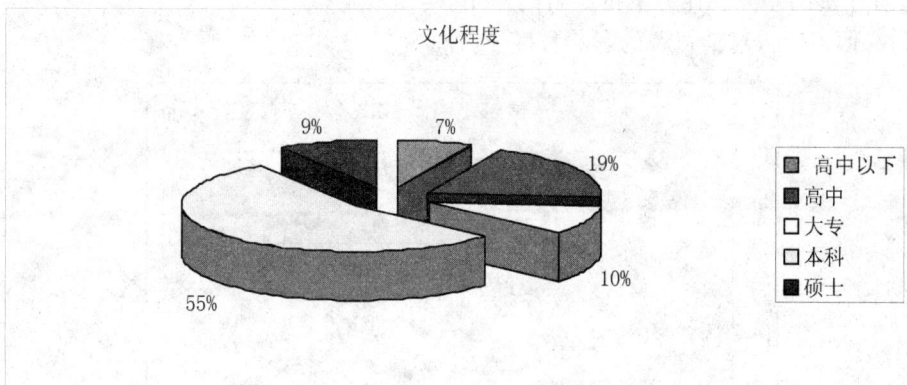

图1-6　被调查者的年龄段

　　从以上图表可见此次调查以本科生为主，各个文化程度，不同年龄程度的人群我们都做了调查，其中年龄最小的18岁，最大的75岁。文化程度最低为文盲，最高的为硕士。

　　2. 消费者收集信息的途径

　　其中我们最关心的是八佰伴各种形式广告在广大消费者的心目中的具体位置。

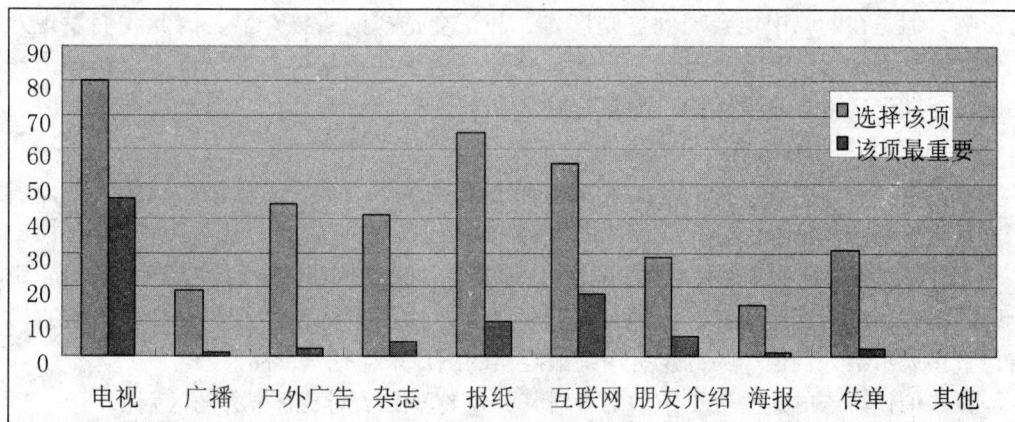

图1-7　消费者收集商品信息的途径

由图可知，数据显示，人们收集信息的途径排在前几位的分别是：电视 互联网 报纸 户外广告 杂志 。但是，把广告作为最重要的信息收集方式的消费者却很少。其实这样的结果我们早已知晓，因为广告大体上属于一种低度参与，他的目的在于在不同的地点多次刺激消费者，比如等公交车时，驾车行驶时，让消费者对其有个印象，在今后的购买过程中能联想到它的产品。

另外我们发现在不同的年龄段存在着较大差异，35 岁以上的消费者喜欢从电视和报纸上收集信息，形式比较单一；对于 25—34 的消费者互联网已成了继电视与报纸后第三重要的形式，同时户外广告排在了第四位；然而 30 岁以下的镇江人早已把互联网列在了第一位，户外广告排在第四。所以八佰伴的广告对中年和青年是有一定影响的，由于工作或者学习的原因，他们接触广告的机会也相对比老年人多，所以商家应考虑到消费者年龄的差异，充分发挥广告的作用。

3. 八佰伴广告对消费者的影响程度

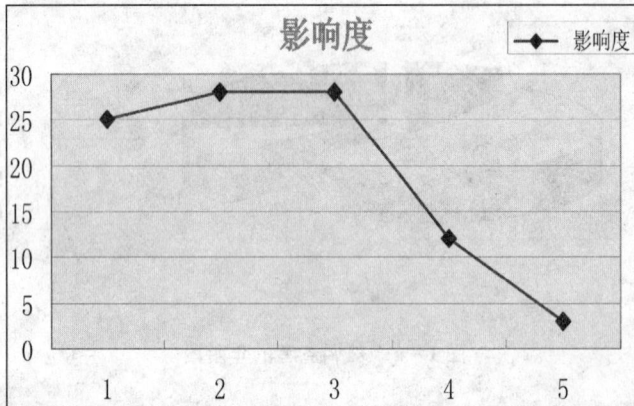

图 1－8　八佰伴的广告对消费者的影响程度（注：1 表示没有影响　5 表示影响很大）

从表中折线可以清楚的看出，八佰伴广告对大多数人几乎没有影响．其中认为毫无影响的有 26.04％，觉得无影响和无所谓的均为 29.17％，而仅有 15％ 左右的人认为广告对其有影响．可是我们发现了一个奇怪的现象，很多人选择了八佰伴广告对其没有影响，但是在购物中他会想到这则广告，甚至会选择购买该产品，因此我们发现八佰伴广告并不是对消费者没有影响，而是在他们的短期记忆中储存，待再次接触该产品时，短期记忆就会发生作用，影响其最终的决定。

4. 八佰伴广告的优缺点

八佰伴广告由于其自身的某些优缺点而不能完全影响消费者的消费行为。下面我们就从收集回来的问卷中分析八佰伴广告的优缺点。

先看其优点。从收集的问卷中可以看出消费者认为八佰伴广告的优点随处可见，影响范围广，其次为直接间接，易懂和全天候展示。这主要体现在八佰伴广告虽然有广告语直接展示给人们但产品并没有用绚丽经典的图片来衬托其产品。

在八佰伴广告的这些优点中消费者对其的重要度的认同又有很大的区别。

其中老年人对直接、间接、易懂这几项的认同度较低这可能是由于老年人的绝对阈限水平【绝对阈限（absolutethreshold）是指能可靠地引起感觉的最小刺激强度（物理能量）】较高而广告的设计者却忽略了不同年龄段的人的差别而导致老年人对这一项的认同度低。

此外八佰伴广告还有一些其他方面的大家所熟知的优点，这些我们在问卷中可能没有涉及到，但在和被调查者的交流中我们还得到了一些八佰伴广告的优点。诸如：比较灵活、展露重复性强、成本低等。我们总结了比较显著的几点。

①到达率高

媒体种类和数量的增加，使受众逐步被各种媒体分流，信息也逐渐被细化，广告信息到达受众的成本大幅增加而八佰伴广告相对其他媒体来说到达率还算比较高。

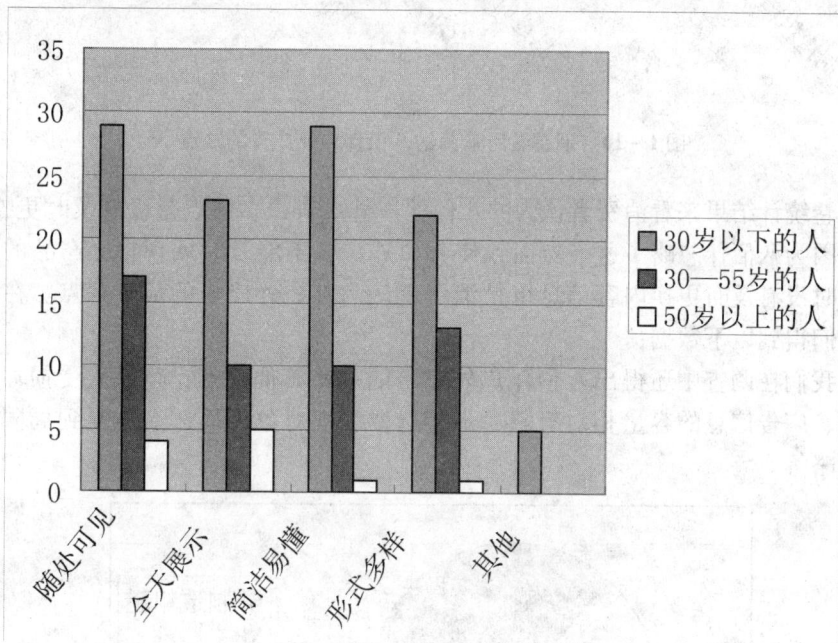

图1-9 消费者所认为的八佰伴广告的优点

②成本低

在市场竞争日趋激烈，公司迫于削减成本的压力现实中，巨大的成本优势成为广告倍受青睐的主要原因之一。

③消费者生活方式的变化

随着人们休闲活动的日益增多，镇江人越来越喜爱旅游和运动等户外活动。社交活动增多的趋势对户外媒体广告具有十分有利的支撑作用。调查显示，消费者频繁的外出行为加大了八佰伴户外广告的影响力。

世无完物，广告也因着自身的缺点而影响其宣传效果。

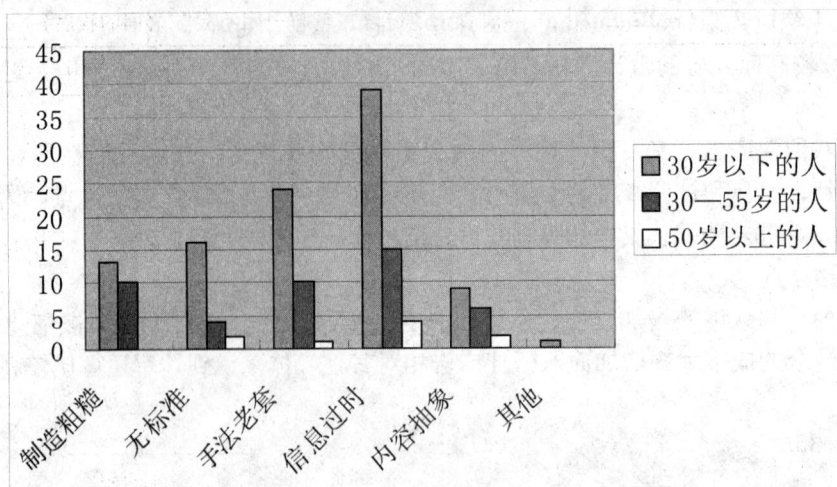

图 1-10　消费者所认为的八佰伴户外广告的缺点

　　从问卷统计结果来看消费者认为的八佰伴户外广告最多缺点是没有及时更换信息。这主要是因为八佰伴忽略了这一点而致使其户外广告不能及时展现自己产品的最新信息。而同时没有及时更换内容信息也是消费者认为其户外广告的最大缺点。在其缺点调查中我们得到以下数据：

　　同时我们在调查中还得出八佰伴户外广告的一些其他缺点：容易遭受损坏，使用期限有限、广告信息的容量相对有限、不能选择受众对象因而创造力受到局限、受众注意较粗略等。

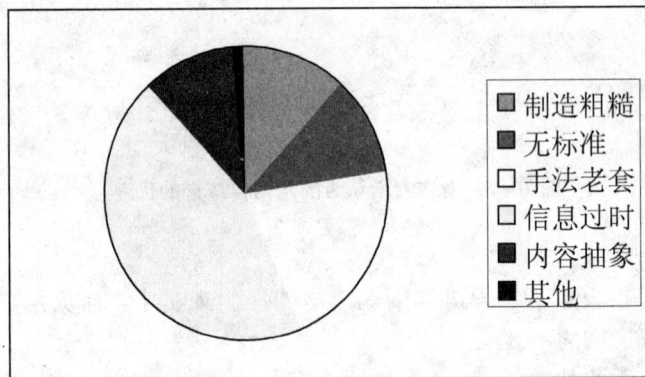

图 1-11　消费者心目中八佰伴户外广告的最大缺点

（三）消费者对八佰伴广告的记忆

　　广告效果的好坏在于消费者对广告内容的记忆程度和在购物的过程中对消费者的影响程度。

　　首先我们利用语义差别法详细地询问了八佰伴的广告是否会影响消费者对以前所购买商品的忠诚度；以及在消费者购物时，是否能联想到该商品的广告。我们发现消费者对广告的记忆程度也是很模糊的。

表1-7 （一 二 三 四 五 代表"一定可以"与"一定不会"之间的程度）

一定可以	一	二	三	四	五	一定不会
	19	9	41	13	17	
	15	17	42	16	9	

由于消费者是被动的接收八佰伴广告所传递信息，所以会很容易的产生遗忘和消退，从而导致消费者对八佰伴广告的记忆很模糊。

接着我们对消费者的参与度进行了考察，我们题目的设置是根据 FCB 的参与程度格式图设置的。

表1-8 FCB 的参与程度格式图

	思考	感觉
参与程度高	保险　经济型轿车 轮胎　信用卡　镇痛剂	跑车　香水　葡萄酒
参与程度低	洗浴液　漂白剂 剃刀　纸巾	比萨饼　啤酒 软饮料　零食

最终我们的调查结果显示了如下数据：

表1-9 人们仅通过广告了解

物品类型	保险或汽车	洗浴液或纸巾	香水或葡萄酒	零食或 不重要的东西	其他
人数	15	12	13	45	11

人们倾向于依靠广告去选择那些对自己不是很重要的商品，这些商品恰恰正是那些低度参与的商品，人们对八佰伴广告所提供的信息有一种很低的记忆程度。

最后我们重点考察了消费者对八佰伴广告的记忆度。在这里我们要求被调查者写出几则他印象较深的广告。

其中没有填写的占到了 47.5%，记忆模糊的为 15.2%，能够记清楚的为 37.3%.

图1-12 人们对八佰伴广告的记忆情况

图表以及数据说明，大多数消费者对八佰伴的广告的记忆处于模糊状态．所以改变现状的重点就在于利用低度参与等形式加深消费者的印象，通过改变色彩，经常更新的方法吸引消费者的眼球．使八佰伴广告在消费者的购买过程中起到一定的作用。

同时我们发现所得结果和被调查的年龄有很大关系。

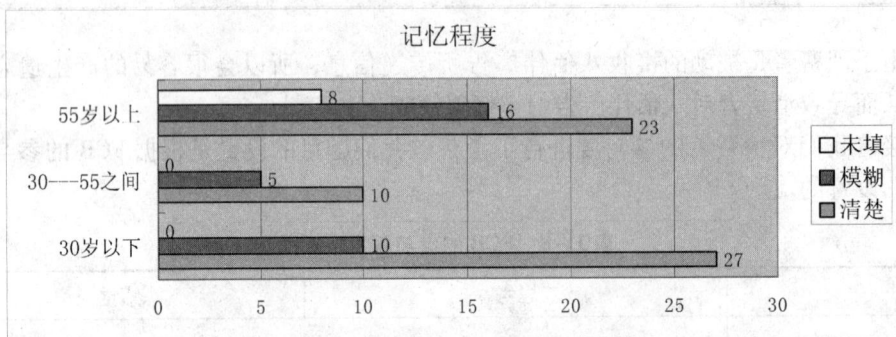

图 1-13　各个年龄段对八佰伴广告的记忆情况

这有两方面的原因 1、身体机能，人的记忆程度随着人的年龄的增加而渐渐减弱的；2、社会原因，老年人一般很少出门，活动范围较小，而且不是特别在意身边的这些广告，而广大的中年群体虽然有较大的活动范围和较好的记忆力，但是工作和生活的忙碌使他们没有更多的时间来关注广告。

广告作为一种被动的媒体传播的类型，其记忆效果的取得主要受到所在位置的影响。

（四）八佰伴广告的位置

八佰伴的广告作为一个平面媒体，广告能够提高产品的知名度，快速直观的进入人们的视线，并且受时间的限制相比电视要少，取得成功的关键就是人流量，在相对的人流中其视觉效果能否吸引人们的注意力。而这又与八佰伴广告所处的位置息息相关，只有在合适的位置，针对自己的目标消费群体，有的放矢，八佰伴广告才能产生很好的作用。

八佰伴广告所在地点对消费者的影响

表 1-10　广告地点的对消费者的影响

	公车车身	公交站台	公路两边	高层筑物	各大商场	霓虹灯	候车厅	火车站	机场	单立柱	其他
A1	14	17	7	10	11	12	6	2	1	1	2
A2	5	1	0	6	4	2	1	0	1	0	1
A3	0	1	0	2	0	0	0	0	0	0	0
B1	4	8	1	3	10	3	3	0	0	1	0
B2	4	1	1	2	6	1	0	0	2	1	0

续表

	公车车身	公交站台	公路两边	高层筑物	各大商场	霓虹灯	候车厅	火车站	机场	单立柱	其他
B3	1	0	0	1	1	0	0	0	0	0	0
合计	28	28	10	25	34	18	10	2	4	3	3

（A1：男 30 岁以下 A2：男 30 岁到 55 岁 A3：男 55 岁以上）

（B1：女 30 岁以下 B2：女 30 岁到 55 岁 B3：女 55 岁以上）

1. 能够对消费者产生影响的地点都具有以下特点：

（1）人们经常去的地方。如：公交站台，

（2）有购物需要的地方。如：各大商场。

（3）能随时看见的地方。公交车身。

（4）具有良好视觉效果的地方。如：高层建筑物的顶部。

而相反：

人们不经常去的地方如：火车站，机场。

广告面积狭小的地方：如：单立柱。广告效果就很差。

2. 户外广告如果具有以下的特点将具有很强的吸引力。

（1）广告的版面要大。这一点不容质疑。

（2）人流量要大。只有人流量大，单个广告牌的效果才能辐射到更大的范围，效率才高，成本才低。

（3）重复流动率高。人流量很大，虽然能取得良好的效果，但是所处的地段，相同和类似的广告和其他产品也较多，消费者如果暂时没有购物需求的时候是很难将其记住的，这也是火车站，机场虽然人流量大，但人重复流动率低，所以对消费者的消费行为影响较小。

（4）视觉效果要好。这也是高层建筑物的顶部上的广告能取得良好效果的原因。而公路两边的广告牌最好能够位于慢行车道的两旁和车辆需要减速的区域，这样才能取得更好的视觉效果。

（五）八佰伴广告对消费行为的影响

在了解了八佰伴广告的位置对其效果的影响后，我们再来看一下在八佰伴广告吸引了人们注意力后，是否对人们消费行为产生影响，广告是否达到了它应有的目的。

八佰伴广告的效果主要受到以下因素影响：

年龄因素：受广告影响而购买产品随着年龄的增加，受影响的程度就越小，这也符合年轻人追逐时尚的心理。

收入因素：由于老年人已经形成自己固有的消费习惯，并且随着自身收入的不断的下降，广告是很难改变他们固有的消费习惯。

目标群体：广告针对的目标群体一般不是老年群体，受影响的程度自然就很小。

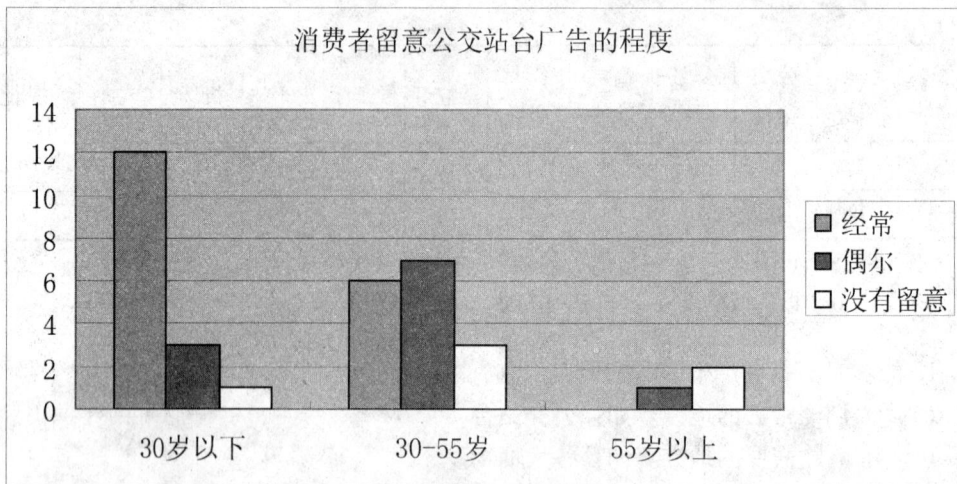

图1-14　八佰伴广告是否引起购买行为

社会因素：中青年群体虽然经济收入可观，但同时经济压力也较大，同时中年群体对自己的消费观具有十分理性的认识，在实际的消费过程中，都十分实际。任何媒体类型都难以在这个群体产生较大的影响。

综上，我们可以看出，八佰伴广告虽然对人们的消费行为有一定的影响，但和其他媒介一样，随着人们消费观的逐渐的成熟和理智，广告要打动消费者还有很长的一段路要走，特别是针对中、老年消费群体。

第三节　项目实施

一、八佰伴促销活动 SOWT 分析

（一）优势：

1. **地理优势：**镇江八佰伴座落于镇江市商业聚集区—中山东路，位于镇江商业城与大润发超市之前，人流量大。

2. **项目品牌优势：**镇江八佰伴都是一些中高端的商品，其顾客群体与镇江商业城不同。镇江商业城里都是一些低端产品。镇江八佰伴的其中一些品牌有：兰蔻、资生堂、H20、DHC、药妆、蝶妆、露华浓、家美乐、高丝、欧莱雅、欧珀莱、羽西、兰芝、雅顿等一些大品牌。

3. **团队优势：**镇江八佰伴的销售团队都是以销售的精英，思维敏捷，想法奇特，能准确地抓住消费者的心理，吸引消费者来八佰伴消费。而镇江商业城的销售团队是原有老百货商店的销售团队，思想观点还是停留在过去的营销思维中，没有八佰伴的销售团队的超前和更合时代节拍。

4. **综合优势：**镇江八佰伴是集时尚百货、超市生活会馆、餐饮、娱乐、休闲于一体的时尚购物中心。这样多元化的销售更加吸引消费者前来消费。

（二）劣势：

1. 高端化妆品品牌相对匮乏：相对于专攻化妆品的店铺，八佰伴的化妆品品牌的种类或资源相对较少。而且都是以个相对较小的柜台，很影响消费者的购物心情。

2. 停车设施匮乏：市中心是人流量最多的地方，但停车地点相对匮乏，影响消费者的消费欲望。因为附近没有相对的停车区域，不便于顾客停车，而八佰伴又是销售中高档的消费品，顾客群普遍都配有自己的私家车，没有停车区域，很影响顾客的消费心情。

3. 镇江消费人群的消费水平相对不高，无法达到镇江八佰伴的中高档的消费力。从而影响镇江八佰伴的销售业绩。

（三）机会：

1. 可以解决中心商业圈停车设施的匮乏的零售店的硬件通病。

2. 镇江的人群消费水平不高，可以相对的增加一些中低档产品，吸引更多的顾客群。

（四）威胁：

1. 镇江高消费群体数量不具规模优势，本地的消费观念仍需要培养，消费水平不高。

2. 百货店主要竞争者可能会存在潜意识的排外心里。

3. 竞争者相对较多，尤其是与镇江万达广场的竞争。万达的销售模式与镇江八佰伴一样。

为此八佰伴应该立足自己大市口商圈优势，让此商圈的消费人群得以集中，而不会流失到万达。

二、八佰伴五一策划方案

活动主题：抢购五一

活动时间：2013 年 4.28 – 5.2

（一）活动目的/背景

镇江门店以事业部"五一小长假"营销概念为指导，以本季春夏商品为促销主打，以春品清仓特惠、夏新上市、爆款推荐、心跳一小时限时抢购等为主要促销形式，开展全客群营销推广。同时，通过情感互动、现场氛围营造、丰富媒体造势，实现五一小长假特别是五一当日人气和销售的集中爆发。

（二）目标客群选择

1. 目标客群：A 类/全类活动

为冲刺二季度销售指标，特将目标客群定位为全客群，即在促销货品准备上充分兼顾不同年龄段、不同收入水平的消费者；同时，推广宣传中参考去年同期爆发品类和增幅较高的品类，在媒体资源上进行有针对性的宣传倾向，对主力客群进行精准化媒体诉求推广。

2. 特征分析：

五一国际劳动节为全国性法定节假日，消费者集中放假休息，购物休闲时间相对集中，不同年龄层次和不同收入水平的消费者都有潜在的购物消费需求。

（三）视觉效果

本次活动采用总部"抢 GO 五一"主题，平面设计的表现以蓝天、白云、草帽、商场外墙等轻松逛街的元素为主，清新明快的色调，简单流畅的线条，为消费者勾勒出"5·1"小长假休闲逛街的主题氛围。

① 户外空飘、消防门洞喷绘、单透、大门玻璃形象贴等；

② 活动吊旗、中庭 KT 板、中庭包柱、手扶梯/观光电梯灯片、L 架、海报架、收银台/总台立柱、各专厅形象/促销力度横贴等；

③ 停车场指示展板、停车场门头等；

④ 商场广播系统音乐播放；

八佰伴的这次活动营造了一个轻松舒缓的购物环境气氛，这种气氛可以吸引顾客的光临，可以舒缓顾客的情绪，可以让顾客得以放松，放慢顾客步伐，从而使顾客有更多时间去欣赏挑选商品。

（四）活动内容（温馨提示：4 月 28 日起，中山路改造圆满竣工，正式开通）

1. SP 部分

（1）主力促销形式

全场穿着类主力商品明折 3.9 折

（2）辅助促销形式

春品低折清仓，折后满额再加赠；

（3）重点品类/品牌促销活动

① 国际精品/黄金珠宝：国际精品满额赠品牌独家奢华礼；黄金饰品价格创 30 年最大跌幅，名品黄金饰品/镶嵌类饰品/玉器类饰品激情价！

② 化妆品：明星单品、美白、补水、防晒新品热力推荐；全场品牌满额赠精美小样套装、再加送多倍积分！

③ 国际运动：春夏新品满 188 元立减 58 元！中庭大型特卖

④ 八佰伴家电/3C 数码：买立减再赠品牌豪礼；重装升级 清仓大卖，多款特价机型真诚推荐、样机超值疯抢；

⑤ 2013 最新款泳装、外出旅行商品全面上市、五一特惠抢鲜价！

（4）流行商品特卖、层层尽实惠：

① 1 楼中庭：

运动休闲年度大型特卖会、一年仅此一次、力度震撼全城！

精品小家电/个性数码产品特价推荐款精彩展示；

精品女鞋春夏新品大型惠卖；

② 2～6 楼春季新品清仓特卖专区：

女装/少淑/男装/鞋包/休闲/童品/内衣/床品…海量特价品、过足购物瘾！

（5）心跳一小时单时大促：

精心选择穿着类重点标杆、热销人气品牌，实现促销一小时的集中爆发，主要形式有：

①折上折优惠或折上加赠精美礼品

②品牌 VIP 多倍积分

③心跳一小时品牌专供套餐价

④心跳一小时专供一口价

⑤消费满额心跳加价换购

（6）会员促销活动

①VIP 3 倍积分满额立兑

VIP 有效积分满 10000 兑换 200 元电子券；

满 20000 兑换 400 元电子券；

兑换地点：7 楼贵宾中心

电子券使用时间：4.28－5.2（最高限兑 400 元电子券）

②贵宾礼卡消费赠礼

贵宾礼卡消费满 3000 元送 100 元电子券；

满 6000 元送 200 元电子券；

满 9000 元送 300 元电子券（以此类推、上不封顶）；

兑换地点：1 楼总服务台

电子券使用时间：4.28－5.2

③会员消费满额抽奖（待定）

（7）联盟商户促销活动

1）联盟单位联袂献礼

① 与超市沟通，让超市组织大型促销活动，把百货业态的活动加入到超市的推广中，形成同步推广；

② 让租赁部与餐饮、娱乐、院线等租户品牌沟通，让其组织互动活动，通过多业态的联动，形成良好的共振和共利效应。

2）银行刷卡活动

① 时间：4 月 28 日—5 月 2 日

② 参与银行：交通银行、农业银行、中国银行、江苏银行、建设银行、工商银行…

③ 细则：每人每卡限领一次、不予累计；

④ 领取地点：7 楼贵宾中心旁

3）移动充值赠礼

充值话费赠商城币，商城币等同现金在商场全场无门槛使用；

2. PR 互动活动

（1）刮刮乐抽奖活动

活动期间，当日单票累计满 1088 元及以上可领取刮刮卡一张，中奖 100%（单票

限抽 1 张，现场刮奖）

表 1 – 11　奖项列表

奖项设置	奖品	数量
一等奖	小天鹅 175SL 冰箱	1
二等奖	美的微波炉	2
三等奖	美的电磁炉	5
四等奖	堂皇印花被	10
五等奖	卡通骨瓷三件套	30
六等奖	隔热桌垫	500
参与奖	餐巾纸	若干

预计费用：20000 元

（2）长江音乐节与商场互动

五一期间八佰伴利用"2013 年长江草莓音乐节"，在媒体上大势宣传八佰伴赞助音乐节的活动，并广告大力宣传凭"2013 年长江草莓音乐节"门票至八佰伴即可置换 50 元电子券一张。

3. 新媒体互动活动

（1）活动时间：4 月 12 日 – 5 月 2 日

（2）活动内容：活动期间，关注镇江八佰伴或罗马假日官方微博/微信，发布 JHJ 情爱大家秀 JHJ 微话题，将您的结婚照、随拍照分享给我们，并转发镇江八佰伴或罗马假日官方微博/微信"情爱大家秀"活动内容帖子，即有机会赢取价值 5888 元摄影券 1 张、价值 2688 元苹果 iPad Mini（32GB/WIFI 版）等甜蜜大奖。

①提高用户粉丝量

②提高八佰伴微博的内容质量来达到预期营销效果

③提高其植入广告途径

④说明八佰伴微博背景图广告的效果提高办法

⑤提高八佰伴用户粘性

⑥优化八佰伴软广告效果

⑦利用草根微博、名人微博提高八佰伴微博营销广告效果

（五）美陈及现场氛围布置

现场的布置及详细要求见下表：

表1-12

布置位置	布置项目	宣传内容	尺寸（高＊宽）	材质	数量
正大门（西门）	正大门玻璃	促销内容	2.79m＊1.91m	写真KT	4
	门口L型架	主题形象	80cm＊68cm	写真KT板	3
	入口处天地杆		0.9m＊2m竖	高精写真KT板	3
	入口处大门玻璃（窄横贴单透）		0.89＊0.4竖	单透贴	12
	消防门门洞	促销内容、主题形象	2.02＊3.65m	喷绘布	3
	大型品牌形象橱窗	整块玻璃	2.02＊3.65m	单透贴	4
大门外	圆形石柱外套立体KT板	/	0.9m＊2m竖	写真KT板	8
东大门	东门二道门中间玻璃	促销内容	2.79m＊3.24m	写真KT	1
侧门	通往大统华的后门冰激凌店左旁墙面	促销内容	2.4m＊2.4m	写真KT	1
	通往大统华的后门门头	主题形象	0.85m＊2.1m	写真KT	1
	大统华正门口两旁玻璃	主题形象	3.33m＊2.4m	写真KT	1
中庭	1F柱头				
	一楼中庭内包柱	促销内容	3.29m＊1.83m	写真KT	2
	面对中庭的二、三楼层玻璃	促销内容	0.93＊1.52	写真KT对裱	14
	小天地杆		0.9＊2	写真KT板	3
停车场	地上停车场入口右侧墙面	主题形象	1.6m＊1.2m	写真KT	3
各品牌	员工胸牌\臂章	主题形象	直径8公分圆	写真	1500
各楼层导视牌及收银台	各楼层扶梯灯片	主题形象	86＊61cm	灯片	18
	观光梯直梯灯片	主题形象	43.5＊31.5cm	灯片	7
	观光电梯轿箱内		0.45＊0.6竖	高精写真KT板	4
	观光电梯侧		1.2＊2.4米	写真KT板	6
	通道导视指牌下方吊旗	主题形象	1.4＊0.4m	写真KT对裱	65
	收银台三角柱	提示语（保管财物）	0.15＊0.4	写真KT	5
	提醒牌（人多拥挤，保管好财物）	提示语（小心乘坐手扶梯）	0.2＊0.8	写真KT	21

（六）人文关怀：

1. 五一是旅行的黄金季节，五一期间与 XX 旅行社合作带 VIP 客户到 XX 城一日、二日游

2. 针对五一不想旅行的 VIP 客户送一张免费的足部 SPA 卡

3. 五一期间给所有留下信息的客户发有祝福节日快乐意义的短信

（七）媒体组合：

1. 报纸。

报纸是媒体中用的最多、普及性最广和影响力最大的媒体。一个大的商场要想做的好就要花很多的钱在媒体上做宣传，报纸的特点就是传播速度快，信息传递及时。信息量大，说明性强等。这次八佰伴的五一促销在报纸上展开了一轮凶猛的广告攻势。

分别在扬子晚报半版和通栏软文、扬子晚报镇江版 5CM 通栏和 10CM 通栏广告、京江晚报新闻、京江晚报半版软文、京江晚报 A1 版 、半版和 10CM 通栏广告。

图 1 - 15   京江晚报八佰伴五一广告

2. 电视。

电视广告是一种视听兼备的广告，连续活动的画面，能够逼真地、突出地从各方面展现广告商品的个性和信息。电视广告就是制作费用昂贵，但是电视广告信息传播及时，传播画面直观易懂。八佰伴五一期间分别在镇江城市频道《城市生活报告》、新闻电视 20 秒快讯、镇江城市频道《城市生活报告》电视 2 分钟专题、视频广告 3.15 资源，镇江城市频道《城市生活报告》电视话题快讯等栏目展开广告宣传。电视开机画面的精准投放，对宣导活动信息、吸引人气起到了强效的助推作用。

3. 网络

现在是网络非常普及的时代，大多数人都是从网上得知一些信息，网络具有鲜明的"个性"特点，及时性、海量性、全球性、互动性、多媒体性、引起兴趣，满足需要程度、信息的针对性，亲和力、引起在线购买程度。

（1）人气论坛发广告

八佰伴在镇江人气最旺 0511 论坛投放动画及置顶贴子，吸引年轻、时尚客群对企业的关注；在镇江八佰伴的微博上有效的更新关于五一期促销消息的微博和微信等。

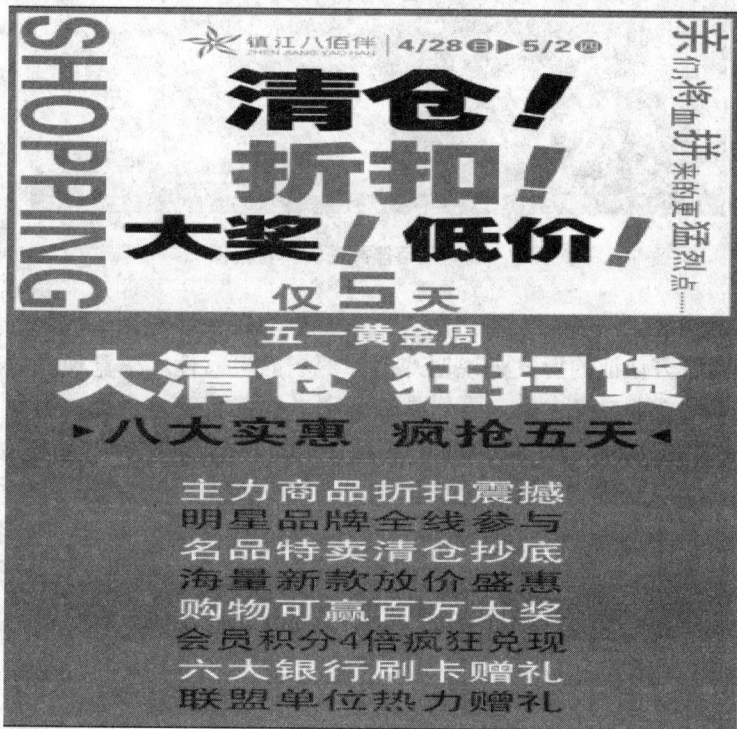

图1－16　镇江著名网络论坛梦溪社区八佰伴广告

（2）八佰伴微博营销策划

1）微博展示品牌

鉴于@镇江八佰伴 在阐述镇江八佰伴品牌理念时说到镇江八佰伴是着力打造互联网时尚品牌，高性价比的自有品牌，全球时尚的无限选择。因此@镇江八佰伴应在在账号设置、发布内容、语言风格、组织互动等方面时刻与全球时尚的品牌定位保持高度一致。同时八佰伴的微博主页主要体现出年轻、动感、时尚的"装修"风格。

在八佰伴微博中，给网友第一印象的是八佰伴微博的"装修"风格，这些信息会通过八佰伴微博名称、微博头像、自定义模板、标签等元素呈现给网友。比如自定义模板可以设置为八佰伴建筑背景图，会使用户一目了然。

在使用微博昵称时尽量直接表明该账号昵称的作用，比如镇江八佰伴，可以直接使人意识到这是商场，方便消费者购物。

微博出现之后，很多与博主名称相近的各种"山寨版"甚至假冒版微博也纷纷上线。比如韩寒的微博，在其关闭之后，还出现了"韩寒01"等"山寨版"，言语风格跟韩寒还有颇为相似之处。

图 1-17　八佰伴微博首页背景图

　　而有了"官方验证"验明正身之后，个人身份的权威性得到了大大的加强。八佰伴微博也是经过官方认证的形式来说明八佰伴商场的可靠性。毕竟现在的欺诈行为较多，这是从八佰伴企业自身考虑，更加是从消费者的消费安全考虑。因此，官方验证也有望增加八佰伴的粉丝数量，从而达到一种宣传的效果。

　　企业申请 V 字认证微博的操作流程：

　　①机构认证要满足：需要提交政府、媒体、企业、网站、校园、应用、机构/团体、公益组织等官方认证的申请；微博账号（架构 LOGO 或形象、有头像）；相关关注、粉丝数不低于 10 个；有机构领域方面的完善的证书及证明。

　　②具体操作：

　　首先打开微博首页，登录微博把网页的拖动条拖到临近最下面；然后点击"认证 & 合作"一栏下的"申请机构认证"的机构认证下的"立即申请"，填好相关的身份证明后，提交机构认证申请；接着等待审核结果；认证所需时间为新浪正常工作日 5-7 天。

镇江八佰伴　∨

图 1-18　八佰伴微博大 V 标志

　　以代言人、热门话题以及与该品牌、企业有关的名词等作标签，有利于通过标签的匹配将官方微博推荐给同标签的网友。比如镇江八佰伴微博的标签见下图。

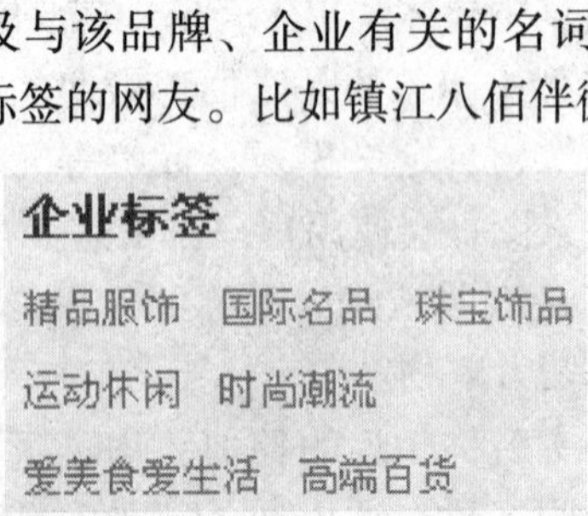

企业标签

精品服饰　国际名品　珠宝饰品

运动休闲　时尚潮流

爱美食爱生活　高端百货

图 1-19　八佰伴微博标签

友情链接应设为与此品牌、企业有关的网站，比如镇江八佰伴，将友情链接设为镇江八佰伴官网、淘宝网等，有利于将官方微博推荐给同链接的网友。

通过与各个专业性销售网站相连接，使八佰伴成为各网上专卖店的实体加盟店，达成网络与现实相结合的促销方式。

可以根据产品的不同特性，投放于不同的专业网站，我们用化妆品为例，要符合产品形象，我们可以选择聚美优品和乐蜂网作为加盟店，网上订购商品由所在最近城市"八佰伴"实体点直接发货。减少物流时间和物流成本，尽快满足顾客。

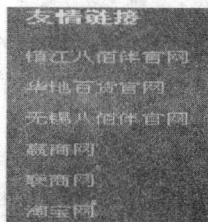

图1-20　八佰伴友情链接

2）微博营销策略

通过使微博关注人数不断增加，逐渐有自己的微博管理人，对于用户的评论或留言等，有专业人员进行回答解释。是微博营销的策略系统更加完善。

①将营销策略隐性融入到@镇江八佰伴的内容中

在名人、模特中融入链接：将名人、模特的购买的物品做出解释和描述，并@镇江八佰伴。

在竞猜活动中融入链接：用衣物等模仿电影场景、配以微语录或编辑成故事，加入短链，话题规划如JHJ八佰伴家庭JHJ等（如雕牌的情节公益广告）。

镇江八佰伴微博主页右下角可以设置一个视频广告，内容为约十分钟左右的八佰伴简介及商品特色简介，在用户进入八佰伴微博主页时可以设置一个浮动的广告窗口，内容可以为八佰伴的特色商品或近期活动优惠。让博主在自己的版面提供关于八佰伴的一些视频，这可以让八佰伴提供资金，进行做视频和拍摄。粉丝则会通过视频了解商品，这样博主不仅可以提高自己的信誉度，而且会得到一些利益。

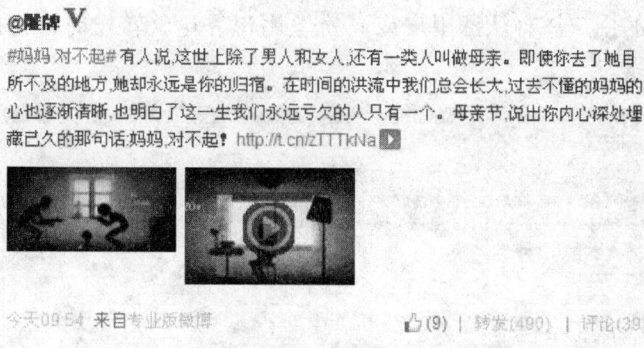

图1-21　微博链接雕牌的公益广告视频

②百货类企业微博内容应轻松、时尚、阳光、励志

微博内容的选择：在发布内容时主要从"服饰时尚"、"励志语录"、"热门娱乐话题"、"热门社会新闻"、"代言人信息"为出发点选择内容。发布热门话题，与影响力大的官网进行互动，内容整体积极向上、阳光励志，贴近办公室、学生等人群，趣味

性十足。每天3－6条定时发送，数量得体，互动显著。

5月6日11:29　来自专业版微博　　　　　　　　　　　　　　　　转发 | 收藏 | 评论

图1－22　微博发布内容一

#祈福雅安# 各位亲爱的粉丝，我们的四川，我们的雅安人民再次遭受大地震的重创，伤疤再次留下，亲人瞬间逝去，江苏华地国际积极号召集团所有员工捐款，捐物，真诚的向我们的亲人们表达我们的爱心和牵挂，加油亲人们！多多转发我们的帖子，让我们的善心发扬广大！

4月24日15:40　来自新浪微博　　　　　　　　　　　　　　转发(4) | 收藏 | 评论(1)

图1－23　微博发布内容二

③利用代言人扩展话题，与粉丝互动

代言人个性和官方微博的融合：@镇江八佰伴 不再是简单的发布镇江八佰伴的商品促销、节日活动等内容，而是将设计话题将代言人个性和镇江八佰伴特点进行融合，@镇江八佰伴 同时发布代言人的图片或后台花絮，与网友进行互动。

@镇江八佰伴 注意与高影响力用户互动，将名人的影响力转化成为自己的影响力，主动寻找话题（如照片、新闻等）@明星、官网等高影响力用户，通过被转发吸引对名人、官网关注的用户。有认证用户或高粉丝用户评论、转发时，镇江八佰伴粉丝团要积极回复并转发。

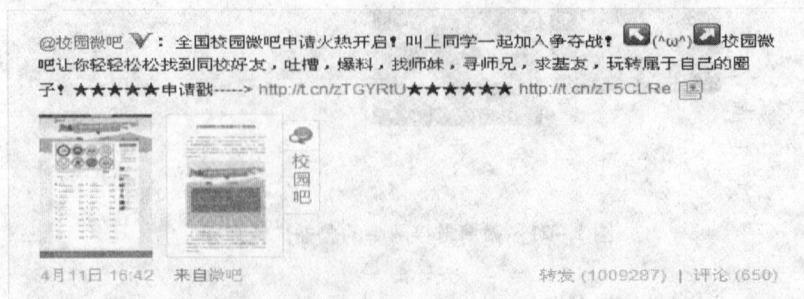

4月19日14:31　来自微吧　　　　　　　　　　　　　　　　转发(1) | 收藏 | 评论

图1－24　粉丝回复

通过对粉丝的关心、企业社会责任与粉丝建立信任关系，同时感性地展示员工对事业和生活的热爱，赋予品牌以情感。

#娱乐休闲# 早安，亲爱的朋友！今天是2013年4月10日，星期二，农历3月初一，晴朗天气，气温7-20度，西南风3-4级。看看电影、喝喝咖啡、逛逛街。。。享受品质生活！美好的一天从心开始，镇江八佰伴祝您一天有个好心情！

图1-25 温馨的祝福微博

镇江八佰伴可设置粉丝团，即@镇江八佰伴粉丝团。可以使关注镇江八佰伴的用户和经常购买八佰伴商品的用户加入，每天对用户发布最新的商品信息、可以对其进行购买优惠或赠送小礼品，@镇江八佰伴应关注每一位粉丝团的用户，在他们购物之后，发送一条欢迎光顾的微博。可以大大增加企业和用户互动的几率，使用户能更加及时、准确的掌握企业的信息。通过组织多种形式的持续互动和话题，与粉丝沟通情感和价值观，深化关系。

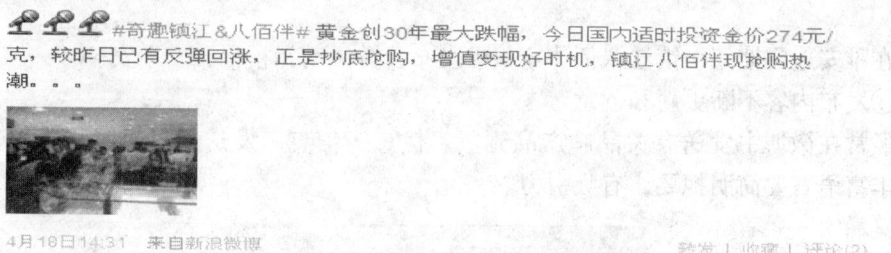

#奇趣镇江＆八佰伴# 黄金创30年最大跌幅，今日国内适时投资金价274元/克，较昨日已有反弹回涨，正是抄底抢购，增值变现好时机，镇江八佰伴现抢购热潮。。。

4月18日14:31 来自新浪微博   转发｜收藏｜评论(2)

图1-26 镇江粉丝团微博

图1-27 粉丝上传的照片，与粉丝互动并加深关系

#祈福雅安# 大自然面前人们的喜怒哀乐顿时变得毫无意义，也更显得人是最无力最渺小的时候，希望雅安的可爱的人们，在坚持坚持，一定都会平安度过的，镇江八佰伴为所有身陷灾难的人们祈福，我们真挚、虔诚的为你们祈祷，希望你们少受点痛苦！明天一定会好起来的，亲人们！

图1-28 八佰伴雅安祝福微博

在雅安地震期间，镇江八佰伴还积极发布公益活动，祈福雅安平安。

④发布内容不断更新和创意

经常在微博中发送有关品牌产品到货、优惠等信息。发送信息尽量附带图片，色彩要丰富语言要简明扼要，有吸引力。

图1-29 微博发布广告

对于明星代言的商品可以利用明星的影响力进行销售宣传，由此增加微博用户的点击率，使得发布的信息尽可能被转发，下图是尚雯婕工作室发布微博。

#兰蔻大明星美睫计划#@尚雯婕化身性感女神，魅力四射、气场十足！这种大气妆容主要在于眼睛妆容。为了达到霸气女王的妆效，眼形部分用精密眼线液勾勒出炯炯有神的大眼睛，睫毛部分再用#兰蔻大明星睫毛膏#打造闪耀浓密双眸，瞬间拥有好莱坞明星的根根卷翘美睫。@尚雯婕工作室 http://t.cn/zTMHKUS

5月10日12:30　来自皮皮时光机　　　　　　　　　　　转发(11151) | 收藏 | 评论(10248)

图 1-30　尚雯婕工作室发布微博

也可以发布会员积分超值兑活动，让相关会员可以通过微博即时了解自己的会员卡积分的兑换情况，避免超期不能兑换造成损失。

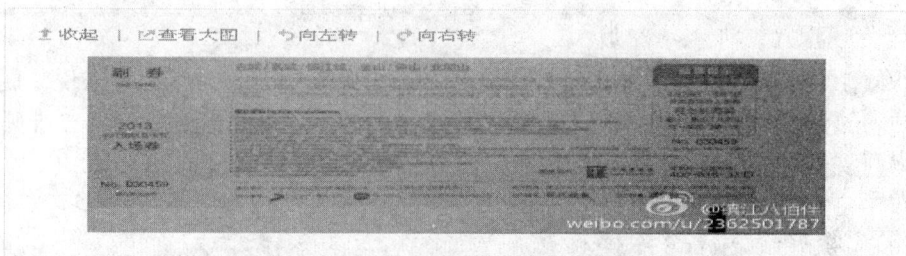

图 1-31　会员积分超值兑活动

及时发布一些有用的资讯话题，在一些资讯话题中就可以隐含营销的策略，并潜移默化地植入广告，譬如下图欧莱雅的高管濒临八佰伴就说明八佰伴有欧莱雅品牌在销售，同时绝对是正宗的品牌且代理的级别比较高，否则欧莱雅高层不会来访。

图 1-32　欧莱雅高层造访八佰伴

及时在八佰伴微博上更新活动，可以将举行的活动同时@几位朋友，让他们转发，使信息传播的更广，有更多人关注。如：五一劳动节的时候，发布当天的活动，即奖励；雅安地震时，发布八佰伴相关的慰问活动，募集、也发一些关于八佰伴企业的资料如：如何办理会员卡等。

#乐购天地# 八佰伴4/28—5/2五一大清仓/狂扫货，全场劲爆价/再赢百万大奖！

图1-33　八佰伴五一促销信息

八佰伴可以在微博上通过"二维码"折扣，来吸引顾客。对于顾客来说，促销是购物冲动的直接原因。在实体店未能领到优惠券的，可通过八佰伴发的"二维码"优惠券来领取，同时它可以带来潜在顾客的购买欲望。如图

图1-34　微博"二维码"

4. DM：

DM的投放主要锁定三个渠道：一是覆盖镇江周边乡镇在内的全部区域；二是市区主要商业街道、入住率较高的高档住宅小区、大学校园、大型企业等地点进行密集投放；第三下至现场的各品牌厅房、各收银台、1F总台、7F贵宾中民等处，并提醒顾客自取。

图 1-35 DM 正面

图 1-36 DM 反面

图 1-37　八佰伴媒体广告

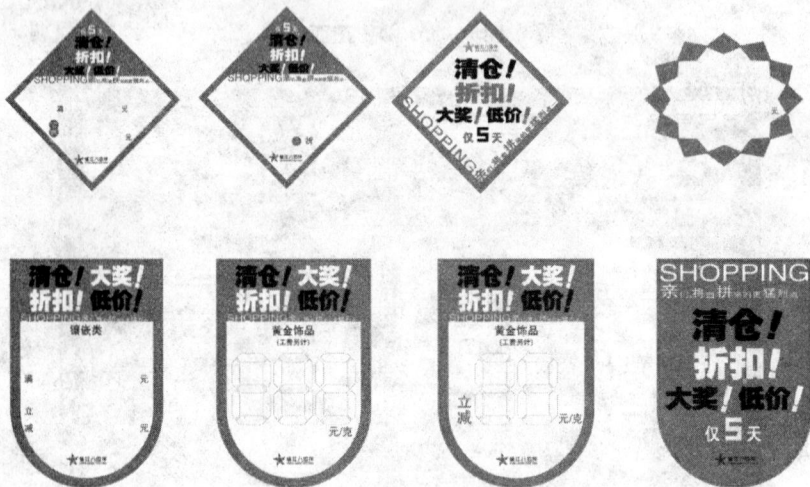

图 1-38　方贴

5. 短信：针对现有的 VIP 有效客群进行 2 至 3 次的专讯投放。

6. 出租车：在镇江街头流动量极高的出租车显示屏投放广告，提高活动的社会知名度。

7. 电台：在镇江电台收听率极高的重点时段投放广告，以吸引人气。

8. 商场氛围布置：以各专厅 POP、横贴、水通道灯片、巨幅喷绘、主入口玻璃单透贴、户外空飘等进行了视觉统一化、系统化的布置呈现，增强气氛、突出主题。

（八）费用预算：

八佰伴镇江店 –2013.4.28 –5.2 "抢 GO 五一" 活动宣传预算方案

活动时间：2013年4月28–5月2日

项目	媒体		规格	数量/次数	单价	费用预算（元）
广告费	报纸	《扬子晚报》	扬子报半版软文	2000字	2元/字	4000
		《扬子晚报》	扬子报半版软文	2000字	2元/字	4000
		《扬子晚报》镇江版	镇江版　5CM通栏	1	8000	8000
		《扬子晚报》镇江版	镇江版　10CM通栏	1	19500	19500
		《扬子晚报》	扬子报通栏软文	1	36000	36000
		《京江晚报》	京江晚报新闻	1	25000	25000
		《京江晚报》	京江晚报半版软文	1	22000	22000
		《京江晚报》	A1版　10CM通栏	1	23500	23500
		《京江晚报》	A1版　半版	1	55000	55000
		《京江晚报》	京江晚报新闻	1	8500	8500
	广播	商业频率消费栏目	电台1分钟新闻	1	1200	1200
		商业频率消费栏目	电台1分钟新闻	1	1200	1200
		商业频率消费栏目	电台1分钟新闻	1	1200	1200
		电台（商业台套播）	740*5天	5	740	3700
		商业频率消费栏目	电台话题快讯	1	1200	1200
		电台（交通台套播）	740*3天	3	740	2220
	网络	0511梦溪论坛	百姓话题帖子	2	0	0
		0511梦溪论坛	百姓话题帖子	6	0	0
		0511论坛	600*3天	3	600	1800
		MY0511论坛高亮置顶链接	600*5天	5	600	3000
		MY0511论坛幻灯片		5	600	3000
		微信/微博线上互动推广		5	0	0
		梦溪论坛	首页关注帖子	5	500	2500
	电视	城市频道《城市生活报告》	新闻电视20秒快讯	1	440	440
		城市频道《城市生活报告》	电视2分钟专题	1	3000	3000
		视频广告3.15资源，每天两个时段	预计	4	6000	24000
		城市频道《城市生活报告》	电视话题快讯	1	2640	2640
	其他小众媒体	八佰伴户外大屏	全彩大屏95.49平方米	1	4500	429705
		出租车LED背屏广告	1200*2天	2	1200	2400
		出租车LED屏广告	1200*3天	3	1200	3600
		八佰伴/大统华员工（督导检查）	QQ签名	1	0	0
		八佰伴/大统华员工（督导检查）	QQ签转发	1	0	0
		八佰伴/大统华员工（督导检查）	网即通	1	0	0
		按照概念/品类/信息层层发送	VIPQQ群	1	0	0
		微信/微博线上互动推广		3	0	0

图表 1 –39　策划预算细则一

项目	媒体		投放/到位日期												诉求点	子项目
			4.25	4.26	4.27	4.28	4.29	4.30	5.1	5.2	5.3	5.4	5.5	5.6		
广告费	报纸	《扬子晚报》													整体期待	抢GO五一活动概念宣传和促销形象
		《扬子晚报》													整体期待	抢GO五一活动亮点抢鲜看
		《扬子晚报》镇江版													促销	活动各品类亮点信息
		《扬子晚报》镇江版													促销	活动全品类信息
		《扬子晚报》													活动盘点	八佰伴五一节活动人气、销售情况、顾客反映
		《京江晚报》													市场新闻	抢GO五一活动概念宣传和促销形象
		《京江晚报》													整体期待	抢GO五一活动亮点抢鲜看
		《京江晚报》													促销	活动各品类亮点信息
		《京江晚报》													促销	活动全品类信息
		《京江晚报》													活动盘点	八佰伴五一节活动人气、销售情况、顾客反映
	广播	商业频率消费栏目													整体期待	抢GO五一活动概念宣传和促销形象
		商业频率消费栏目													整体期待	抢GO五一活动概念宣传和促销形象
		商业频率消费栏目													促销亮点	八佰伴五一抢购活动亮点抢鲜看
		电台（商业台套播）													促销	活动品类信息+主题
		商业频率消费栏目													活动盘点	八佰伴五一节活动人气、销售情况、顾客反映
		电台（交通台套播）													形象	活动主题+时间+广告语
	网络	0511梦溪论坛													爆料	八佰伴精彩五一小长假 力度很给力
		0511梦溪论坛													证实	八佰伴五一节活动精彩纷呈
		0511论坛													形象	活动主题+时间+广告语
		MY0511论坛高亮置顶链接													促销	活动品类信息+主题
		MY0511论坛幻灯片													促销	活动品类信息+主题
		微信/微博线上互动推广													促销	活动品类信息+主题
		梦溪论坛													新闻贴	八佰伴五一节活动人气、销售情况、顾客反映
	电视	城市频道《城市生活报告》													整体期待	抢GO五一活动概念宣传
		城市频道《城市生活报告》													促销亮点	抢GO五一活动亮点抢鲜看
		视频广告3.15资源，每天两个时段													促销	核心品类信息+主题
		城市频道《城市生活报告》													新闻	八佰伴五一节活动人气、销售情况、顾客反映
	其他媒体	八佰伴户外大屏													促销形象+促销	八佰伴户外大屏
		出租车LED背屏广告													形象	活动主题+时间+广告语
		出租车LED屏广告													促销	核心品类信息+主题
		八佰伴/大统华员工（督导检查）													概念	4月28–5月2日八佰伴 抢GO五一 五月最精彩
		八佰伴/大统华员工（督导检查）													概念	活动概念图片
		八佰伴/大统华员工（督导检查）													信息	活动DM信息海报
		按照概念/品类/信息层层发送													信息	活动DM信息海报
		微信/微博线上互动推广													促销	活动品类信息+主题
小计						692305元										

图表 1 –40　策划预算细则二

项目	媒体		媒体	规格	数量/次数	费用预算（元）	投放/到位日期 4.25 4.26 4.27 4.28	诉求点	子项目
本月合计（含本省）（元）						本月预算（元）			
宣传装饰费	DM		DM海报	投递乡镇3万	1	5800		促销	活动内容
			DM海报	投递市区2.6万	1	5148		促销	活动内容
			DM海报印刷	正度8开*6万	1	30000		促销	活动全品类信息
	美陈/物料		其他促销道具		2	20000		促销	各专厅POP、折扣贴等
	美陈/物料等		美陈/物料等	美陈/物料等	1	10000		美陈/物料等	美陈/物料等
	美陈		卖场物料	预估		10000		形象	活动形象/时间/亮点等+卖场广播同步
	其他					50000			
小计						130948元			
本月合计（含本省）（元）						本月预算（元）			
促销服务费	短信		员工短信	VIP平台	1	20000		促销	核心品类信息+主题
			扬州等周边地区高端数据群	2波共计6万	2	60000		促销	短信
			VIP全部顾客		1	30000		促销	短信
			银行卡客户、政府公务员等高端群	20万	1	200000		促销	女性商品亮点促销短信
			员工短信	VIP平台	1	20000		悬念	活动预告
			会员短信	VIP平台	1	20000		悬念	活动预告
	营销礼品、赠品					10000			
	文化活动费用					10000			
	其他					50000			
小计						420000元			
备注	1. 因媒体项目较多，表格未能一一列举，门店根据自身实际情况进行补充（可添加行、不可添加列）；表格内所列项目若门店未投放，则无需填写。 2. 门店务必将本次营销活动产生的所有营销费用如实填写（企划费用+客服费用）。 3. 宣传装饰栏，门店进行详细部分填写； 4. 供应商承担的费用项目请在备注中标明； 5. 未产生营销费用的项目一并填写，以便全面了解门店宣传策略。 6. 投放/到位日期蓝色区域，请门店以红色标注（如电视广告投放3-5日，则在相应的日期下标注红色），日期门店可自行调节。								

图表1-41 策划预算细则三

活动现场布置汇总

布置位置	布置项目	宣传内容	尺寸(高*宽)	材质	数量	费用	总价
正大门（西门）	正大门玻璃	促销内容	2.79m*1.91m	写真KT	4	28元/平米*2.79m*1.91m*4张	596.6元
	门口L型架	主题形象	80cm*68cm	写真KT板	3	25元/平米*0.8m*0.68m*3张	40.8元
	入口处天地杆		0.9 m *2m竖	高精写真KT板	3	47元/平米*0.9m*2m*3张	253.8元
	入口处大门玻璃(窄横贴单透)		0.89*0.4竖	单透贴	12	25元/平米*0.89*0.4*12张	106.8元
	清防门门洞	促销内容、主题形象	2.02*3.65m	喷绘布	3	6.5元/平米*2.02*3.65*3张	143.8元
	大型品牌形象烟囱	整块玻璃	2.02*3.65m	单透贴	4	25元/平米*4张*2.02*3.65	737.3元
大门外	圆形石柱外罩立体KT板	/	0.9 m*2m竖	写真KT板	8	25元/平米*0.9m*2m*8	360元
东大门	东门二道门中间玻璃	促销内容	2.79m*3.24m	写真KT	1	25元/平米*2.79m*3.24m*1	226元
侧门	通往大统华的后门冰激凌店左务墙面	促销内容	2.4m*2.4m	写真KT	1	25元/平米*2.4m*2.4m*1	144元
	通往大统华的后门门头	主题形象	0.85m*2.1m	写真KT	1	25元/平米*0.85m*2.1m*1	44.6元
	大统华正门口两旁玻璃	主题形象	3.33m*2.4m	写真KT	1	25元/平米*3.33m*2.4m*1	199.8元
中庭	1F柱头						
	一楼中庭内包柱	促销内容	3.29m*1.83m	写真KT	2	25元/平米*3.29m*1.83m*2	301元
	面对中庭的二、三楼层玻璃	促销内容	0.93*1.52	写真KT对帖	14	45元/平米*0.93*1.52*14	890.6元
	小天地杆		0.9*2	写真KT板	3	25元/平米*0.9*2*3	135元
停车场	地上停车场入口右侧墙面	主题形象	1.6m*1.2m	写真KT	3	25元/平米*1.6m*1.2m*3	144元
各品牌	员工胸牌/臂章	主题形象	直径8公分圆	写真	1500	35元/平米*圆的面积0.005平方*1500	262.5元
各楼层导视牌及收银台	各楼层扶梯灯片	主题形象	86*61cm	灯片	18	45元/平米*0.86m*0.61m*18	425元
	观光梯直梯灯片	主题形象	43.5*31.5cm	灯片	7	45元/平米*0.435M*0.315M*7	43元
	观光电梯轿厢内	主题形象	0.45*0.6型	高精写真KT板	4	50元/平米*0.45*0.6*4	54元
	观光电梯侧	主题形象	1.2*2.4米	写真KT板	6	45元/平米*1.2米*2.4米*6	432元
	通道导视牌下方吊旗	主题形象	1.4*0.4m	写真KT对帖	65	45元/平米*1.4*0.4m*65	1638元
	收银台三角标	提示内容(保管财物)	0.15*0.4	写真KT	5	45元/平米*0.15*0.4*5	13.5元
	提醒牌(人多拥挤,保管好财物)	提示语(小心雅坐手梯)	0.2*0.8	写真KT	21	25元/平米*0.2*0.8*21	84元

图表1-42 策划预算细则四

第四节 项目评估

一、销售情况比较评价

（一）会员贡献度同比分析评估：

（分别按会员卡级别和总体来评估）（单位/万元）

表1-16 会员贡献度同比分析表

卡种	会员销售 （2012.4.28-5.2）	商场营业额 （2012.4.28-5.2）	贡献率 （2012.4.28-5.2）
金卡	1128.95		33.23%
银卡	337.15		9.9%
会员卡	801.97	3397.80	26.3%
汇总	2268.07		66.75%
贡献率同比增长 （2011.4.29-5.3）		-3.8%	

分析评估：

会员贡献率同比下降3.8%主要是由于，去年五一期间开展的会员活动满额抽奖，而今年为满额赠礼，在大型活动期间抽奖的参与面较广，而满额赠礼均有名额限制。同时去年五一期间开展的老会员带新会员入会、名牌汽车车主免费办理金卡活动，对会员贡献率的提升有一定的积极作用。相对于去年看来还是发现满额抽奖比今年的满额赠礼更受欢迎，而免费办理金卡活动是比去年下降3.8%。

客流时间	2012.4.28-5.2	2011.4.29-5.3
客流数	141822	158798
客流同比	-10.7%	

图1-17 客流同比分析表

（二）客流同比分析评估：

分析评估：

今年五一档期，5天共计聚客141822人次，日均客流量29302人次，其中峰值为29日（37915人次）以及30日（40288人次）两天。分析其主要因素是：1、由于前期精准的宣导，来店人气在假期首两日急速爆发；2、由于三天假期的时间限制，1日客流量相对有所减少。3、按照正常来说2011应该是八佰伴开业不久，知道的人应该不多，相反2012年知道八佰伴的消费者应该更多，反而客流下降，这应该好好反思2012

的宣传策划是不是还有做得不够的地方。

销售时间	2012.4.28-5.2	2011.4.29-5.3
主营销售额	2891.16	2759
销售同比	4.8%	

图1-18 主营销售同比分析表

（三）主营销售同比分析评估：（单位/万元）

分析评估：

今年五一档期，5天共计完成主营销售2891.16万元，日均销售578.23万元，5天较去年同期增幅4.8%，分析其主要因素是：1、差异化的商品竞争力、VIP积分兑换和贵宾礼卡满额赠券以及母亲节爱心券等多重礼遇，镇江八佰伴以其丰富、全面、精彩的促销方式，不断巩固了区域市场的主导地位及份额；2、精准化的平面报广与现场美陈相结合的有效宣导，为整体销售奠定了强而有力的基础。3、多样化的促销手法也促使销售不断增加对比上面客流同比分析表可以看出在客流下降的情况下，主营销售居然获得增加，应该是说八佰伴的营销针对性提高了，真正来八佰伴买商品的应该是多于闲逛的散客。

客流时间	2012.4.28-5.2	2011.4.29-5.3
客流数	141822	158798
交易数	52088	51522
成交率	36.73%	32.44%
成交率同比	13.22%	

图1-19 成交率同比分析评估表：

（四）成交率同比分析评估：

本次活动，5天交易数总计52088次，成交率36.73%，较去年同期增长13.22%，分析其主要因素是：1、精准化的宣导策略；2、丰富精彩的商品促销组合；3、这个应该是和上表主营销售同比分析表是吻合的，毕竟销售额提高当然意味着高成交率，这说明集团采购和零售还是比较平衡的。

二、宣传图片评估

从活动的内容上看，突出强调了主力商品信息、VIP会员活动、联盟业态活动、夜场秒杀等劲爆促销信息，以节日欢娱的促销主题、创意的平面表现力，彰显了强烈的视觉效果和文化品位，更体现了八佰伴引领时尚潮流的敏锐度和精准化营销的丰富内涵。

图1-85　八佰伴报纸促销广告

（一）半版报广

分析评估：

视觉效果看上去，颜色鲜明，色彩运用合理，图片吸引人，折扣价醒目，能够为五一消费群体，带来足够的消费欲望，但是字体太多，排版不整齐，不够简单醒目，让消费者没有耐心的去解读。

图1-86　电视开机广告

（二）电视开机画面

分析评估：

这个宣传报的宣传语比较醒目，色彩很丰富，让消费者有足够的兴趣去了解，并想在这里购物。但是不足的地方时折扣的折字太小，不容易让消费者看见，这样就会影响到整体销售，对企业不利。

图1-87　DM正面

（三）DM

图 1-88　DM 反面

分析评估：

此宣传单看上去很详细，明确，整体效果很好字体图片相结合，效果很好，颜色鲜艳，新颖。但是字体太多，不容易让消费者有看的欲望，不新颖太多字体，不太吸引顾客眼球，没有重点的宣传项目，让消费者没有目的去选购。没有主打推销商品。

（四）扶梯旁墙面

图 1-89　扶梯旁墙面

分析评估：颜色鲜艳的气球，在顾客走过扶梯的时候可以观看到，便于吸引顾客。看上去图片很美观大方"折"字太小，会使顾客产生误解。会影响了企业的销售额，利润不能达到最优化。

（五）中庭包柱

图 1-90　中庭包柱

分析评估：色彩鲜艳，突出活动时间。可以在气球上增加活动项目，是消费者更加了解。

（六）大门入口单透

图1-91 大门入口单透广告

分析评估：有强烈的色彩对比，红色的字体突出3.9，是消费者更好的了解，其次海报上还突出了活动时间和八佰伴字样。画面清晰，版面设计新颖。

（七）大门口玻璃贴Ⅰ

图1-92 大门口玻璃贴Ⅰ

分析评估：有强烈的视觉冲击，可以使消费者前来观看。"起"字太小，会引起消费者忽视。

图1-93 大门口玻璃贴Ⅱ

分析评估：活动都在版面上表现出来，是消费者更好的了解促销活动。版面上字太多，不够清晰。

（八）现场三角柱

图1-94　现场三角柱广告

分析评估：活动明确，但是字体太多，版面不够清晰。商场可以将三个3.9改为一个较大字体的3.9，可以冲击视觉效果。

（九）吊旗

图1-95　吊旗正面

图1-96　吊旗反面

效果评估：吊旗这种形式，起到了宣传产品的作用，随风飘扬，非常富有动感，可以起到烘托现场气氛的作用。商场里面使用吊旗，可以最大限度地扩大广告面积，而且吊旗悬挂的比较高，在琳琅满目的物品和高耸的货物架面前，可以迅速的抓住顾客的眼球，刺激消费者够买欲望，也能起到塑造品牌效果的影响。

（十）专厅横贴

图1-97　专厅横贴 I

图1-98　专厅横贴 II

效果评估：商场悬挂专厅横贴的目的是希望南来北往的消费者能注意到横贴上的品牌或是信息，进而对产品产生兴趣，引起购买冲动。如果专厅横贴广告长期存在，由于有意无意长期观看后，消费者本身会产生暗示心理，一到要买这类商品的时候，这会首先想到横贴广告上的品牌产品。横贴广告上字数的设置，不在于多，而在于让目标客户时时刻刻都能注意得到。这种满多少立减多少的专厅横贴，很容易促进消费者的够买欲望。

（十一）人流量

图 1-99 人流量

效果评估：现场人流量的增多说明了该商场多做的一些广告宣传起到了一定的作用。一是消费者看到了一些促销广告就会产生一些够买欲望，抓住了消费者贪图便宜的心理，容易达成消费者心理。二是老顾客重复购买，在商场活动的期间，老顾客就会抓住这种打折的时机购买产品，所以商场的促销广告会使商场的人流量增加。

综合训练

任务一：如何开源节流节约预算经费？

任务二：结合具体案例谈谈可以有几种广告预算方案；

任务三：一个广告有 40% 的人阅读过、在阅读过的人中有 20% 的人购买该广告的商品、没有阅读广告的人有 10% 购买此商品、请计算此纯广告销售效果。

任务二 企业庆典广告策划

第一节 项目引入

小张最近接到一个任务要求为一家企业策划一个开业庆典，从没有搞过类似活动的小张犯了愁，赶紧问公司策划部的同仁肖严，肖严把以前策划过的庆典案例介绍给小张，

小张仔细看看后，还是有点疑惑地问：这庆典策划主要需要注意哪些方面呢?，肖严就介绍道：首先不同的庆典策划要求不一样，客户的目的也不同，有的是追求产品销售，有的是追求品牌效应，有的是一个公关活动，不过总的来说都是一场广告宣传活动，都应该策划得有声有色才是。小张赶紧问：那庆典策划的第一步应该从哪着手呢? 肖严就说：首先要市场调查，要了解下委托客户的背景，所宣传的企业和产品的相关资料，还有同类产品的竞争情况，做好 SWOT 分析，在充分做好前期调查的功课后，再和客户充分沟通，把客户的要求一一记录下来，同时在满足客户要求的前提下再提出自己的策划方案。

那这个庆典策划方案又有啥具体要求呢? 小张接着问。肖严边翻动以往的策划档案边仔细谈到：任何一个庆典策划必须要让客户满意，除了要有美好创意和鲜明的主题外，还必须具备可操作性和符合预算，如果创意很好但太昂贵，需要突破预算很大，估计任何客户都会犹豫的，反之一个过于平淡的方案，也会提不起客户兴趣，要想拿到订单都困难了。

有创意又符合预算的庆典策划方案如何做呢? 小张很好奇地问，肖严抬起头很严肃地说：这就需要策划者的功力和经验了，但是你作为一个刚入行的，要做好一个策划就必须先按照规范来操作，譬如你必须将策划方案仔细解析给客户听，将庆典策划的广告内容以文案的方式体现出来，并将现场效果图及布置方案以图片软件的形式插入总的方案展示 ppt 中，同时不能遗漏礼品方案、平面/三维设计项目、物料准备方案（效果图）；还有相关嘉宾的住宿交通安排、嘉宾邀请名单、筹备工作总分工表、项目进程排班表、安全注意事项等，最后要有一个 EXCEL 表的各项条款的预算清单，注意以上一切要尽量详细周到，让客户可以感受到你的细致入微和专业懂行，这样客户才可以放心和你合作，小张你可以先看看以往公司庆典策划案例，同时利用这次你准备参与的丹阳投资说明会和汽车配件展销会庆典活动，就可以充分学习和了解庆典策划的相关知识了。

小张听完肖严的介绍后，就兴奋地开始筹划自己即将面对的丹阳投资说明会和汽车配件展销会的庆典活动了，究竟小张准备的这个庆典活动是如何策划的，结果究竟怎样? 我们可以看看下面章节的阐述。

学习目标：掌握新开张企业庆典策划的基本内容及流程，了解企业庆典策划所用的设备、物品、预算及相关操作细则。

技能目标：1、学会运用文献法展开广告调查 2、会撰写庆典策划流程方案

3. 了解普通灯箱的制作流程

第二节 项目前期

一、市场调查

（二）文献调查

丹阳市位于江苏省南部，地处长三角腹地，全市总面积 1059 平方公里，户籍人口 80.8 万人，辖 13 个镇，1 个省级开发区。2010 年，全市实现 GDP607 亿元、财政总收入 80 亿元、一般预算收入 30 亿元，分别增长 14.7%、26.9% 和 30.4%；固定资产投资 300 亿元，增长 50%；工业销售收入 1387 亿元，增长 33.3%；城镇居民人均可支配收入 23015 元、农民人均纯收入 11446 元，分别增长 10.7% 和 13.8%。目前，丹阳综合实力居江苏省十强县（市）第 8 位，经济基本竞争力居全国百强县（市）第 16 位，是国家卫生城市、江苏省社会治安安全市，被评为"中国和谐城市"，在第三届"长三角最具投资价值县市"评选中荣获"最具竞争力奖"，并入选由世界品牌组织、美中经贸投资总商会、和谐社会全球合作组织联合评选的"中国特色魅力城市 200 强"。

汽车零部件产业是丹阳的特色产业和支柱产业之一，经过 30 多年的发展，已经具有一定的规模，该产业被江苏省列入重点培育的 100 个产业集群，丹阳先后获得了"江苏省汽车零部件基地"、"中国汽车（摩托车）零部件制造基地"等称号。主要呈现出以下几个特点：

1. 是产业体系不断完善。经过多年的发展，已形成集研发、生产、检测、物流、市场和专业园区为一体的产业体系。丹阳现有汽车零部件生产企业 600 多家，从业人员 3.5 万人，2009 年行业销售收入 150 亿元。丹阳建有省级汽车灯具检测中心和国家级机动车辆及零部件检测重点实验室。丹阳的"华东汽车灯具城"和"中国汽配城"两大专业性市场全国闻名，华东汽车灯具城被国务院发展研究中心认定为全国最大的汽车灯具市场。

2. 是产品门类不断丰富。全市现有产品 400 余种，主要涉及灯具、装饰件、机电部件、模具开发四大类，其中汽车仪表台、铝合金轮毂、灯具、微电机等十余种产品产量居全国首位。同时，还具备年产 2 万辆低速货车、自卸汽车，1 万辆微卡、3000 辆全地形车和 3000 辆消防车的生产能力。

3. 是企业规模不断壮大。目前全市年销售超 500 万元的企业占全部企业的一半，销售超亿元的企业有 28 家。以德国汉高、贺利氏、英国吉凯恩、日本大赛璐等知名企业为代表的，来自美国、德国、日本、英国等十多个国家和地区的 78 家外国公司在丹阳投资兴办汽车零部件企业，投资总额 4.66 亿美元。

4. 是创新能力不断增强。近年来，丹阳汽车零部件企业积极与清华大学、上海交

大、北京理工大学、江苏大学等科研院所开展产学研合作，开发出空气悬架、电动助力转向器、电涡流缓速器、自动避撞系统、镁合金轮毂等一批科技含量高、附加值大的新产品，大大提升了汽车零部件产业的层次。

5. 是合作层次不断提高。丹阳汽车零部件企业目前与中国一汽、中国二汽、上海通用等几十家大型汽车制造厂家建立了稳定的配套协作关系，与国内主机厂一、二级配套企业已发展到 100 余家。

6. 是发展环境不断优化。丹阳市制定了《丹阳市汽摩配产业发展战略和规划研究》，明确了汽车零部件产业发展的目标、指导思想、鼓励方向和工作措施。出台了《关于加快培植汽车零部件产业的若干意见》，支持汽车零部件产业龙头企业实施科技服务体系建设、优势产品优势品牌培育、技术改造投资、出国参展等。成立了丹阳市汽车零部件商会，充分发挥行业协会桥梁纽带作用，规范行业竞争行为，形成整体合力，更好地参与国际国内竞争。此外，还成功承办了 2006 年 DCAE 电器电控高科技论坛、2007 年中国客车学术年会等一系列汽车行业全国性的活动，有效地提高了汽车零部件产业的知名度。

汽车行业是一个朝阳产业，特别是随着中国经济的快速发展，中国的汽车消费正呈现出爆发式增长，汽车零部件产业前景十分广阔。当前，丹阳正处于转型升级的关键时期，我们正积极引进先进技术和优秀的企业，全面优化丹阳汽车零部件产业的结构层次。日本是世界汽车制造王国，拥有世界最先进的造车技术，丰田汽车公司更是世界汽车制造行业的领头羊。丰田汽车公司东和男先生带来的 JAPIC（日本汽车零部件一体化）/JEPIC（日本设备制造一体化）中小企业工业园是一个非常好的项目，它致力于将最新的技术、最好的质量、最高的效率，精心规划的园区、一流的生产线、优秀的经营模式引入丹阳，这将大大提升丹阳汽车零部件产业的整体水平。入驻丹阳的企业都是日本汽车零部件行业的优秀企业，都拥有各自领域领先的技术和独特的产品。中共丹阳市委和市政府承诺，将为该园区以及入驻该园区的企业提供最优惠的政策、搭建最好的平台、提供最好的服务、创造最好的条件。有志于将该园区打造成日本中小企业在华投资的示范园、集聚地，使之成为丹阳全民创业的新模式。竭诚欢迎各位日本客人与丹阳开展全方位、多层次、宽领域的经贸合作。

举办"中日合作江苏丹阳第一届汽车零部件（精品）展示会"，目的在于进一步对外推荐丹阳日本汽车零部件工业园，推动丹阳汽车零部件产业扩大规模、提升档次、打出品牌；向更多汽车生产公司推荐丹阳汽车零部件产品，构筑供求双方直通平台；全面提升丹阳汽车零部件产业知名度，促使它们早日进入知名汽车品牌采购目录。

（二）SWOT 分析

1. 丹阳汽车零部件产业的优势

（1）市场优势。丹阳市汽车零部件产业已经形成了从研发、生产、市场到检测、物流、培训为一体的产业体系，成为全国重要的汽车零部件生产基地之一。该产业 90% 以上的企业集中在"汽车零部件之乡"新桥、界牌两镇，产品除发动机外其它无所不及，建有国内一流的汽车零部件模具加工中心，拥有省级灯具检测中心，形成了

"华东汽车灯具城"和"中国汽配城"两大专业性市场，是全国汽车零部件的集散地和价格信息中心，年销售达到了40多亿元。其中华东汽车灯具城被国务院发展研究中心评为全国最大的车用灯具集散地之一。热忱欢迎致力于汽车零部件产业的业内人士到丹阳投资兴业，共同发展与国内外整车厂相配套的名特优和高精尖项目。

（2）交通优势。地处长江三角洲的长江南岸，东距上海200公里，西距南京68公里，是苏南地区的城市交通枢纽。京沪铁路、沪宁高速公路、312国道、京杭大运河横贯市区。丹阳距常州机场半小时车程，距南京禄口机场为1小时车程，距上海浦东机场2个小时车程，班机直航世界各地。对外开放的长江第三大港——大港港口离丹阳市区18公里。正在规划建设的京沪高速铁路、沪宁城际轻轨开通后，丹阳到上海只需1小时。目前全市已形成了铁路、公路、水路、航空综合交通运输体系。

2. 丹阳汽车零部件产业的劣势

（1）是企业数量不足，体量不大，集聚效应不明显。截至2007年底，全县投产企业仅12家，其中规模企业8家，占全县经济份额较小。全县汽车零部件企业2006年所形成的1.5亿元产值，主要集中于博望的莱特气弹簧、富创冶金机械、安工机械等3家企业，上述3家企业产值1亿元左右，其中安工机械公司以开发、生产建筑机械、工程机械为主，并非严格意义上的汽车零部件企业。

（2）科技含量不高，加工程度不精。目前，全县多数汽车零部件企业，仍处于初加工阶段，主要生产汽配模具，严格地说是外地汽车零部件企业的生产车间，未能形成产业链。如有的企业多数为芜湖汽车零部件配套生产模具。

（3）部分企业基础设施建设投入不足，缺乏标准化厂房，仍处于作坊式生产层次。

（4）企业分布零散，缺少整体布局规划。全市五个板块的汽车零部件企业，部分分布在工业集中区，但分布不集中，有些甚至散落在村庄。

3. 丹阳汽车零部件产业面临的机遇

（1）丹阳汽车零部件市场具有广阔的发展前景。中国已成为汽车行业世界最大的潜在市场之一，并且这个市场正在由潜在的市场转变为现实的市场。可以说潜力巨大的中国汽车市场为丹阳汽车零部件产业创造了广阔的空间。全球著名的调查机构DR工公司在"次贷危机"后调整了对全球市场的预测、惟有中国市场没有调整。同时、中国市场作为一个新兴的市场、有着非常广阔的机遇。近几年来、世界汽车和汽车零部件行业大型跨国公司纷纷将全球采购中心建立在中国或将采购的重点放在了中国、全球都在讨论中国即将成为世界汽车生产基地。实际上，随着中国国内政策方面的变化、汽车行业的产业化定位、资本市场的不断成熟、业界管理者和广大投资者认定，眼下正是投资零部件的最佳时机。丹阳在中国汽车市场看好的大形势下实际上也将会成为世界汽车零部件工业的生产基地之一。

（2）国际市场将成为国内汽车零部件厂商新的发展空间。丹阳汽车零部件工业未来的发展战略、是成为世界性或者区域性的汽车零部件制造基地、而不仅仅为我国整车产业配套。丹阳汽车零部件工业产业结构调整思路是、通过汽车生产企业改变采购方式，汽车零部件企业与国外合资、合作、逐步形成按专业化分工、分层次的合理的零部件产业结构。要集中一批能够按照系统开发、生产、配套、面向国内外两个市场，按经济规模生产的零部件配套小型巨人企业。近年来、通过引进消化、丹阳汽车零部件工业整体水平明显提高、部分企业的装备和技术已达国际水平，一部分劳动密集型及原材料型零部件已批量出口。相关部门对国内汽车零部件工业的竞争力分析表明，在与世界先进国家零部件工业进行比较的基础上、选择了为目前国内已经大批量生产的轿车配套的关键零部件、通过对这些产品竞争力的量化分析、确认活塞、散热器、汽车空调压缩机等33种产品为竞争力强的产品、活塞环、空气滤清器等二十余种产品为竞争力与国外接近或有潜在竞争优势的产品。这就说明我们的有些产品目前在国际同类产品中并不落后，在质量上并不次于他们、而在价格上又具有优势、这部分产品完全有能力走出国门。尤其是加入 WTO 之后、关税壁垒降低了、国际渠道更加畅通了、国际来往更方便了、这为丹阳汽车零部件产品打入国际市场提供了更加便利的条件。

4. 丹阳汽车零部件产业面临的挑战

（1）全球化的竞争要求越来越高。汽车工业全球化的概念是二十世纪九十年代提出来的、中国汽车零部件工业已成为继整车之外全球化的另一重要领域。目前跨国公司全球采购的比例越来越高，自制率越来越低，像通用公司甚至把全球规模最大的一个零部件生产集团德尔福分离出去，因此，中国要成为世界重要零部件生产基地的关键是能够加入跨国公司的全球采购体系。要做到这一点的根本问题，就是要提高中国汽车零部件工业的竞争力、只有不断提高竞争力、才能在国际市场上取得成功。然而，要做到这一点却非常不容易。一方面国际汽车产品、汽车技术特别是电子、环保、新能源技术发展迅速，汽车生产方式向平台化、模块化转变、这就迫使汽车零部件产业也必须紧紧跟上这些变化、而国内大多数汽车零部件厂商都不具备这一能力。另一方面、市场的发展对汽车零部件供应商提出了越来越高的要求、比如质量要求零缺陷、成本每年降低百分之十五、零物流事故、百分之百的服务效率、要求参与共同开发等。在国内汽车零部件核心竞争力还相对较弱的情况下，难以应对整车企业日益提高的要求。

（2）整车市场价格过度竞争的影响。近年来、国内整车降价潮一浪高过一浪、甚至有愈演愈烈的趋势。急风暴雨般的价格战打掉了中国整车行业的暴利，整车企业要在价格大战中获胜最常用的手段是降低采购成本，也就意味着中国的整车企业把降价的成本压力全部或大部分地转移到零部件企业。这就使得丹阳一些汽车零部件企业因此会无利可图、其必要的技改资金、售后服务资金、管理投入、员工培训费等也就无法保证了。同时，丹阳汽车零部件企业本身困难重重、也难以承受整车降价所带来的成本压力。丹阳大多数汽车零部件企业开发能力较弱、缺乏知识产权、只能照图加工、挣点苦力钱、以致产品附加值低、利润微博。

总之，通过 SWOT 分析可以看出，丹阳汽车零部件产业在市场、成本和配套产业等方面具有一定优势。但是与其他区域相比、丹阳汽车零部件产业还存在规模上的差距、产品供应方式上的差距、研发和技术上的差距以及在国际化经营上的差距。同时、由于全球化的竞争要求越来越高、整车市场价格过度竞争等等原因、丹阳汽车零部件也面临严峻的挑战。因此、有必要整合丹阳汽车零部件产业，扩大规模，发挥竞争优势、从而提高丹阳汽车零部件产业的竞争力。

二、展会项目可行性研究

日本地震后导致本土制造业遭遇重创，日本财务省于5月25日公布的4月贸易统计初值显示，汽车出口额同比锐减67%，为2553亿日元，创1979年1月以来最少纪录。目前，日资企业加速向海外进行产业链转移，在汽车产业链中处于边缘位置的中小汽车零部件企业，也开始借力江苏丹阳等新兴的零部件工业基地，掀起了新的产业链转移大潮。

丹阳市日本汽车零部件产业园区在日本汽车零部件迁入中国的过程中，并不是独例。去年12月，广东省佛山市南海区与日本贸易振兴机构（JETRO）签订合作备忘录，启动定位为"日本中小企业汽车零部件集群"的佛山南海"日本中小企业工业园"，南海欲将工业园建成华南地区最大的集约型汽配产业园之一。

从丹阳情况看，未来超过300家中小汽车零部件企业将进入中国，加上进驻南海区工业区的企业，日本中小汽车零部件组团的力量比我们想像得要强大。

可以预见的是，中国中小零部件企业将在国内市场上，更频繁地与日本中小企业正面交锋。据记者观察，中国本土的中小零部件企业此次面对的外来对手实力强大。这是因为国外中小企业的概念和中国不同，他们长期专注一个细分领域，因此企业规模虽然不大，但同样掌握高端核心技术，从事精密制造，其中有些企业甚至是全球该领域尖端产业供应商；他们重视并投入技术研发和产品创新，是社会创新的主要推动力。

综合分析：综上所述，可见汽车市场在中国呈现出乐观上升趋势。汽车行业在中国的发展也越来越规模化，而汽车市场的竞争也越来越激烈。各项政策也有利于汽车行业的发展壮大。为了适应形似的发展，国内汽车业都必须实现新的改革与创新，而车展正是为了汽车业能够更好的交流与合作，为汽车业提供了相互学习，技术交流的平台。同时，随着汽车消费的加大，随着人们对汽车需求的增大，这展也为消费者提供了一个完整的平台。"十二五"的提出，使得丹阳汽车将逐步由传统汽车向新能源汽车发展，由此可见汽车行业是常青树。由此可见本次展示会的召开是必要的、及时的。

三、策划报价

表2-1　丹阳市投资环境说明会暨系列活动庆典明细

名　称	规　格	单位	数量	单价	合计	备注
背景造型		项	1	￥6,000.00	￥6,000.00	
舞台搭建	18＊6	m²	108	￥45.00	￥4,860.00	
舞台背景	18＊6	m²	108	￥60.00	￥6,480.00	
造型门		项	1	￥12,000.00	￥12,000.00	
舞台地毯	24m×8m	m²	192	￥8.00	￥1,536.00	
台口地毯	24m×40m	m²	960	￥8.00	￥7,680.00	

续表

名　称	规　格	单位	数量	单　价	合　计	备注
通道地毯	60m×6m	m²	360	￥8.00	￥2,880.00	
台口花卉	24m	米	24	￥120.00	￥2,880.00	四层花卉造型
通道花卉		项	1	￥3,600.00	￥3,600.00	
大型启动球		套	1	￥16,500.00	￥16,500.00	租用
鲜花剪彩架		只	12	￥100.00	￥1,200.00	
音响		套	6	￥800.00	￥4,800.00	
冷烟火		组	20	￥50.00	￥1,000.00	
遥控礼宾花		组	32	￥50.00	￥1,600.00	
彩烟墙		组	100	￥150.00	￥15,000.00	
礼仪小姐		名	12	￥180.00	￥2,160.00	含服装 绶带
锣鼓队		名	30	￥180.00	￥5,400.00	
主持人		名	2	￥2,000.00	￥4,000.00	
皇家礼炮		门	18	￥400.00	￥7,200.00	
摄影		人	1	￥1,000.00	￥1,000.00	制成光盘
摄像		人	1	￥1,000.00	￥1,000.00	制成光盘
胸花		枚	100	￥8.00	￥800.00	
演讲台及花		套	1	￥280.00	￥280.00	瀑布式台花
欢迎牌	6×4m×2	m²	48	￥40.00	￥1,920.00	
舞狮		条			￥2,800.00	
彩虹门		座	3	￥450.00	￥1,350.00	双面文字
空飘		只	38	￥350.00	￥13,300.00	
彩旗		面	300	￥6.00	￥1,800.00	
小计					￥131,026.00	
东方会馆签约仪式						
背景	16m*5	m²	80	￥60.00	￥4,800.00	
演讲台鲜花					￥280.00	
台口绿色花卉		米	15	￥120.00	￥1,800.00	
签约簿（高档）、笔		套	3	￥90.00	￥270.00	
礼仪小姐		人	4	￥180.00	￥720.00	
葡萄酒					￥7,870.00	客户自备
新闻发布会仪式						

续表

名　称	规　格	单位	数量	单　价	合　计	备　注
背景	16m＊5	m^2	80	￥60.00	￥4,800.00	
台口绿色花卉		米	15	￥120.00	￥1,800.00	
演讲台花卉					￥280.00	
小计					￥6,880.00	
东方会馆门口布置						
彩虹门					400	单面文字
欢迎牌	5＊3	m^2	15	￥50.00	￥750.00	
空飘		只	4	￥350.00	￥1,400.00	
嘉宾证工作证等						视材质数量待定
手拎袋						数量待定
火车站接站布置						
桌子花卉台布					￥360	
欢迎牌	3＊2	m^2	6	￥50.00	￥300.00	
小计					￥660	
税率9.7%						
合计		实际执行优惠价160000				

第三节　项目实施

一、方案涵盖项目：

（一）方案解析；

（二）现场庆典策划文案；

（三）美陈布置案（效果图）；

（四）现场路演策划文案；

（五）礼品方案（效果图）；

（六）平面/三维设计项目（效果图）；

（七）住宿交通安排；

（八）嘉宾邀请名单；

（九）筹备工作总分工表；

（十）项目进程排班表；

（十一）物料准备；

（十二）报价（工程项目报价、演出报价、整体报价）；

（十三）结束；

（一）方案解析；

1. 活动目的：根据丹阳市市委、市政府"十二五"规划中关于对丹阳市汽车零部件产业的发展要求，提升丹阳市汽车零部件的产业水平，以开发区日本汽车零部件产业园（JAPIC）开业典礼为契机，诚邀国际国内知名汽车生产商与汽车零部件生产商、日本驻上海总领事等政府要员及数十家日本主流媒体，出席"丹阳市投资环境说明会暨丹阳市第一届汽车零部件展销会"，提升丹阳市汽车零部件产业知名度的同时，对外积极宣传并介绍丹阳市的整体投资环境、努力打造丹阳市的国际新形象，对内提高丹阳市地方就业率、促进地方消费并拉动丹阳市地方生产总值（GDP）的增长。

2. 活动时间：2012 年 7 月 1 日 -5 日；

3. 活动地点：JAPIC 产业园区；

4. 主办单位：丹阳市市委政府

5. 协办单位：丹阳经济开发区管理委员会

JAPIC 运营公司（东龙日联（丹阳）企业管理有限公司）

　　　　丹阳市商务局

　　　　丹阳市汽车零部件商会（待确认）

　　　　日本贸易振兴机构 JETRO（上海）

6. 活动规模：

（1）出展公司 100 家（预订）；

①丰田集团（华东地区）大型汽车零部件制造商 30 家（预定）

②JAPIC 产业园签约入驻企业：20 家（预定）

③中资汽车零部件制造商 50 家（待确认）

（2）参展公司：335 家（预定）

①汽车生产商：35 家（丰田、一汽丰田、广汽丰田、广汽三菱、广汽日野等）

②汽车零部件生产商 300 家（华东地区日资企业 100 家以及丰田集团 60 家、华东地区中资以及日资以外的外资企业 140 家）

（3）参加活动的嘉宾；

政府客商及嘉宾	约计 50 人
日本客商	约计 400 人
欧美客商	约计 300 人
其他客商	约计 300 人
中日新闻媒体	约计 100 人，其中：

中方媒体：丹阳电视台、电台及地方报刊等（6 家）

日方媒体：NHK（日本放送局）、朝日电视台（中京电视台）、朝日新闻、每日新闻、读卖新闻、中日新闻、日刊工业新闻、日经新闻、时事新闻、日经商务、NNA（亚洲经济情报）等（12 家）

其他外媒：CNN；

7. 活动诉求：

提及日本汽车工艺，其舒适性、工艺性首当其冲，对比与机械制造的钢铁生硬，实现机械与人性的对话。

整理效果以舒适、工艺为主导，同时体现汽车机械制造业的铮铮铁骨，刚柔并济。

（二）现场庆典策划文案；

1. 晚宴（2012 年 7 月 1 日晚）；

2. 开幕式（2012 年 7 月 2 日）；

3. 展销会（2012 年 7 月 3 - 4 日）；

4. 闭幕式（2012 年 7 月 5 日）；

5. 晚宴

（1）晚宴时间：2012 年 7 月 1 日 18：00 - 20：00；

（2）晚宴地点：丹阳市东方会馆；

（3）晚宴主题：江苏·丹阳 欢迎您；

（4）晚宴副题：丹阳市投资环境说明会暨丹阳市第一届汽车零部件展销会迎宾宴；

（5）责任单位：市接待办、开发区；

（6）晚宴议程：迎宾、播放丹阳文化宣传片、入席、领导致欢迎词、开席、结束专车送至下榻酒店。

（7）晚宴议程安排

时间：2012 年 7 月 1 日 18：00 - 20：00；

地点：丹阳市东方会馆；

责任单位：丹阳市接待办、会务小组；

议程安排：前期有市接待办、会务小组统一寄送大会邀请函，邀请函内设条形码，一对一确认顾客身份及入住酒店房间号。

表 2 - 2　晚宴议程安排

时间	议程	责任单位	备注
17：00	客商来丹阳。	市接待办、会务办统一安排	酒店总台根据嘉宾携带的邀请函上条形码确认嘉宾姓名及安排房间号。
17：00 - 17：50	嘉宾到场，迎宾。	市接待办、会务办统一安排	礼仪小姐根据嘉宾携带邀请函上条形码确认嘉宾姓名。
17：50 - 18：00	暖场播放丹阳文化短片、嘉宾入席。	市接待办、会务办统一安排	礼仪小姐安排嘉宾对号入座，并在餐桌上摆放上我们特制的杯子和纸巾。

续表

时间	议程	责任单位	备注
18：08	宴会正是开始。		酒店方安排主持人。
18：08－18：18	市委领导致欢迎词。大屏切换欢迎画面。	市接待办、会务办统一安排	致辞领导由主办方邀请
18：18－20：00	宴会开席	市接待办、会务办统一安排	由主办方通知酒店准备开席，嘉宾全部入座，然后酒店开始上菜
20：00	宴会结束，专车送至下榻酒店	市接待办、会务办统一安排	安排对应酒店车辆。

备注：主办方，需成立应对本次会议专项会务小组，全权负责本次嘉宾接待工作。

图 2－1　邀请函效果图

图 2－2　嘉宾签到簿封面设计图

图 2 - 3 胸花效果

图 2 - 4 纸杯设计效果图

图 2 - 5 纸巾盒设计效果图

图 2 - 6　手提袋效果图

图 2 - 7　工作证效果图

6. 宴会厅内布置：（由酒店方提供方案）；

大宴会厅由大厅、门厅、衣帽间、贵宾室、音像控制室、家具储藏室、公共化妆间、厨房等构成。

（1）门厅设在大厅与外界环境之间，门厅内布置一些供客人休息的沙发或其他座椅。门厅最好紧邻大玻璃窗户，有较好的自然采光和值得欣赏的室外景色。其面积一般为宴会厅的 1/6、1/3，或者按每人 0.2～0.3 平方米计算。

（2）衣帽间设在门厅入口处，随时为客人提供存储衣帽服务。其面积可按 0.04 平方米/人计算。

（3）贵宾室设在紧邻大厅主席台的位置，有专门通往主席台大厅的通道。贵宾室里应配置高级家具等设施和专用的洗手间。

（4）音像控制室、辅助设备用房主要保证宴会的声像设置的需要。音像设备调试员应能在音像控制室内观察到宴会厅中的活动情况，以保证宴会厅内使用中的声像效果的良好状态。

（5）宴会厅附近应设有一定容量的家具储藏室，存放不用或暂时闲置的座椅。

（6）宴会厅应按一定的标准设置公共洗手间。洗手间宜设在较隐蔽的位置，并有明显的图形符号标志。

（7）宴会厅一般设舞台，供宴会活动发言时使用。舞台应靠近贵宾休息室并处于整个大厅的视觉中心的明显位置，应能让参加宴会的所有人看见，但舞台不能干扰客人动线和服务动线。

（8）宴会厅应设相应的厨房，其面积约为宴会厅面积的30%。厨房与宴会厅应紧密联系，但两者之间的间距不宜过长，最长不要超过40米，宴会厅可设置配餐廊代替备餐间，以免送餐路线过长。

7. 开幕式；

（1）时间：2012年7月2日

（2）地点：JAPIC产业园区；

（3）主题：丹阳市投资环境说明会暨丹阳市第一届汽车零部件展销会开幕式

（4）副题：汽摩制造基地揭牌仪式；

（5）责任单位：政府办；

（6）议程：迎宾、暖场、开幕式、领导和嘉宾致词、揭牌仪式、表演、参观展区、专车前往酒店、招待午宴、专车前往会场、现场洽谈和参观、送别部分领导、结束专车送至酒店、晚宴。

（7）开幕式议程安排

时间：2012年7月2日

地点：JAPIC产业园区；

责任单位：丹阳市接待办、会务小组；

议程安排：开幕式正式启动前，安排一场演出暖场。节目可选择：水鼓舞（中式）、"KABUKI舞"（日式）。

表2-3 开幕式议程安排

时间	议程	责任单位	备注
7：30-8：00	领导、嘉宾专车酒店至会场	市接待办、会务办统一安排	统一安排车辆，酒店前台提供叫醒服务。武警车辆开道。
7：30-8：00	所有工作人员到位，进行全面调试	所有工作人员	设备、人员、现场安保。
8：00-8：30	嘉宾到场，迎宾，签到。	市接待办、会务办统一安排	礼仪小姐根据嘉宾邀请嘉宾签到，佩戴胸花
8：30-8：50	领导嘉宾就座，暖场表演开始	所有工作人员	水鼓舞/"KABUKI舞"
8：50-9：00	主持人宣布开幕式正式启动		大屏切换舞台现场由主持人上台介绍今天的开幕仪式，介绍一下今天莅临的领导、主办方和今天活动的介绍

续表

时间	议程	责任单位	备注
9：00－9：10	领导致开幕词		市委领导（主办方邀请）
9：10－9：20	嘉宾致辞		邀请嘉宾由主办方决定。
9：20－9：30	开幕式启动仪式	市接待办	皇家大屏切换舞台现场由主持人上台介绍今天的开幕仪式，介绍一下今天莅临的领导、主办方和今天活动的介绍礼炮齐鸣
9：30－9：40	国家部委领导发言，汽摩制造基地揭牌仪式	市委、市接待办	在揭牌仪式的同时皇家礼炮齐鸣，彩烟，冷烟火为揭牌仪式庆祝
9：40－10：20	演出（舞狮、歌舞伎舞、太和鼓、变脸。）		请主办方参考选择2－3个节目
10：20－11：30	参观展览区	JAPIC园区	翻译及工作人员陪同。
11：30－12：00	专车送至酒店午宴	市接待办、会务办统一安排	参观结束之后由市接待办、会务办统一安排车辆有序准备送宾客前往酒店休息片刻，
12：00－14：00	招待时间	市接待办、会务办统一安排	酒店休息片刻后，在酒店准备午宴，邀请领导们到场。
14：00－14：30	嘉宾专车送至会场		午宴结束，休息片刻之后，还是由原来送宾客前往酒店的车辆送到会场，进入下一步的洽谈。
14：30－16：00	现场对接洽谈和参观	JAPIC园区	经过详细的参观展区之后嘉宾在JAPIC园区进行现场洽谈，对这次活动的评价和一些细节内容。

续表

时间	议程	责任单位	备注
16：10—17：30	送别部分领导	市接待办、会务办统一安排	洽谈详细的内容和参观后，有些议程结束，感谢领导的莅临参加，将事先安排的部分领导准备先行离开。
17：30－19：30	专车送至酒店晚餐	市接待办、会务办统一安排	在午宴的宴客厅继续晚宴。

备注：主办方成立专项小组，出台应急方案，对现场的领导安保工作及车辆的安排，嘉宾的接送，停车位置规划都必须前天演练筹备。

（8）领导致欢迎词样稿：

欢迎词：

尊敬的女士们、先生们：

大家晚上好！首先对于各位的莅临表示热烈的欢迎和衷心的感谢！参加丹阳市第一届汽车零部件展销会我们在这里欢聚一堂，共襄盛举。

我市汽车零部件企业的当务之急是要走创新驱动、内生发展之路，在与大型整车企业强强联合、同步研发的基础上，进一步苦练内功，淘汰高耗能、低产出的落后生产方式，加速转型升级步伐，加快混合动力车等新能源汽车以及第三代消防车、特种垃圾焚烧车等特种车辆的发展，进一步将我市汽车零部件特色产业做强做大。希望我市汽车零部件企业迎难而上，抢占转型升级先机，不断提高自主创新能力，推动产、学、研深度合作，加快推动汽车零部件由"丹阳制造"向"丹阳创造"的转变。

最后，预祝第一届汽车零部件展销会圆满成功！祝各位来宾身体健康，工作顺利，万事如意！

谢谢大家！

图 2－8 皇家礼炮

图 2-9　彩烟墙效果图

图 2-10　水鼓舞

图 2-11　变脸

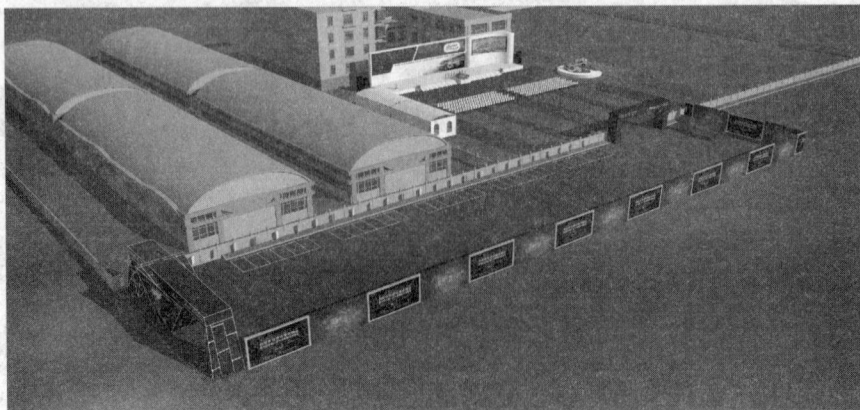

图 2-12　展区全貌

图 2 - 13　会场整体效果图：实际现场将增加 10 米间距空飘和竖幅

（8）节目安排：（详细见路演策划方案）

（9）布置：详见（C：美陈布置案），主台背景感觉大会议程更换画面，主题分：开幕式、展销会、闭幕式；

8. 展销会；

（1）时间：2012 年 7 月 3 - 4 日

（2）地点：JAPIC 产业园区；

（3）主题：丹阳市投资环境说明会暨丹阳市第一届汽车零部件展销会；

（4）议程：迎宾、暖场、领导和嘉宾致词、表演、参观展区、专车前往酒店、招待午宴、专车前往会场、现场洽谈和参观、送别部分领导、结束专车送至酒店、晚宴。

（5）展销会议程安排

时间：2012 年 7 月 3 - 4 日

地点：JAPIC 产业园区；

责任单位：丹阳市接待办、会务小组；

议程安排：

表 2 - 4　展销会议程安排

时间	议程	责任单位	备注
7：30 - 8：00	领导、嘉宾专车酒店至会场	市接待办、会务办统一安排	统一安排车辆，酒店前台提供叫醒服务。武警车辆开道。
7：30 - 8：00	所有工作人员到位，进行全面调试	所有工作人员	设备、人员、现场安保。
8：00 - 8：30	嘉宾到场，迎宾，	市接待办、会务办统一安排	礼仪小姐做好接待工作
8：30 - 8：40	领导嘉宾就座		礼仪小姐做好接待工作

续表

时间	议程	责任单位	备注
8：40 – 9：00	暖场表演		机器人舞、民歌演唱、
9：00 – 11：00	参观展览区对接洽谈		期间舞台电子屏播放园区相关产业信息。
11：00 – 11：30	专车送至酒店午宴	市接待办、会务办统一安排	
14：00 – 14：30	专车送至会场		邀请嘉宾由主办方决定。
14：30 – 16：00	参观展览区对接洽谈		
16：00 – 17：00	送别部分领导	市委、市接代办	
17：00 – 17：30	专车送至酒店晚宴	市接待办、会务办统一安排	

备注：主办方成立专项小组，出台应急方案，对现场的领导安保工作及车辆的安排，嘉宾的接送，停车位置规划都必须前天演练筹备。

（6）节目安排：详见（D：现场路演策划案）；

9. 闭幕式；

（1）时间：2012 年 7 月 5 日

（2）地点：JAPIC 产业园区；

（3）主题：丹阳市投资环境说明会暨丹阳市第一届汽车零部件展销会闭幕式；

（4）议程：迎宾、暖场、企业对接媒体采访、闭幕式、领导嘉宾闭幕致辞、专车前往酒店、招待午宴、送别客商。

（5）闭幕式议程安排

时间：2012 年 7 月 5 日

地点：JAPIC 产业园区；

责任单位：丹阳市接待办、会务小组；

议程安排：

表 2-5　闭幕式议程安排

时间	议程	责任单位	备注
8：30-9：00	领导、嘉宾专车酒店至会场	市接待办、会务办统一安排	统一安排车辆，酒店前台提供叫醒服务。武警车辆开道。
9：00-9：30	嘉宾到场，迎宾、入坐	市接待办、会务办统一安排	人员、现场安保。

时间	议程	责任单位	备注
9：30－10：30	企业对接，媒体采访	市接待办、会务办统一安排	礼仪小姐做好接待工作 1、迎客问好，询问客人预订的座位。2、询问客人是否要存包。3、带着客人到预定的位置。4、请客人座。
10：30－11：00	领导嘉宾致闭幕词		锣鼓、彩烟
11：00－11：30	专车送至酒店	市接待办、会务办统一安排	
11：30－14：00	欢送午宴	市接待办、会务办统一安排	
14：00	送别客商	市接待办、会务办统一安排	

备注：主办方成立专项小组，出台应急方案，对现场的领导安保工作及车辆的安排，嘉宾的接送，停车位置规划都必须前天演练筹备。

（6）闭幕式表演：

闭幕式：由专业表演人员表演节目。我们安排为嘉宾表演中国国粹京剧、唱响中国等节目。

①京剧

图 2－14　京剧

京剧于北京而得名。1790 年，安徽的四大地方戏班——三庆班、四喜班、春台班、和春班——先后进京献艺，获得空前成功。此后，徽班常与来自湖北的汉调艺人合作演出，于是一种以徽调"二簧"和汉调"西皮"为主，兼收昆曲、秦腔、梆子等地方戏精华的新剧种诞生了，这就是京剧。因为它是一种集歌唱舞蹈、音乐、美术、文学等为一体的艺术形式，所以被誉为"东方歌剧"。

（三）美陈布置案（效果图）；

备注：该项目将单独展示

现场美陈布置方案

1. 现场美陈布置方三项：

（1）路引布置：由天路转盘开始至会场路段的指引布置。

迎宾路（天禄转盘开始）－黄金塘西路－石谭南路－石谭北路－通港路—园区；

布置项目如下：

表2-6　现场美陈布置方案

项目	内容	数量
转盘处桁架大牌	形象、主题、地图	一块（6米＊4米）
路道彩旗	形象、主题、	50米间距
森林家具丁字路口牌	形象、主题、地图、标注距离	一块（6米＊4米）
高速入口十字路口牌	形象、主题、地图、标注距离	一块（6米＊4米）
黄金塘路石谭南路接口出大牌	形象、主题、地图、标注距离	一块（6米＊4米）
石谭北路通港路接口出大牌	形象、主题、地图、标注距离	一块（6米＊4米）
通港路园区入口造型	形象、主题、欢迎词	

（2）会场布置：园区入口出至会场大门至内场

布置项目如下：

表2-7　会场布置

项目	内容	数量
入口处至园区大门包围	进入园区外围美化	高度6m＊3m/每块，数量按现场测量。桁架
园区大门口造型	汽车元素，造型	尺寸实地测量
大门口签到背景（喷绘）	签到处	6米＊4米/1幅
场地内左侧领导嘉宾休息区帐篷＋画面	汽车元素，造型，主题。	尺寸实地测量
场地内右侧围墙画面包围	汽车元素，造型	高度6m＊3m/每块，数量按现场测量。桁架
主舞台造型	形象、主题、造型、汽车元素	尺寸实地测量
展厅楼侧整墙形象	形象、主题、	尺寸实地测量

（3）接客地点：汽车站、沪宁高铁、高速出口、京沪高铁

布置项目如下：

表2－8　接客地点布置

项目	内容	数量
汽车站接待处大牌/易拉宝	形象、主题、接待处	尺寸实地测量选择样式
沪宁高铁出口处易拉宝	形象、主题、接待处	2米＊0.8米/1
京沪高铁出口处易拉宝	形象、主题、接待处	2米＊0.8米/1
高速出口处帐篷加欢迎牌	形象、主题、接待处	尺寸实地测量选择样式

（4）酒店：金陵饭店、东方会馆、水中仙大酒店、新世纪大酒店

布置项目如下：

表2－9　酒店布置

项目	内容	数量
拱门	主题、欢迎词	
大厅电子屏	主题、欢迎词	
空飘＋竖幅	主题、欢迎词	建议每给酒店20个空飘
酒店大门口易拉宝	形象、主题、日程安排	2米＊0.8米/1

备注：请主办方选择项目。本公司列出项目明细是符合活动整体规模以及为实现最完美效果而制定的。

2. 现场美陈布置方案分析

（1）主舞台效果图：卷轴开启式

采用卷轴式的舞台会给人以强烈的民族特色，并使整个舞台活跃起来赋予了舞台以流线感，使整个舞台画面感亲和，不会给人以生硬之感。与此同时卷轴式可以给人梦幻的感觉增加了观展者的兴趣。

从图片中可以看出，舞台效果图是缓缓地拉开序幕，容易给人造成一种缓慢等待的感觉，这样的方式会使人产生期待，在效果图还没有拉开序幕之前，每个人心中都会有自己想象的效果图，如果舞台效果图比人们心目中想象的好，则会产生非常好的正面效果。

由于效果图之前是卷起来的，容易在拉开的时候造成褶皱，会影响到舞台效果图的观看效果，这点应注意尽量避免。

图 2 – 15　美陈布置效果图——主舞台效果图：卷轴开启式

（2）会场整体效果图：实际现场将增加 10 米间距空飘和竖幅

空飘广告是借助一定载体飘于空中的广告形式。

主要载体有：气球，拱门、广告气模、立柱、造型拱门、彩球、充气卡通、儿童充气蹦床、充气拱门、气球拱门等。

空飘广告大部分是在户外进行，部分可以放置在室内。空飘广告主要是将带有广告的文字图案通过空中漂浮物展示在选空中。例如气球常常挂有丝带，祈求拱门上常常有字等等。如果现场人流量较多，在实际现场增加空飘和竖幅，会使人在视觉上产生一种密集的感觉，烘托现场热烈的气氛，容易给人心理上造成愉快的感觉，也提升了会展的整体效果。不过过多人流会在一定程度上给交通造成不便，车辆无处停放并造成拥堵，要注意防范。

图 2 – 16　空飘气球竖幅

（3）会场右侧丰田越野效果图

使用黄沙和假山为背景，使场景有一种置身在荒沙中的感觉，突显了丰田车野外恶劣环境的适应能力，使用丰田汽车模型既可以塑造汽车本身给人的直观感受也可以进一步表明展示会开展的目的。采用曝光灯则可以进一步渲染场景气氛。

图 2 – 17 丰田越野

（4）园区入口处造型效果图

园区入口采用的是几何图形梯形的门型，又将其分割成为大小不定的两个不规则梯形，使用两个门既方便了来者进出的需要又使得门型更具有美感。在门上标有展会的名称和举办单位名称更突出了广告效果。这种设计使入口感觉不那么空洞，同时显得富有变化，创意拱门的设计让参观者感受到本次展会的高端档次，提升了展会的水平。

图 2 – 18 入口处

（5）入口至大门包围墙及签到处

大门大签到处采用红色的地毯给人以受到热烈欢迎的感觉，调动了来者的兴趣情绪，

而且红色有吸引人注意的效果，可以使来者方便发现入口及签到处。视觉上感觉很有规则，建筑物排列很中规中矩，通过以上的一些特别的设计吸引了参展者。

图 2 – 19 入口及签到处

图 2-20　展示会围挡效果图一

图 2-21　展示会围挡效果图二

图 2-22　展示会围挡效果图三

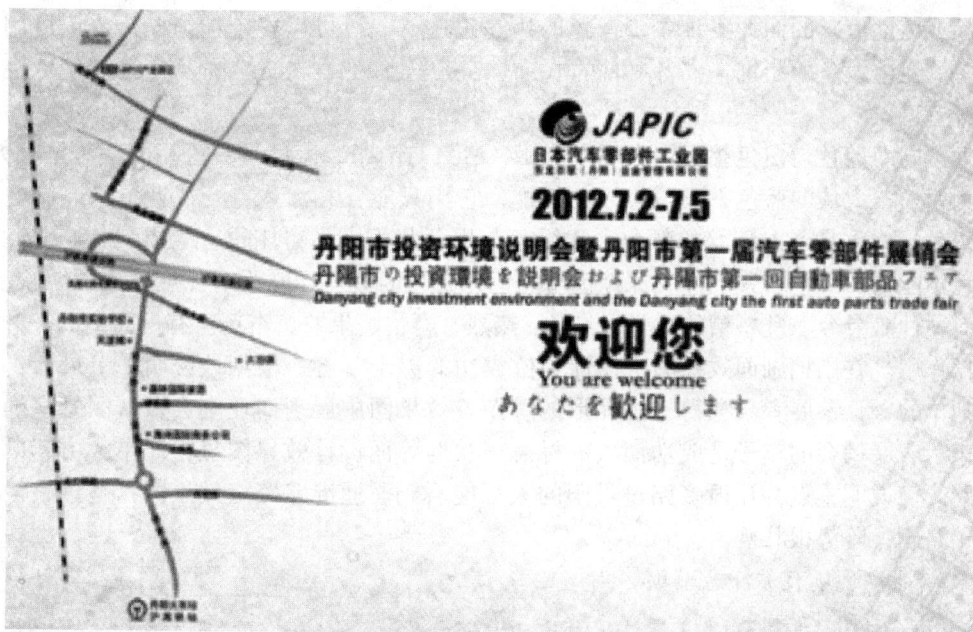

图 2－23　展示会欢迎牌面效果图

图 2－24　通港路路旗效果图

围挡画面设计效果创意分析；

丹阳市投资环境说明会暨丹阳市第一届汽车零部件展销会平面设计效果图总体给人的感觉就是壮观，富有艺术气息，围挡画面设计效果标出了展销会的地图，分别用蓝色标路线，红色标地点，用蓝色是因为蓝色给人的感觉是永恒的象征，它是最冷的色彩。纯净的蓝色表现出一种美丽、文静、理智、安祥与洁净。

由于蓝色沉稳的特性，具有理智，准确的意象，在商业设计中，强调科技、效率的商品或企业形象，大多选用蓝色当标准色，企业色，如电脑，汽车，影印机，摄影器材等等，另外蓝色也代表忧郁，这是受了西方文化的影响，这个意象也运用在文学作品或感性诉求的商业设计中。蓝色的用途很广，蓝色可以安定情绪，天蓝色可用作医院、卫生设备的装饰，或者夏日的衣饰、窗帘等。在一般的绘画及各类饰品也决离不开蓝色。

不同的蓝色与白色相配，表现出明朗、清爽与洁净；蓝色与黄色相配，对比度大，较为明快；大块的蓝色一般不与绿色相配，它们只能互相渗入，变成蓝绿色、湖蓝色或青色，这也是令人陶醉的颜色；浅绿色与黑色相配，显得庄重、老成、有修养。深蓝色不能与深红色、紫红色、深棕色与黑色相配，因为这样既无对比度，也无明快度，只有一种赃兮兮、乱糟糟的感觉。红色：热烈、喜悦、果敢、奋扬。有提高食欲，升高血压作用。在围挡画面效果图中设计一位成功的男士拿着一根烟这说明了参展者身份和地位的，让参展者会觉得一种无形的尊荣。效果图中展现商业宴会，富丽堂皇的画面表示着展销会的车子是成功商人的标志。欢迎牌面设计效果图显得简单大方，既标出路线又说明重点，让很多路过丹阳的人都能看到。通港路路旗效果图：整条路段都用了路旗，阵势很壮观。

3. 活动现场有关注意事项

（1）活动开始前

①现场物料：

落实现场布置。包括舞美、灯光音响、鲜花、签到台、展台、背景、横幅、道具、座椅等。

如果现场有布置冷餐，须提前落实摆放位置及数量。核查需用的活动及演出道具，保证物品的齐全。

②声像多媒体：

检查话筒架，调试话筒，保证话筒电池的电力充足。弄清灯光及音响的调试情况。

提前播放视频，确保音频、视频文件的齐全，安排好播放顺序，试播过程中应随时与相关人员交流沟通，不出差错。

与演员及主持人等相关人员进行沟通，记录各环节对灯光、音响及其他设备的要求，并进行协调，确保活动质量。

③现场环境：

保证现场的整洁，尤其注意各角落，保证观众视线内无杂物。

现场内外的横幅、展架等所有宣传品及物料都要摆放到最合理的位置，并做好安全防护。

如果观众区有器材或者线材必须做好防护，加上防护垫及线桥。但必须美观整洁。

（2）活动过程中

①后台：

按流程顺序安排演员等相关人员准备、出场，若节目临时调整，需及时与演员、主持人沟通协调。要把控好整个活动的流程，把整个流程表做的越细致越好。如有变动要及时做出相关的应对办法。在活动前要多想想可能出现的问题，并想好解决的办法，等出现状况的时候可以及时解决。最好将各个环节落实到相应的工作人员手上，这样方便管理和协调。

绝对禁止有无关人员在舞台走动，严格控制好舞台两侧及幕布后的人员，不能出现在现场舞台范围内。需要走动的，必须走相关的通道。

灯光、音响按演出要求调整。注意话筒音和背景音的交替，可安排专门人员进行前台和音控室之间的协调。

摆放道具时，按彩排时商量的方案进行。及时做好道具的交替工作，清除残留物品道具。

传递话筒时注意话筒的开关，切忌出现杂音，使用话筒架时要夹紧话筒。

协调好后台气氛，保证演出顺利进行。

②前台：

安排观众及客户入场入场，按席位的分布迅速引导观众就坐。尽可能的满足观众及客户的需求。接待人员要注意自己的言辞及态度。

舞台和观众席间禁止人员走动，注意限制拍照人员（如果活动可以拍照 可不用限制。）

保持现场气氛。可以适当的安排工作人员领掌。

（3）活动结束

组织观众及客户退场，清扫现场，并仔细检查是否有观众或者客户遗失的物品，有的话收集起来妥善保管。

拆台的时候要注意安全，轻拿轻放。确保人员及物品安全。不要损坏现场设施。所以物料检查盘点，并归还到相应的地点或者人员。

4. 费用预算

表 2－10：美陈布置费用预算表

美陈布置费用预算表			
物料名称	数量	单价	金额（单位：元）
活动签到板 600cm×350cm＝21 方	1 个	32 元/方	672
主会场正门两侧宣传展示廊架 连喷架 150×50cm	2 个	100/个	200
正门和活动主题大横幅	2 个	100 元/块	200
1000×75cm			
5 米灯笼柱	1 对	380	380
20m 大拱门	1 个	500 元	500
吊幅祝贺空飘气球	10 套	320/套	3200
吊幅	10 条	80/条	800

续表

美陈布置费用预算表			
物料名称	数量	单价	金额（单位：元）
指引路牌 300×150cm	3 块	45/块	135
区域指示牌	3 块	50/块	150
工艺盆花	2 盆	110/盆	220
红地毯	650m²	10/m²	6500
靠背桌椅（租用）	300 套	8 元/套	2400
揭幕牌	1 个	380	380
水晶演讲台	1 张	350 元/套	350
总计			16087 元

表 2-11　手提袋预算表

尺寸/数量	500 个	1000 个	3000 个	5000 个	10000 个
22（宽）X6（厚）X32（高）cm	4 元	2.5 元	1.75 元	1.65 元	1.55 元
31（宽）X8.5（厚）X28（高）cm	4.5 元	3.5 元	2.15 元	1.95 元	1.85 元
30.5（宽）X11.5（厚）X41（高）cm	5.5 元	4 元	2.75 元	2.55 元	2.45 元

表 2-12　工作证预算表

订货量（张）	价格
10-100	2.00 元/张
101-500	1.50 元/张
501-1000	1.30 元/张

（四）现场路演策划文案；

路演策划案

地点：JAPIC 产业园区；

责任单位：苏立信集团

议程安排：开幕式当天演出、展销会期间演出、闭幕式演出

表 2 – 13　路演策划方案

时间	节目	日期
8：30 – 8：40	水鼓舞	
8：40 – 8：50	力量组合	
9：40 – 9：50	黄梅戏	2012 年 7 月 2 日
9：50 – 10：00	歌舞伎舞	
10：00 – 10：10	变脸	
10：10 – 10：20	VIA 'M 乐队表演	
8：40 – 9：00	舞狮	2012 年 7 月 3 日
8：40 – 9：00	摇滚女歌王唐妍	2012 年 7 月 4 日

备注：演出方案，请主办方参考选择。

推荐节目 1：力量组合

轻重并举，通灵入化，软硬功夫相辅相成。这是一个集惊险性、艺术性、观赏性于一体 的极富感染力的杂技精品。以新颖的手法营造了不同凡响的效果。他们在舞台上展示的是无言的默契，在力量中创造出身体平衡极限之美。相信一定会带给您耳目一新的视觉冲击。

图 2 – 25　力量组合

推荐节目 2：女歌摇滚王 唐妍

唐妍自出道以来，凡有摇滚天地的出现，必少不了实力女歌摇滚王唐妍的身影。凭借与田震有得一拼的嗓音和别人都模仿不来的 high 场技巧，每到一处，都令观众的情绪高涨。

图 2-26　唐妍

推荐节目 3：黄梅戏

黄梅戏，旧称黄梅调或采茶戏，与京剧、越剧、评剧、豫剧并称中国五大剧种。它发源于湖北、安徽、江西三省交界处黄梅多云山，与鄂东和赣东北的采茶戏同出一源，其最初形式是湖北黄梅一带的采茶歌。黄梅戏用安庆语言念唱，唱腔淳朴流畅，以明快抒情见长，有丰富的表现力；黄梅戏的表演质朴细致，以真实活泼著称。黄梅戏来自于民间，雅俗共赏、怡情悦性，她以浓郁的生活气息和清新的乡土风味感染观众。

图 2-27　黄梅戏

推荐节目4：VIA 'M 乐队

这是一支相当不错的乐队组合，乐队以流行、爵士风格为主，乡村音乐、经典中文歌曲在他们的演绎下同样精彩绝伦，现场气氛好，是各类高档宴会PARTY演出首选乐队。乐队成立以来被邀请在亚洲地区做巡回演出，受到广泛好评，2010年多次被邀请至上海世博会场馆演出。

图 2-28　VIA 'M 乐队

图 2-29　舞狮

推荐节目5：舞狮

（五）礼品方案（效果图）；

苏立信集团，将依据本次活动特性，结合当地（丹阳）文化，专项设计出三套礼品方案，供主办方参考选择。

1. 方案一

图 2 – 30 品名：欧式酒具套装 市价：**2880** 元

　　欧式酒具套装的精美吸引了参观者的目光，美酒在这样一件艺术品中滑过，流动。这份奢华，已是对杰出的最好表达。欧洲古典装饰花纹，点缀在宫殿造型的酒壶上，似花瓣、更似孔雀绚丽的羽毛展现美的韵律。

　　这幅茶具主色调以银色为主，以锡作为材料，主要是利用了锡的无毒性，加之锡本身具有净化水质，密封保鲜的功性，使其既有装饰作用又有实用价值。用锡制茶具泡茶，更会体现水质的清、软，更能品出好茶。用锡制酒具喝酒，口感更醇。而且以银色作为底盘更为庄重典雅，古香古色，具有怀旧的气息。再看看它的做工非常的精美，很有韵味。

　　2. 方案二

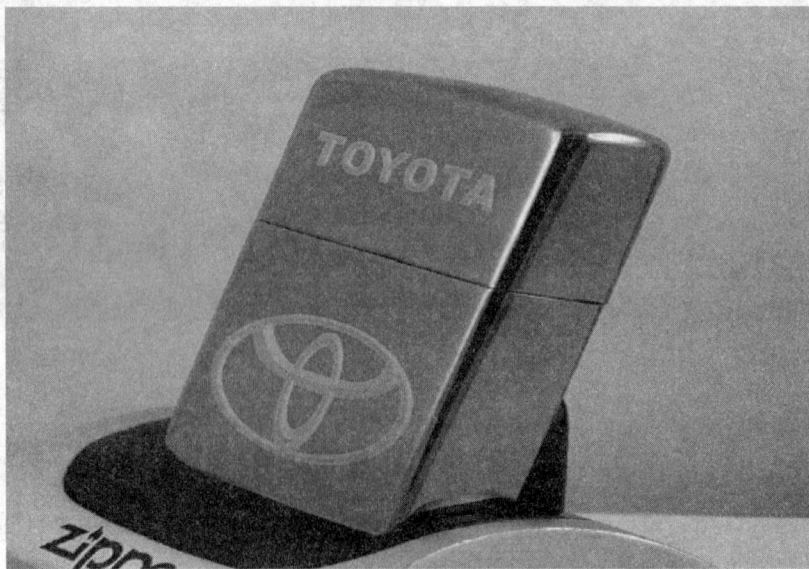

图 2 – 31 品名：zipper（丰田打火机）市价：**380** 元/套

　　这是一款专门为男士打造的一个礼品，这款打火机的材料有纯铜、暗铬、明铬、镜面等，质量与牌子更让很多男士所青睐。正面上的丰田 LOGO 更体现了本次展会的主题。

　　3. 方案三

图2-32　品名：青花瓷三件套礼盒　市价：800元/套

　　青花瓷，亦简称青花，起源于唐宋，发展于元代，成熟于明清。其瓷白中泛青，其花青翠欲滴，素来以典雅素净而被称为"人间瑰宝"。骨瓷具有瓷质细腻通透，器型美观典雅，彩面润泽光亮，花面多姿多彩的特点。它较其本次展会选择此为礼品效果绝佳。

　　（六）平面/三维设计项目（效果图）；

　　1. 平面设计项目包含：

表2-14　平面设计项目列表

序列	项目	备注	选择
1	邀请函	印有嘉宾姓名、身份，对应条形码。	
2	手提袋	结合本次展销会主题及地方文化	
3	宣传单页	活动相关信息介绍。	
4	T恤	大会信息	
5	工作证	姓名、岗位，背面为大会流程	
6	纸巾盒	主题、形象	
7	报纸整版广告	活动相关信息介绍。	
8	背景（开幕式、闭幕式、展销会）	活动主题、形象	
9	签到背景	活动主题、形象	
10	会场指引背景	活动主题、形象、会场地图	
11	会场外围整包背景（入口之大门）	活动主题、形象	
12	签到书写匾	活动主题、形象	

序列	项目	备注	选择
13	指引路旗	活动主题、形象	
14	酒店欢迎牌	活动主题、形象	
15	现场背景墙画面	活动主题、形象	
16	纸杯	活动主题、形象	
序列	项目	备注	选择
1	人口处造型	主题、形象	
2	大门迎宾造型	主题、形象	
3	舞台造型	主题、形象	
4	嘉宾休息区造型	主题、形象	

2. 项目设计分析：

图 2-33 PPT15 广告衫效果图

（1）T 恤创意效果

T 恤衫是春夏季人们最喜欢的服装之一，特别是烈日炎炎，酷暑难耐的盛夏，T 恤衫以其自然、舒适、潇洒又不失庄重之感的优点而逐步替代昔日男士们穿件背心或汗衫外加一件短袖衬衫或香港衫的模式出现在社交场合，成为人们乐于穿着的时令服装。目前已成为全球男女老幼均爱穿着的时髦装。据说全世界年销售量已高达数十亿件，与牛仔裤构成了全球最流行、穿着人数最多的服装。广告衫上的英文 JAPIC：汽车零部件产业园。广告衫突出主题，以纯白色为主，简单大方，穿着自然、舒适，看起来给人清爽干净的感觉。

（2）T恤预算

表 2 - 15：T 恤预算表

规格	身高	胸围	衣长	短袖长	长袖长	总件数	单价（件）	总计（元）
3S	150～155	85	62	20	53	100	10	1000
2S	155～160	90	64	20.5	54	100	11	1100
S	160～165	95	66	21	55	100	12	1200
M	165～170	100	68	21.5	56	100	13	1300
L	170～175	105	70	22	57	100	14	1400
XL	175～180	110	72	22.5	58	100	15	1500
2XL	180～185	115	74	23	59	100	16	1600
3XL	185～190	120	76	23.5	60	100	17	1700
4XL	特体	125	78	24	62	100	18	1800
5XL	特体	130	80	24.5	64	100	19	1900
共计								14500

（七）住宿交通安排；

1. 住宿客人安排

酒店初定为：水中仙国际酒店、锦豪大酒店、金陵饭店

活动当天根据具体入住客商情况安排大巴，一辆大巴作为机动车辆。

大巴前配警车开道，每车内配两名礼仪，两名翻译（日、英）

2. 具体行车路线：

水中仙国际酒店 – 丹凤南路 – 云阳路 – 东方路 – 迎宾路 – 葛丹路 – 黄金塘西路 – 北三经 – 通港路 – 园区；

锦豪国际大酒店 – 新民东路 – 云阳路 – 东方路 – 迎宾路 – 葛丹路 – 黄金塘西路 – 北三经 – 通港路 – 园区；

金陵饭店 – 新民东路 – 云阳路 – 东方路 – 迎宾路 – 葛丹路 – 黄金塘西路 – 北三经 – 通港路 – 园区；

3. 铁路、公路来客安排：

在铁路出站口、汽车站、高速公路口设置接待点，每个接待点配备，自愿者两名、翻译一名；大巴一辆、小车一辆（车辆悬挂活动主题，来回接送）。

具体行车路线：

京沪高铁站 – 丹桂路延伸 – 丹桂路 – 迎宾路 – 葛丹路 – 黄金塘西路 – 北三经 – 通港路 – 园区；

沪宁高铁站 – 迎宾路 – 葛丹路 – 黄金塘西路 – 石谭路 – 通港路 – 园区；

汽车站 – 中山路 – 迎宾路 – 葛丹路 – 黄金塘西路 – 石谭路 – 通港路 – 园区；

河阳高速公路出口 – G312 – 通港路 – 园区

丹阳高速公路出口－迎宾路－葛丹路－黄金塘西路－石谭路－通港路－园区；

（八）嘉宾邀请名单；

名单由主办方安排，名单提供给"苏立信集团"制作邀请函。

（九）筹备工作总分工表；

领导小组及筹备工作总分工，由主办方安排，名单提供给"苏立信集团"制作工作牌及联系单。

苏立信集团负责本次活动：全程策划、现场美陈设计制作、现场路演节目安排、全程维护。

（十）项目进程排班表；

备注：方案确认后，将出台倒计时推进表，为了告知主办方，我公司的工作进度。

（十一）物料准备；

本次活动涉及物料待方案确认后，协同报价单呈报。

（十二）报价（工程项目报价、演出报价、整体报价）；

备注：该项目将单独展示（详见附件：K总报价表）。

（十三）结束；

综合实训

任务一：自行策划一个校园公益活动，要求写出详细策划方案和预算。

任务二：结合具体的庆典广告案例，分析其组织的优点、缺点。

任务三：实地参加当地广告公司组织的庆典仪式、并能够提出自己的策划意见。

任务四：参观当地电视台和大型文化传播广告公司，了解其最近主办的一些庆典活动。

任务五：试根据提供的广告牌的尺寸核算出大概的成本，做出广告预算

广告横幅长度4米宽1.2米厚0.7米，采用喷绘，固定在门头

要求：1、列出所用材料

2. 指出各项开支的大概价格

3. 根据尺寸计算总费用

任务三 恒大绿洲地产项目广告策划

第一节 项目引入

小张在恒大地产公司实习期间接到一个到成都展开项目地产广告策划的任务，究竟如何展开地产项目的广告策划，小张开始很是迷茫，便咨询老同事肖严，肖严介绍说：首先从传统的理念上讲房地产开发商要加强广告意识，不仅要使广告发布的内容和行为符合有关法律、法规的要求，而且要合理控制广告费用投入，使地产广告能起到有效的促销作用。这就要求开发商和代理商重视和加强房地产广告策划。但实际上，不少开发商在营销策划时，只考虑具体的广告的实施计划，如广告的媒体、投入力度、频度等，而没有深入、系统地进行广告策划。因而有些房地产广告的效果不如人意，难以取得营销佳绩。

小张接着问：那如何才能让地产广告策划取得良好的营销效果呢？肖严回答：譬如这次你到成都做恒大房地产广告策划，第一步就要做广泛的调查研究，对成都房地产市场和个案进行分析，以决定你这次恒大地产广告活动的策略和广告实施计划，力求广告进程的合理化和广告效果的最大化。你所做的成都恒大房地产广告策划不仅要进一步明确目标市场和产品定位，而且能够细化营销策略，最大限度地发挥广告活动在市场营销中的作用。小张似乎有所悟，就急忙问：那具体操作细则可以说说吗？肖严马上笑道：你也不呆，马上就想套商业秘密啊，一般来说，房地产广告策划根据广告的目的，大致可分为四种类型：1、促销广告。大多数的房地产广告属于此类型，广告的主要目的是传达所销售楼盘的有关信息，吸引客户前来购买。2、形象广告。以树立开发商、楼盘的品牌形象并期望给人留下整体、长久印象为广告目的所在。3、观念广告。以倡导全新生活方式和居住时尚为广告目的。例如你可以传递"恒大地产"的概念楼盘就是传播一种在繁忙紧张工作之余，去郊外居所里享受轻松生活的新观念。4、公关广告。通过以软性广告的形式出现，如在大众媒介上发布的入伙、联谊通知，各类祝贺辞、答谢辞等。到时候你可根据营销战略的需要，将几种广告类型结合起来考虑，组合运用。在进行广告策划时，应遵循以下原则：策划观念具有超前意识，符合社会变革和人们居住需求变化的需要；策划富有创意，能够塑造楼盘的独特风格，体现"把握特色，创造特色，发挥特色"的策划技巧；策划符合营销战略的总体要求，符合房地产市场和开发商的实际情况，具有成本低、见效快和可操作的特点；策划围绕房地产营销的全过程有计划、有步骤地展开，并保持广告的相对稳定性、连续性和一贯性；广告、销售促进、人员推销和宣传推广是你促销组合的四种手段，地产广告策划需兼顾全局，考虑四种方法的综合效果。

小张不耐烦地说：你说了那么多我感觉都是理论，为何不说说具体方法，也让我好操作。

肖严继续慢条斯理讲到：你不要急啊，要一步一步来，知道了一般理论以后你操作任何一个楼盘都可以得心应手了，房地产广告策划内容丰富，步骤众多。策划者各有各的做法，繁简不一，没有统一模式。大体上可分成五个部分，即：广告目标、市场分析、广告策略、广告计划和广告效果测定。1、广告目标。例如你这次策划的成都恒大地产要确立怎样的广告类型；你的广告欲达到的目标和有关建议。2、市场分析。主要包括营销环境分析、客户分析、个案分析和竞争对手分析等。你在广告策划时应将成都恒大地产周边宏观和微观营销环境分析得透彻、准确，要将重点放在这些分析上。客户分析主要分析客户的来源和购买动机，如客户对你的信赖程度、保值增值、楼盘设计合理、地段较好、价位合适等，也要分析客户可能拒绝的原因，如附近有更合适的楼盘、交通不便、购房投资信心不足等。个案分析主要分析你成都楼盘的实力、业绩，楼盘规划、设计特色，主要设备和装修情况，配套设施情况以及楼盘面积、结构、朝向、间隔、价位等方面的情况。进行竞争对手分析时，除了要分析竞争对手实力和竞争楼盘的情况，还要分析竞争对手的广告活动，以吸取有益的东西，扬长避短。3、广告策略。广告策略的制定可从以下5个方面着手：①目标市场的策略。通常并不针对整个目标市场做广告，而是针对其中的某个细分市场。哪个细分市场需要广告配合，广告就应该以那个细分市场为目标并采取相应的广告策略。以兼有多层和高层住宅的小区广告策划为例：当小区刚起步时，以开发深受市场欢迎的多层住宅为主，这时可采用开拓性广告策略：广告结合多层住宅的销售热潮不断强化小区的知名度和客户的认知度，使楼盘迅速进入市场。当小区逐步成型时，则采用劝说性广告策略：广告以说服客户购买，提高市场占有率为目的。当小区初具规模，欲推出高层楼盘时，可采取提示性广告策略：以造声势，提醒客户留意认购期为主要目的。②市场定位策略。定位策略的根本目的是使楼盘处于与众不同的优势位置，从而使开发商在竞争中占据有利地位。定位时可根据目标客户群的要求，采取价格定位策略、素质定位策略、地段定位策略、时尚定位策略等。市场定位不能偏差或含混不清，否则广告诉求时重点不明，受众难以留下特定的鲜明印象。③广告诉求策略。根据诉求对象、诉求区域的特点，房地产广告可采用理性诉求策略，即通过真实、准确、公正地传达开发商或楼盘的有关信息或其带给客户的利益，让受众理智地做出决定；也可采用感性诉求策略，即向受众传达某种情感或感受，从而唤起受众的认同感和购买欲；当然还可用情理结合的诉求策略，即用理性诉求传达信息，以感性诉求激发受众的情感，从而达到最佳的广告效果。④广告表现策略。广告表现策略要解决的是广告中信息如何通过富有创意的思路、方式以及恰如其分的广告表现主题传达给受众。广告诉求的重点通常是楼盘的优点和特色，而广告表现的主题则具有更深一层的内涵，即楼盘带给客户的是生活品位的提高和由此而生的自豪感、优越感。广告表现策略要求用创意对广告信息进行包装并确定广告设计、制作的风格和形式。广告创意讲求新颖独特，但不能离奇古怪。失败的创意有时让人厌恶，给楼盘销售也带来负面影响。⑤广告媒介策略。据统计，80%的广告费用用于广告媒介，媒介选择不当，就有可能造成投入高、见效低的结果。通常房地产广告可以选用四大媒体：报纸、广播、电视和杂志，还有户外广告，如工地围墙宣传画、巨幅电脑喷画、路牌、灯箱、车身广告、横幅等，这些可统称为"线上媒介"。"线下媒介"也是开发商常用的，像展销会、直邮、赞助及其它推销用的楼书、优惠券、单张（海报）等。广告媒介策略要求开发商和代理商合理选择媒介组合，形成全方位的广告空间，扩大广告受众的数量；其次要合理安排广告的发布时间、持续时间、频率、各媒体发布顺序等，特别重要的广告要提前预定好发布时间和版位。4、广告计划。又称广告实施计划，内容包括广告目标、广告时间、广告诉求、广告表现、媒体发布计划、与广告有关的其它公关计划、广告费用预算等。在形成书面的广告计划书时要注意提案的技巧、文字的风格和格式的赏心悦目。5、广告效果的测定。广告效果通常是在广告发布后测定的，对于房地产广告却不太合适，事后测定不利于控制广告效果。较为明智的做法是在广告发布前就进行预测。先邀请目标客户群中的一些代表对广告的内容和媒介的选择发表见解，通过分析反馈意见再结合部分专业人士的建议，反复调整，就可使广告计划日臻完善。

小张认真听完后，又仔细看了看自己记录的要点，信心满满地紧紧握着肖严的手说：听君一席言胜读十年书啊，现在我就回去准备成都地产的策划方案，到时请你多提意见。肖严摆摆手谦虚地笑道：不敢当，希望你的策划方案能够见效。下面我们就展示小张的成都恒大地产的广告策划方案。

学习目标：能够在地产项目展开前进行 swot 分析；熟悉整合媒体展开广告策划的策略；掌握楼书及 DM 相关创意和设计技巧；会进行简单的文案描写。

技能目标：1、掌握地产项目广告策划基本流程2、会撰写房地产文案3. 了解手提广告袋的制作流程

第二节 项目前期

一、恒大绿洲地产项目简介

（一）恒大绿洲承载新梦想的城区

图3-1 恒大绿洲住房外立面

恒大绿洲总建筑面积约 60 万平方米，由 18 幢高层、27 幢小高层，以及 17 幢空中别墅等组成，容积率 4.10，绿化率 38.00%。采用欧式后现代风格，建筑形体富于明丽时尚的时代气息，又渗透稳重大气的古典气质。以哥特式的尖塔、罗马式的建筑等经典欧式符号和富有地中海特色的浅黄色及灰色诠释优雅生活；造型语言简练，充分体现建筑本身的形体和比例，建筑底部与顶部着重处理，形成典雅的三段式建筑形体感；阳台、飘窗等建筑语言富于变化，形成流畅、和谐的韵律感。

超过 7000 平方米的星级会所，洋溢着浓郁的欧式风情，灵动而又不失大气，在风景的掩映下，在阳光的辉映下，宛若一座雄伟的欧洲城堡，极大地提升了整个社区的品质。室内游泳池、中餐厅、健身馆、乒乓球室、儿童游乐中心、棋牌大厅、康体游艺室等配套设施既是上午洽谈及朋友聚会的理想场所，也是全家共享欢乐时光的好地方。

恒大绿洲园林采用东南亚皇家风格设计，结合原生地貌和建筑立面，让原生自然与后天杰作浑成一体。以营造和谐、时尚、生态的星级生活为目的，围绕中央湖景区，以长达 70 米中央绿化带为景观主轴，延绵"水景"为主线，连接近万平方米中庭湖景、景观泳池、观水亭台、凌波木栈道、滨水廊桥、落差 6 米叠级瀑布、溪流浅潭等 7 大观景组团。恒达绿洲优化了功能空间，减掉多余的过道，减掉不实用的奢华空间，减掉设计中的空间损耗，减掉不合理的空间安排，提供全面而妥帖的解决方案。恒大绿洲户型区间 70－180 平方米，以 70 平方米的两房、90 平方米的三房、120 平方米的四房为主打户型，一梯二户或四户，厨卫全明。以生活成长为原点优化设计，充分考虑环境、卫生、采光、通风各方面因素，确保户户见景。在多数住宅楼的顶部，结合立面设计退层、跃层户型，在增加户型变化的同时，又丰富了建筑立面。

（二）楼价高出同区域 10% 以上

这次西南的开山之作——恒大绿洲在秉承恒大精品化、标准化、规范化的发展模式上力争各个环节力求达到臻善完美。项目位于成都城东国家 AAAA 景区生态圈中央，坐拥城东三圣花乡万亩生态旅游公园、千亩天鹅湖等得天独厚的自然资源，又处在成龙路、三环路、东洪路、地铁二号线形成"两纵两横"的便捷交通网络之内。约 60 余万平方米的巨大体量、欧陆皇家湖景园林、7000 余平米功能齐全的湖畔名流会所、堪称市场鼎级的精装标准及 2 万平方米的特色商业等，都给成都市民提供了一个全新的高品质生活空间。

在项目装修上，恒大全部采用全球统一采购、全国统一配送的精品材料，与 TOTO、摩恩、亚细亚、多乐士、奥珀等国际鼎级品牌倾力合作，以全球标准，铸就豪宅巅峰品质。名贵石材实木，豪华水晶吊灯等精雕细琢，世界级设计大师精心打造金钻华宅交房精装标准，6000 条精品质量标准，赋予居住空间以美感和舒适双重价值，切实打造超高性价比的人居精品。

因此成都恒大绿洲此次推出的楼盘均价准备高出同区域楼盘 10% 以上，并在广告推广中大力宣传。

（三）整合国内外品牌资源

恒大集团成功地把精品化、标准化、规范化发展项目复制到全国的各个项目，从项目选址策划到设计、施工、销售、售后服务等各个层面构筑环节精品。环节精品注重生产和管理的细节化，精确化，演绎出"固化精品流程"、"过程管理贯穿全局"等全新管理体系，涵盖项目开发、建设、销售及服务的全过程。

在此基础上，恒大通过数年的招投标标准化运作，在产品设计、材料采购、建筑施工、产品装修、营销策划、物业服务等各个环节和全球最知名的品牌商合作，整合房地产开发链条上各方面、各领域的优秀品牌企业，确保精品产品各个环节的工程品质，实现了国际化优质资源的有效联盟，大力提升了产品品质和品牌价值。

分析人士指出，恒大这种全面、大规模整合各类优势资源的措施，在产业互补上寻求合作的做法，将房地产开发经营过程中的有关各优势方纳入一个紧密的供应链中，搭建强强联合、发展共赢的桥梁，从各个环节保证项目品质，恒大这样的精品战略，除了取得自身的竞争优势外，最终得益的无疑是广大的购房者，也就是恒大的业主，他将在房地产日趋激烈的市场上博得先机。

（四）"实景销售"深得人心

为了客户能够亲身感受到交楼后的真实产品，恒大地产集团提出了"实景销售"的理念，即将真实的永久园林、会所、实体样板房呈现后再开盘销售，使消费者在购房时更趋于理性化，能够买的明明白白，此举得到了众多购房者的认同。为此在广告策划中也把此"亮点"作为重点宣传。

二、恒大绿洲前期调查地理位置分析

（一）周边配套：

恒大绿洲位于龙泉驿成龙路银河大道118号（荷塘月色前约500米）周边配套情况如下：

1. 教育设施：龙华村双语幼儿园、龙泉第十小学校、实验高级中学、四川师范大学等 2. 商店超市：特星连锁超市，乐美汇超市，红旗连锁，互惠超市等。

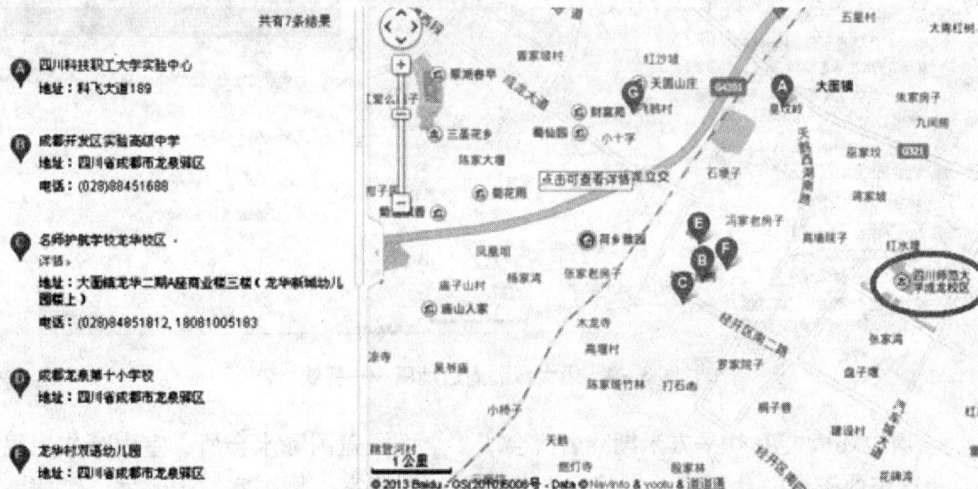

图3-2 恒大绿洲周边地图——教育设施

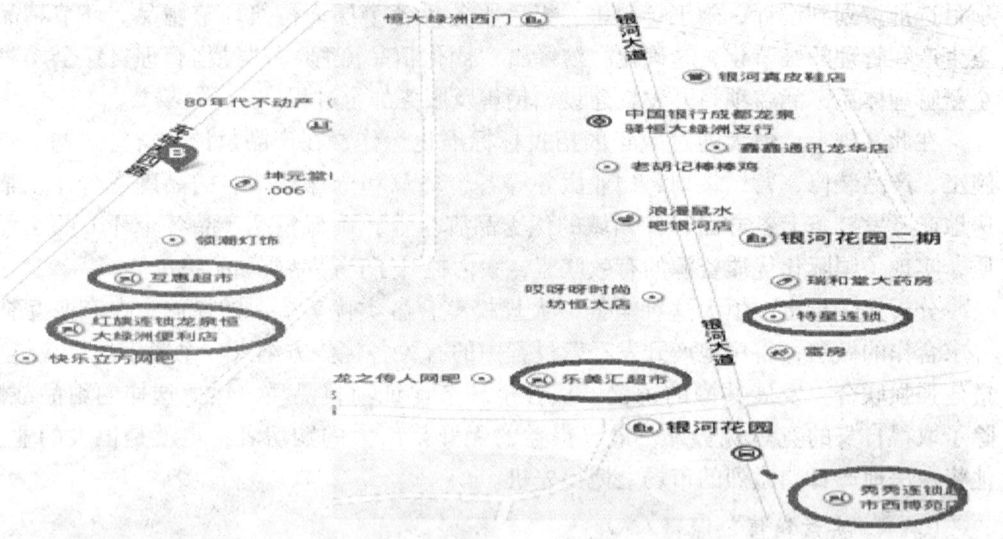

图 3-3　恒大绿洲周边地图——商场

3. 餐饮美食：银河餐厅、农乡居、馄饨蒸饺大王、红利来饭店、姊妹情乡村菜、宜宾烧烤、麦的多、快乐星、程程小吃、怡园、青绿色鲜鱼庄、张记双流老妈兔头等餐饮店。

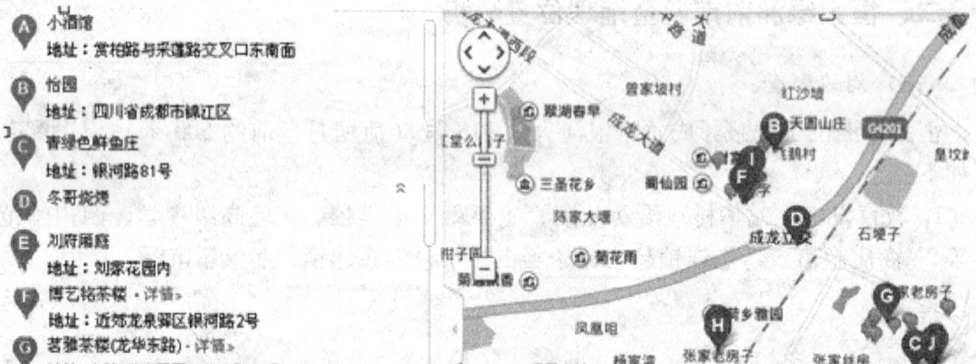

图 3-4　恒大绿洲周边地图——餐饮

4. 周边环境：7000 平方米湖畔名流会所、全面涵盖国际水会所、室内豪华恒温泳池、皇家中西餐厅、会议室、棋牌室、美容院、阅览室、舞蹈室、美术室、琴房、儿童活动中心等诸多功能空间，多元满足业主休闲、娱乐、餐饮、聚会、养生、康体等

高尚需求、尽享超星级豪华礼遇

5. 小区内部配套：室内豪华恒温泳池、皇家中西餐厅、会议室、棋牌室、美容院、阅览室、舞蹈室、美术室、琴房、儿童活动中心

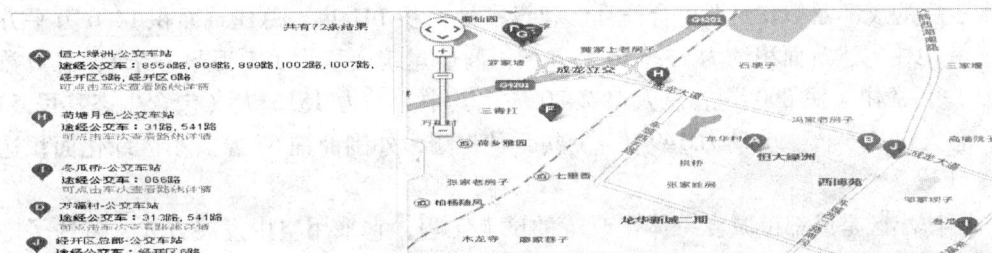

图3-5　恒大绿洲周边地图——公交

6. 交通公交：成都国际汽摩商城（332路；332快），银河花园（541路），博美银河装饰城（541路），龙华寺（332路；541路），成龙路口恒大绿洲（898路）等公交线。

（二）附近已有楼盘

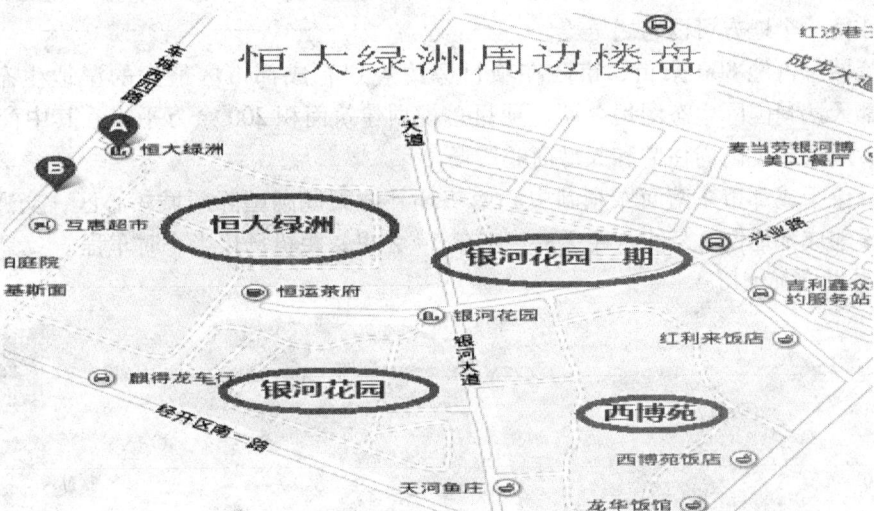

图3-6　恒大绿洲附近楼盘

1. 银河花园：

【银河花园】位于国际级AAAA风景居住区三圣花乡境内，是【银河国际新城】的高档住宅部分，整个新城由四川银河投资集团斥资15亿巨资打造，总占地面积1000余亩，总建筑面积70万平米，以"敢为天下先"的姿态实力铸造东部新城开山之作！城内奢华的五星级豪华酒店会所、高档住宅、总部办公大厦、商贸商城等多种物业兼容，同时还配备商业街、农贸市场、休闲广场、运动健身场等生活设施，城中之城的完美生活触手可及。占地面积：18681平方米　建筑面积：61558平方米，总户数：498　开发商：成都龙华股份合作社 占地面积：82000平方米，总建筑面积：508500平方米，

开发商：天津银河花园投资有限公司，物业管理公司：万达物业

2. 西博苑：

西博苑小区位于成都市龙泉驿区大面街道龙华社区，由原龙华村370亩宅基地整理入股后的成都龙华农民股份合作社。建设占地面积141亩，总建筑面积14.6万平方米（其中住宅建筑面积约为13.5万平方米，商业建筑面积为1.1万平方米），总户数1102户，常住居民890户，总人口2480人，其中劳动力1516人（包含生态移民53户，总人口236人，劳动力149人）。共5种户型，外围商铺65家。小区绿化面积达35%以上。

西博小区是成都市城乡一体化改革的试点工程，它采用空中发展方式，节约了宅基地200余亩，同时也改善了村民的居住方式、生活方式，是城乡一体化政策造福于民的鲜活例子。

3. 世茂城

世茂城周边是成都市区生态环境最好的区域，以项目为中心方圆3公里内，拥有近20000亩的生态公园。世茂城的西南面1公里就是占地16000亩成都市区最著名的市政森林公园、国家级风景区的——三圣花乡。五朵金花；而西北面则是2000多亩的市政公园和1000多亩的天鹅湖国际湿地生态公园。这里的自然生态环境独一无二，成都市没有任何一个地方可以与之媲美。

世茂城总占地800余亩，市政在项目旁边规划有成都市区最大的湿地生态公园——成都天鹅湖国际生态湿地公园。项目总规划建筑面积200余万平米，其中商业20万平米。规划建设高尚住宅和大型商业广场。

项目位于成都市东南面城东副中心南三环外侧天鹅湖国际新城核心区，交通十分方便。紧邻成都地铁2号线。距天府广场仅14公里，距机场仅半小时车程。

4. 昂世成都大厦：

图3-7　成都恒大绿洲地理位置图

昂视·成都大厦28层中央地标楼王，高瞻远瞩，犹如一只展翅欲飞的雄鹰，四面来风，八方览胜，实至名归的城心珍藏墅级楼王。整个项目定位为中环大道上的繁华中心，在严格坚守"商住一体而又商住分离"的规划原则下，底下5层为中环购物中心，为市民提供集购物、休闲、娱乐、健身、观光于一体的一站式商业中心。6层休闲活动区及物业服务中心，业主不必下楼即可全程享受和办理星级物业服务，感受生活于中环之巅的高贵生活。7至28层为观景住宅，天鹰座、天鹅座两栋双子建筑，南北矗立，高耸云端，耀眼生辉。

三、恒大绿洲房地产市场调查问卷

在展开广告策划之前通过设计调查问卷，直接向消费者及受众了解其对楼盘的期望，这样可以更准确地知晓市场需求，从而为正确寻求广告策划创意点提供更精准的诉求。

您好：恒大绿洲房地产为了更好的了解居民购房的真实意向，我们在进行一项住房状况及需求的市场调研。您的看法对我们非常重要，希望能得到您的支持。您提供的信息我们会严格保密，决不外泄，谢谢！

1. 您的性别：（　　）

A. 男　　　　　　　　B. 女

2. 您的年龄是：（　　）

A. 30岁以下　　　　B. 30—40岁　　　　C、40—50岁　　　　D. 50岁以上

3. 您是否已结婚：（　　）

A. 已结婚　　　　　B. 未婚　　　　　C. 离婚

4. 您的职业是：（　　）

A. 机关、事业单位干部　　　　　　B. 政府公务员

C. 个体经营户或私营企业户　　　　D. 教师

E. 企业/公司普通员工　　　　　　F. 企业/公司中层管理人员

G. 企业/公司高层管理人员

H. 专业技术人员　　I. 退休人员　　J. 其他

5. 您的学历是：（　　）

A. 大专以下　　　　B. 大专　　　　C. 大学本科　　　　D. 研究生以上

6. 您了解恒大绿洲房地产吗：（　　）

A. 了解　　　　　　B. 知道　　　　C. 不知道

7. 您是通过什么知道恒大绿洲房地产的：（　　）

A. 电视　　　　　　　　　　　　B. 网络

C. 微博　　　　　　　　　　　　D. 户外广告

E. 通过朋友介绍　　　　　　　　F. 其他_____

8. 您在恒大绿洲房地产买过房子吗：（　　）

A. 买过　　　　　　B. 没有

9. 你目前的居住形式是：（　　）

A. 自购   B. 租房

C. 单位福利分房房   D. 与家人同住

10. 您目前的家庭结构：（   ）

A. 单身   B. 二口之家

C. 三口之家   D. 三代同堂   E. 其他

11. 您家庭的年收入是：（   ）

A. 2 万元以下   B. 2—5 万元   C. 5—8 万元   D. 8 万元以上

12. 根据目前的房价走向，您认为未来的房价会呈现怎样的趋势：（   ）

A. 大幅上涨   B. 小幅上涨

C. 与现在持平   D. 小幅下降   E. 大幅下降

13. 您是否有在恒大绿洲房地产买房的打算：（   ）

A. 现阶段不买   B. 一年内购买

C. 三年内购买   D. 五年内购买

14. 平时您是否关注国家房地产政策：（   ）

A. 非常关注   B. 比较关注

C. 偶尔关注   D. 不太关注   E. 基本不关注

15. 当前国家房地产政策是否影响您的购房决策：（   ）

A. 是的，加紧购房

B. 无影响，仍旧按照计划购房

C. 是的，推迟购房

16. 如果您在恒大绿洲房地产购房，主要目的在于：（   ）

A. 改善家庭居住条件   B. 为父母或子女考虑 C. 置业

D. 投资升值   E. 结婚用房   F. 其他

17. 若在恒大绿洲房地产购房，您希望居住的地理位置是：（   ）

A. 市中心   B. 市区与郊区的中心地带

C、近郊   D. 无所谓，只要周边设施完善即可

18. 若在恒大绿洲房地产购房，您想选择的付款方式是：（   ）

A. 一次性付款   B. 分期付款   C. 房地产抵押贷款

19. 若在恒大绿洲房地产购房，您认为合理的最高单价是每平米建筑面积多少元：

（   ）

A. 1000 元/平米以内   B. 1000—1500 元/平米

C. 1500—2000 元/平米   D. 2000—2500 元/平米

E. 2500 元/平米以上

20. 您在恒大绿洲房地产购房时，主要考虑的因素：（   ）可多选

A. 品牌   B. 价格   C. 房屋质量   D. 小区绿化设施

E. 人文环境   F. 交通条件   G. 地理位置   H. 开发商信誉

I. 物业管理   J. 户型设计   K. 其他

21. 如果您有在恒大绿洲房地产购房的意向，您打算购买的住宅类型：（   ）

A. 二手房 B. 别墅

C. 高层住宅（15 层以上）

D. 小高层住宅（约 8 ~ 15 层）

E. 多层住宅（七层或以下），有电梯

F. 多层住宅（七层或以下），无电梯

G. 其他

22. 若在恒大绿洲房地产购房，您打算购买的住房结构是：（　　　）

A. 普通住宅 B. 复式住宅（两层）

C. 错层住宅（一层） D. 其他

23. 若在恒大绿洲房地产购房，您打算购买的住宅面积：（　　　）

A. 80 平米以下 B. 80—100 平米 C. 100—120 平米

D. 120—150 平米 E. 150—180 平米 F. 180 平米以上

24. 若在恒大绿洲房地产购房，您认为比较合理的房屋户型：（　　　）

A. 一室一厅一卫 B. 两室一厅一卫 C. 两室两厅一卫

D. 三室两厅一卫 E. 三室两厅两卫 F. 其他

26. 您对所在恒大绿洲房地产购住宅要求什么样的内部装修水平：（　　　）

A. 不需要任何装修

B. 只提供厨卫的装修

C、根据开发商提供的多种装修方案再作选择

D. 全面的室内装修

27. 您对在恒大绿洲房地产周边配套设施的要求：（　　　）可多选

A. 购物场所 B. 学校等教育培训机构

C. 医疗保健 D. 金融邮政

E. 餐饮娱乐 F. 农贸市场

G. 体育健身 H. 文化活动

I. 公交站点 J. 其他

28. 你觉得以下哪种情况会促进你买房的（　　　）

A. 开发商的促销活动（如降价、免管理费）

B. 国家降低银行利息

C. 国家压制房价政策的实施

D. 其他＿＿＿＿＿

29. 平时您是否关注在恒大绿洲的房地产信息：（　　　）

A. 非常关注 B. 比较关注 C. 偶尔关注

D. 不太关注 E. 基本不关注

31. 如果您要在恒大绿洲房地产购房，主要通过哪种途径搜索合适的房源：（　　　）

A. 网上搜索 B. 向中介机构咨询

C. 报纸、杂志等房源广告 D. 电视、广播等广告

E. 向朋友咨询意见   D. 其他

32. 您认为目前市场上恒大绿洲房地产的中低房价的房源情况如何：（ ）

A. 供大于求 B. 供小于求 C. 供求相抵 D. 不清楚

33. 你认为以下恒大绿洲房地产的哪种类型的房子适合中低收入人群：（ ）可多选

A. 经济适用房 B. 廉租房 C. 限价房

D. 二手房等 E. 尾房 F. 其他

34. 你认为要让恒大绿洲房地产成为最受普通百姓欢迎的房屋地产条件应该是什么样：（ ）

A. 总价低 B. 交通便利 C. 户型创新

D. 提供邻里的交流空间 E. 环境优美

F. 具备运动设施和娱乐设施 G. 物业管理负责到位

H. 其他

35. 您在恒大绿洲房地产购房时最担心出现哪些问题：（ ）可多选

A. 合同陷阱 B. 建筑质量 C. 延期交房 D. 面积缩水

E. 售楼人员的虚假宣传 F. 开发商承诺不兑现 G. 其他_____

36. 您认为现在恒大绿洲房地产的综合实力和信誉如何：（ ）

A. 好 B. 较好 C. 一般 D. 较差

37、您若在恒大绿洲房地产购置商品房，所能接受的总价是：（ ）

A. ≤30 万元 B. 31 ~ 40 万元 C. 41 ~ 50 万元 D. 51 ~ 60 万元

E. 61 ~ 70 万元 F. 71 ~ 80 万元 G. 81 ~ 100 万元

H. 101 ~ 110 万元 I. > 110 万元

38、您在恒大绿洲房地产购房主要考虑：（ ）

A. 地段 B. 价格 C. 房型 D. 环境 E. 配套

F. 物业管理 G. 距相关地点近

39、您在恒大绿洲房地产购房可接受车程（从居住地到工作地点）：（ ）

A. 15 分钟内 B. 15 – 30 分钟 C. 30 – 45 分钟 D. 无所谓

40、您在恒大绿洲房地产购房对车库的需求：（ ）

A. 没有购买计划 B. 和房一起购买 C. 先买房后买车库

41、您认为理想中房地产周边的生活配套包括：（ ）

A. 银行 B. 医院 C. 学校 D. 邮局

E. 网球场 F. 游泳池 G. 桑拿中心

H. 商场 I. 花店 J. 酒吧

K. 公园 L. 幼儿园 M. 便利店

N. 保健中心 O. 其他_____

42、房价上涨对您的影响是（ ）

A. 暂缓购房计划 B. 无影响 C. 更加积极购房

四、项目 SWOT 分析：

（一）项目优势

1. 开发商有丰富的开发经验；

图 3-8 恒大地产集团标志

恒大地产集团是中国十强房地产企业，是中国领先的现代化大型房地产综合开发企业。拥有中国一级资质的房地产开发企业、中国甲级资质的建筑设计规划研究院、中国甲级资质的工程监理公司、中国一级资质的建筑施工公司、中国一级资质的物业管理公司。现已发展为中国最具影响力的房地产企业之一。

恒大地产集团坚持以诚信为基础，以创新为动力，着力实施精品战略，塑造国际品牌。目前在北京、广州、天津、上海、沈阳、武汉、昆明、重庆、南京等主要城市拥有金碧花园、金碧华府、恒大华府、恒大金碧天下等"恒大·金碧"系列项目50多个，开发建筑面积达1000多万平方米，土地储备建筑面积超过4000多万平方米，先后获得"中国名盘"、"中国房地产成功开发典范"等30多项国家级殊荣。

2. 项目内拥有多项生活配套；

楼盘配套有特星连锁超市，乐美汇超市，红旗连锁，互惠超市、菜场、KFC、药店、五星电器、影城、中国移动、电信等娱乐休闲、购物一应俱全、各大银行、邮局、加油站等；双语幼儿园、实验高级中学、第十小学等教育设施。小区配有沿街商铺，满足业主的购物需求；一期中心有露天泳池，小区还配有一个星级会所，里面有满足正常生活的休闲娱乐设施。恒大绿洲内部均设有幼儿园

3. 一流的物业管理；

本项目的物业是金碧物业有限公司成立于1997年，隶属中国企业500强、中国房地产企业10强——恒大地产集团，系国家一级资质物业管理企业，在管楼盘面积逾260多万平方米，注册资本3000万元，在行内率先获得ISO9001：2000质量管理体系认证，现有在册员工1000多人。经多年的探索与实践，金碧物业公司秉承"诚信为基础、创新为动力"，执行"过程与结果双满意"的工作宗旨，探索出了具有金碧特色的物业管理模式，系列推出"今天我为您服务"、"贴心楼管员"、"总经理信箱"、"总经理接待日"、"总经理热线"等服务举措，营造了"沟通无限、理解万岁、真诚服务面对面"的人性化管理氛围，构筑物业管理与业主的信息直通车。

4. 户型结构设计合理、全精装修。

图3－9　恒大绿洲典型户型

南北通透经典户型，格局方正，结构紧凑。功能分布合理，娱乐休憩，舒适方便，视角开阔。宽大豪华起居室，与阳台紧邻，美景相伴，聚天地之精华。朝南主卧，采光通风恰到好处。厨卫相宜，孕育美妙生活。

图3－10　项目精装修样板间

一直以来，恒大的"9A精装修标准"深受广大业主的青睐，恒大前瞻性住宅产品精装修标准，既是其住宅产品的全新升级换代，又是其全面提升企业精品战略的前奏，将有助于恒大再次抢占市场先机，取得优异业绩。

5. 丰富的园林景观设计；

项目三山环抱，双泉喷涌，环境优美，风水独具。既有开阔大气的广场，也有宁静的王宫后花园，还有若干特色景观造型点缀其中，如：亲水平台、水边咖啡座、雕塑小品、廊桥、水栈道、花架、喷泉和植被等。由于采用独有的阶梯式立体绿化，使40%的绿化率更加充实丰富，巧妙选择的植物搭配，产生五重层次立体景观空间，精致错落。

6. 3.05 米层高，耀放全城。

显然，在创新之下，让恒大绿洲即便身为高层豪宅，也绝非同类产品可比。恒大绿洲将以创成都记录的84%超高得房率面世，相对于通常80%的高层得房率，这意味着，每一组客户在同等的价位上，却能够购买到更多的使用空间，其超高性价比全城罕见！入住高舒适度户型的同时活得一流的服务。

（二）项目劣势

1. 绿化率较其他项目较低，且没有突出的自然景观；

项目地块内不存在优越的自然景观：如山景、湖景、江景等，周边邻近也没有较强的天然景色，因此在小区规划事应考虑引入人造水系、园林、中心广场等尽管作为景观支撑。特别是高层部分，更应由一定的园林绿化作为视觉吸引点。

2. 项目没有设置小户型。

考虑到 30 岁左右经济实力有限，但刚性需求大的消费群体，小户型有很大的销售市场，而我们所研究的项目却没有设置相应的小户型，销售群体也就相应减少。

（三）项目机会

1. 城市高速发展，将吸引其它城市消费者购买；

项目产品定位于中高端住宅小区，消费群体不仅仅局限于成都市内居民，随着成都大规模的新建住宅，在近一两年必定以一个全新的面貌展现，作为一个发展中城市，在引进投资的过程中，必定有大批新的人群涌进，也就带来了更大的消费市场。

2. 随区域深入开发，住宅项目增多，居住氛围逐渐上升。

项目处于成都市区，周围未来有十几个房地产项目，形成了一定的居住规模，也带来较好的居住氛围。

（四）项目威胁

银河花园、世茂城、西博苑小区等几个竞争对手已分流了部分客户，并与本项目形成正面竞争。

银河花园采用独有风格的建筑形态，白墙红瓦、拱门木架，展现一派阳光浪漫的小镇风情。社区在原有优越自然景观基础上，规划了 2 万平方米的河滨公园，一条主轴景观带，打造成都首席生态住宅。

西博苑小区至高速公路车程 10 分钟可到，距离市中心车程 10 分钟，交通方便。此项目户型大到别墅小到 80、90 的小户型都有，比恒大绿洲项目有更大的市场适应能力，应为此项目有别墅，提升了他们项目的地位，是消费者产生心理偏向。

世茂城不仅诠译了在景观、立面、房型上精益求精的一贯作风，同时也融合了新尚风情与项目本地的历史精髓。此项目主打景观，—其小区内 3000 平米的湖景为销售亮点，且户型、项目定位及价格均与本项目接近，可谓我们项目最具有竞争力的项目。

第三节　项目实施

一、第一轮广告推广实战

（一）推广第一周：亮相蓄势

9 月 11 日~9 月 15 日

1. 推广方式：

（1）售楼中心强势亮相：在售楼中心要精心的安排，要色彩搭配合理并吸引顾客的眼球，在人流量多的地方可设置一个庞大的并显眼的广告宣传牌。

图 3-11　售楼处户外广告

户外广告主要的作用是使广大消费者知晓，通常内容有房地产名、标语、地点等。

户外广告作为与影视、平面、广播并列的媒体，有其鲜明的特性。相比与其他媒体，它在"时间"上拥有绝对优势——发布持续、稳定，不象电视、广播一闪即逝；但它在"空间"上处于劣势—受区域视觉限制大，视觉范围就这么大，看得见就是看得见，看不见那一点办法也没有（当然，候车亭、公交车等网络化分布的媒体已经将这种缺憾做了相当大的弥补）。清楚认识户外广告的优势与局限，有助于我们分析户外广告的作用。户外广告的作用是树立品牌形象，其次才是发布产品信息。

上图灯杆路旗广告是一种在路旁灯柱上的户外广告宣传形式之一，它简洁、醒目、可视性强等特点很受广告商所喜爱。路边旗帜广告增加了路旁的活跃气氛，美化了环境，又宣传了广告。

图 3 - 12 售楼处户外路旗广告

此种路旗广告是采用喷绘制作方法制作的，旗帜使用电脑喷绘制作，一般采用宝丽布材料喷绘。加工速度快，成本比较低，画面制作不受颜色影响，但喷绘布料比较沉重，悬挂在路灯杆上时，遇稍微的大风旗帜就会下滑，维护比较困难。

客户可以根据自己的需求选择旗帜制作的种类。亦可选择更为高档的丝绸缎做彩旗的布料，宣传效果更为明显。

在楼盘的旁边的主要道路两旁设置的宣传旗帜，内容主要为楼盘名称及楼盘标识。严格来讲，设置在围墙上及销售中心周边的旗帜也属于路旗。路旗对于一些地处偏僻位置，或者有一定纵深的楼盘起着重要的引导作用。

图 3 - 13 销售中心包装方案图一

图 3-14　销售中心包装方案图二

图 3-15　销售中心包装方案图三

　　楼盘售楼处的外墙一般有两类包装方法：将外墙用墙柱分格成多面，每面的内容图案颜色相同，主要是按盘名、楼盘标识、电话等，以达到统一形象，加深买家印象的目的。用墙柱分格，粉刷上投资商、发展商、代理商、承建单位、设计单位的大名及标志。

　　搭建的围墙是另一种很好的广告包装位置图，因为面积大、范围广，称得上是最大的户外看板。如下图围墙上包装的格局就很新颖，外观看上去很大方，金黄色也显得尊贵典雅。

图 3-16　销售中心围墙设计图一

图 3-17　销售中心围墙设计图二

衡量售楼部现场好坏的标准，就是买家在此停留时间的长短。越愿意多停留，对项目了解越多一点，成交的机会无疑也会更高。为此我们在现场设置上充分考虑到让客户在惬意休闲中停留更长的时间，从而可以在愉悦的过程中完成整个购房过程，因此我们应该注意销售中心的广告包装，让售楼处显得大气、庄重受到消费者的信任和尊重为要。

图3-18　售楼处户外广告一

图3-19　售楼处户外广告二

图3-20　户外道路广告

塑造恒大地产的领袖气质：不论在宣传语的应用上还是广告的设计上都要很有领袖的气质，比如"恒大地产，南派领袖"，宣传还有售楼处装饰的要凸现出高贵典雅的气息。

市场占位：要做好市场调查，在整个区域做好充分的宣传。主要通过当地的各大媒体展开大力宣传，在比较有声誉的报纸设刊登有关恒大绿洲房产的宣传广告；如果报纸的宣传效果不是很突出的话，我们还可以采取其他更多的宣传手段，比如在杂志上刊登宣传广告，在电视上播放恒大绿洲的电视广告宣传片；也可以通过短信、网络广告推广使顾客知晓，还可以搞一些趣味性活动来夸大宣传力度，这样效果会更好一些。

2. 扩大推广内容：

（1）站台户外广告：是指设置在铁路及地铁等的站台、月台上的广告。我们可以分析站台广告效果有如下特点：

①环境相对封闭。

当人们候车、经过站台通道以及开车以后，由于有空闲时间，人们自然会被站台内各式各样的广告内容所吸引，正如我们的站台广告上写着"精彩，成都继续……"会给人无数的遐想，从而使受众产生兴趣，引导他们去关注恒大绿洲房产项目，并使得户外广告可以产生更高的回忆率。

②很直接。

可以直接看到关于某个楼房的相关情况，而且很醒目，不用再另外再去搜索，可以直接将相关楼盘信息植入受众脑海，从而产生记忆。

③时间性持久性强。

与客流量和不同类型乘客流动的变化特点紧密相关，主要是正对站台人流聚集处树立户外广告效果会更明显，一旦树立就是 24 小时全天候可见，人流量越大效果就越大，这种正相关的变化关系决定了户外广告效果与客流量的关系密切，正如下图中又大又醒目的人民广场旁边的广告

图 3 – 21 人民广场旁的户外广告图

图 3 - 22 公交站台广告

户外/站台恒大绿洲广告具体投放计划是：市中心、一环、城东区域拦截（集中区域集中覆盖，9 月 11 日起，持续投放 1 个月）。

（2）公交站台广告：它现在已经是很常见的广告形式，每次在等公交的时候，都能看到身后的广告图案，恒大绿洲展开公交站台广告推广也是一种很有效果的广告推广方案。公交站台广告优势总结有以下几点：

①公交站台广告展示时间长，24 小时展现在受众眼前，保证广告的长期效果。因为等公交的人很多，看的人也就多了，且内容简单详细。

②合理的网络分布，广告有效覆盖范围广，每个站台都有扩大了广告宣传。

③发布时间、数量组合灵活，选择多样。

④到达率高、千人成本低。这种方式比其他媒体广告相对便宜，并且传播度大，量也大。

⑤周围其它户外媒体较少，广告干扰率低。因为做广告的特别多，这样也就给户外广告创造了空间。

⑥提供夜间照明系统，画面更具视觉冲击力。晚上亮度不够采用照明这样效果会更好，可以将广告看得更加清楚。

⑦色彩艳丽，醒目容易吸引受众注意，站台广告的颜色选择有喜庆的褐色色彩，更容易让人亲近。

⑧贴近消费者，最大限度地传递信息给受众，整体很吸引消费者，内容具体也很简单明了。

⑨通过定期巡视、清洁及维护，可以保证公交站台广告发布效果始终保持画面的

清洁，保证广告效果的持久性。

在公共场所树立巨型广告牌这一古老方式历经数年的实践，表明其在传递信息、扩大影响方面的有效性。一块设立在黄金地段的巨型广告牌是任何想建立持久品牌形象的公司的必争之物，它的直接、简捷，足以迷倒各大广告商。很多知名的户外广告牌，或许因为它的持久和突出，成为了这个地区的远近闻名标志，人们或许对这街道楼宇都视而不见，而唯独这些林立的巨型广告牌却是令人久久难以忘怀。

（3）报纸：

报纸属于平面媒体（也含杂志），具体第一周期的推广计划是：《成都商报》2次、3个整版；《华西都市报》2次、3个整版；《成都晚报》《天府早报》各一个整版（只做1次公关性投放）；《居周刊》《成都楼市》《地产商》《成都房产报道》《头等舱》各一次封二或封三（只做1次公关性投放）

图3-23　报纸广告示意图

【知识文件夹】报纸广告的分析：

1. 报纸广告覆盖区域明确，能针对目标受众集中的地区进行宣传。对于房地产来说，一个楼盘的目标受众就集中于较小的一个特定区域。这就方便房地产商在制作广告时，对这一区域的目标受众进行集中密集宣传，更多地接触到目标消费者。

2. 报纸传播速度较快，信息传递及时。报纸广告制作、修改简易，排期灵活。相比电视广告，平面广告的制作更为简便，修改更为容易，这就方便信息能及时更新。尤其对于房地产来说，房产开发日新月异，主力户型迅速更新，这就决定了房地产广告时效性非常强，利用报纸出版周期短，信息传递较为及时，就能快速将信息传播给消费者。

3. 报章广告信息量大，说明性强。报纸作为综合性内容的媒介，图文结合，信息容量较大，因此说明性很强。房地产楼盘是一种关心度极高的产品，利用报纸的说明性，可详细告知消费者有关楼盘的信息，一般的房产广告还附带楼盘地图，更方便购房者了解楼盘周边环境，产生购买欲望。

4. 报纸易保存、可重复。由于报纸的特殊材质及规格，相对于电视、广播等其他媒体，报纸具有较好的保存性，并易于携带。同时，报纸的纸质媒介性质，方便购房者根据自己所需，进行收藏和裁剪，这样又强化了报纸信息的保存性及重复阅读率，还能方便和其他竞争楼盘进行比较，深入分析。

5. 受众的阅读主动性很强。报纸广告能把许多信息同时呈现在受众面前，增加了受众的认知主动性。有购房需要的读者会有目的性和选择性的进行阅读顺序和阅读方式，受众也会自主决定自身的认知程度，有利于传播效果的强化。

6. 高认知卷入。报纸广告多数以文字符号为主，图片进行配合。要了解广告内容，要求读者在阅读时集中精力，排除其他干扰。而购房者一般需要在购房前对楼盘有一个高认知度，这就会使目标受众对广告进行反复阅读，而对楼盘进行了解，进而产生购房兴趣。

（4）电视：

每周四、五、六全覆盖投放项目广告，长度1分钟及30秒

1）电视媒体广告的预算：

恒大地产在重庆卫视和四川卫视电台部分栏目播放其价格如下：

表3-1　重庆卫视部分栏目播放广告价格

刊例价格				
播出时间	播出位置	5秒	10秒	15秒
17：20-17：45	《爱尚健康》中插	15，000	30，000	45，000
17：45-18：00	《爱尚健康》后	15，000	30，000	45，000
17：50-18：10	《爱尚没事》后（D10）	15，000	30，000	45，000
19：30-19：35	电视剧前（A3）	21000	42000	63000
22：55-23：05	CQTV晚新闻前（A7）	20000	40000	60000

表3-2　四川卫视广告价格表

广告级别	播出时间	收费标准（元/次）		备注
		5秒	15秒	
A特1	约20：05-20：55	36000	108000	插播
A特2	约21：01-21：52	35000	105000	
特1	约20：05-20：55	29000	87000	片头
特2	约21：01-21：55	30700	92100	
特3-1	约22：20-22：35	20000	60000	
特3-2	约22：35-22：36	21500	64500	
特3-3	约22：35-23：36	20000	60000	插播
特4	约23：30-23：45	14400	43200	

2）电视评析

恒大地产的恒大山水（房地产楼盘广告展示片）

首先映入我们眼帘的是一潭碧绿碧绿的河水慢慢溢出画面似乎就要扑面而来，这个画面运用得很立体，它给我们一种自然与美的和谐之感。使得客户可以联想如果自己的房子坐落在这样有山有水的地方，此情此景该会如何。

图3－24 恒大绿洲电视广告片截图一

随着镜头的推移，这次映入我们眼帘的是俯视整个房子区域的环境，这个画面让我们看到了一个被青山绿水环绕的一块净土，给人以宁静，幽雅的美感，更给人一种立刻渴望拥有这块净土的冲动。

图3－25 恒大绿洲电视广告片截图二

现在我们进入小区内部，里面有小溪，小桥，凉亭还有喷泉。这个效果给人感觉很舒心。里面的建筑更显示出了园林设计的雅观。

图3-26　恒大绿洲电视广告片截图三

　　每一幢楼的阳台上都种着鲜花，有草、有树、有水、有山、这样的搭配可以说是美轮美奂。住宅里面的装饰布置更是富丽堂皇，干净整洁，设施齐全。让人省去了很多装修方面的烦扰，这正是彰显了恒大绿洲精装修房产的消费理念。

图3-27　恒大绿洲电视广告片截图四

　　（5）网络

　　在网络的宣传中，恒大地产利用搜房网等大型房产网站，当消费者点击进去以后看到了关于恒大地产的广告宣传，即在焦点网、搜房网（链接项目网站）跳出满屏的缩放广告，这样让消费者时刻关注恒大地产的一些活动和宣传。

在现代网络信息发达的今天，相对于其他媒体推广方式，网络营销推广开始兴起，显示出极强的生命力，网络广告的传播部不受时间和空间的限制，传播范围广，通过国际互联网把推广信息可以在 24 小时不间断地传播到世界各地。只要具备上网条件，任何人，在任何地点都可以阅读。这是传统媒体无法达到的。同时交互性强是互联网络最大的优势，它不同于传统媒体的信息单向传播，而是信息互动传播，用户可以获取他们认为有用的信息，厂商、开发商也可以随时得到宝贵的用户反馈。

网络推广的方法主要有：

1）门户网站的专业频道宣传

门户网站已经成为中国网民打开浏览器后最先进入的网站，通过门户网站来了解各项综合信息，而门户网站也随着发展，建立了不同行业的专业频道。伴随着频道的逐步成熟，各种交流信息和宣传也在相关频道上进行着操作和达成共享，通过门户网站的这个网民利用最大化的平台上去宣传，能起到比较不错的效果。比如：搜狐，新浪等。

2）行业网站的友情链接

针对企业的目标客户为房地产，那么网站的友情链接和宣传必不可少，在这种行业网站上存在着企业最大和最有效的客户群，通过这种网站能最有效的为企业做宣传，也能最有效的寻找和定位到企业的目标客户。

3）电子邮件营销模式

通过电子邮件，给消费者发宣传资料，包括企业和项目的宣传资料等，来达到宣传和推广的目的。

4）QQ 群

中国 QQ 有效使用用户 2.26 亿人，QQ 已经成为很多人生活不可缺少的部分，大家见面、电话中已经不再只是交换电话了，QQ 已经成为大众联系和交流第一大媒介。目前房地产行业相关 QQ 群 56 个，百人群 8 个，占 14.29%。通过 QQ 群的交流和宣传，相信也可以获得不错的效果。

5）博客（微博）

如果能让行业领导在博客文章中提到恒大绿洲的话，能加大企业品牌的宣传和推广。随着微博的广泛采用，房地产广告策划应越来越要眷顾微博的广告效果，这一点已经在前述章节有了详细描述。

3. 第一周推广小结

（1）通过报广、户外、电视相结合的立体广告投放，塑造恒大绿洲区域领袖级大盘的市场地位和高品质项目气质。

（2）丰满项目形象，并对市场进行持续加温。

（二）推广第二周：蓄水

9 月 17 日——9 月 23 日

1. 推广目标：蓄水（即尽可能多地扩大潜在用户群体，扩大项目知名度），积攒市场，为接下来进入市场做准备，解构项目领袖风范，市场加温，也就是预热市场，

用推广的方式让人们所熟知

2. 推广方式：户外/站台/报纸硬广告宣传、软文宣传/杂志/网络/电视/短信等/活动宣传

3. 推广内容：

1）户外广告：9月20－30日：广告口号"领袖品质，天下无双"

2）报纸广告：东南亚皇家园林/中央湖景/星级会所/品质建筑

3）活动内容：每周盛典

4）软文宣传：区位宣传、建筑宣传、景观宣传、配套宣传、物业宣传

4. 推广计划：

1）平面媒体（报纸/杂志）：

①《成都商报》4个整版宣传，3次软文宣传

②《华西都市报》整版宣传＋软文宣传；

2）户外/站台广告：市中心、一环、城东区域，一个月持续投放户外站台广告

3）电视广告：每周四、五、六1分钟/30秒全覆盖

4）网络广告：焦点/搜房（链接项目网站）

5）活动：每周盛典

图3－28　第二周报纸广告一

图3-29 第二周报纸广告二

图3-30 第二周报纸广告三

图 3 - 31　第二周报纸广告四

图 3 - 32　第二周报纸广告五

　　本期所有的宣传报纸广告都是采用金黄的主色调突出了大气、典雅、低调。第一张宣传报纸广告上书"东南亚皇家园林，高贵不露声色"。上有金色小船，金色河马、金色湖等，以下几张都是主要采用金色，汽车和亭子等。在每张报广宣传的左下角都印有地图与文字解释，在最后一张报纸广告的右半边，配有房子的具体解释与说明，这样更好地让目标顾客了解恒大绿洲 。

　　报纸广告一中附书"东南亚皇家园林，高贵不露声色"副标题：恒大绿洲，城东领袖大盘！实景完美呈现中，恭迎品鉴！并书出第一批次开盘倒计时，VIP 火热排除号中。并印有金色湖水，金色船只，金色的树木等，最夺人眼球的是金色的河马在旁边与金色的夕阳与湖水相映着。突出低调中的大气！

报纸广告二上书"私藏，10000平米中央湖景的豪阔生活"金色的大楼矗立在金色湖水与夕阳之中，显出大宏伟的气魄。树的斑驳影子在湖水中倒映着，给人一种温馨踏实的感觉。

报纸广告三上书"7000平米湖畔星级会所，礼遇尊贵"60万平米东南亚皇家园林社区，9月30日领袖绽放。在图书印有高贵奢华的大厅建筑，豪车停放在门中，金色调的一切，呈现出奢靡的生活态度。

报纸广告四上书"品质建筑，领袖风范"在图中依然是一栋大楼，亭子，树木，最主要突显的是建材的精品选材标准。让客户对品质的放心。

报纸广告五是广告四的右边加上各种精装修选材的报告标准，让顾客清晰地了解房子装修材料的途径，为使得客户购房放心打下了基础。

图3-33 软文广告一

图3-34 软文广告二

图3-35　软文广告三

软文广告一中《华西都市报》的半版宣传首先左图一张恒大绿洲的购房现场。大标题"恒大绿州"引起人们注意，副标题"品质改写城东"引出恒大绿洲在城市的具体位置。小标题"国家级AAAA风景区品质领袖，惊世无双，即将耀世公开"等介绍恒大绿洲周边各种环境。

软文广告二中《华西都市报》的半版宣传，大标题"恒大绿洲"依然夺人眼球，副标题"东南亚皇家园林初现，引领万人品鉴"突出恒大绿洲的高贵气质。小标题"力塑城东4A风景区品质领袖"这一点突出恒大绿洲周边上乘的园林景观设计。

软文广告三《成都商报》软文宣传，也是结合展现恒大绿洲4A级景点等特点来宣传。

《华西都市报》与《成都商报》这两版报纸都附有以下特点：

信息量大，可读性强，全方位报道市民关心的政治、经济、社会、文化、体育等多个领域的内容，不仅为广大读者演绎国事家事天下事事事皆明的"都市新闻大看台"，而且为广大消费者排列名版广告，荟萃各类信息应有尽有的"都市生活大百科"，使二报迅速成为深受读者欢迎的畅销报。

华西都市报，四川日报报业集团，十大名牌报纸，中国西部地区发行量最大的综合性日报之一，中国最具投资价值媒体之一，也是中国西部最大区域组合城市媒体。

经过18年扩张，建立了三千多人的自办发行网络，报纸迅速走进了四川盆地大中小城市的千家万户，已构建了一个以成都为核心、辐射川渝20个大中城市的区域组合报纸。现发行量为115万份，成为中国西部发行量最大、影响力最强、覆盖面最广的综合性日报。

【知识文件夹】报纸软文广告形式、特点分析

软文广告形式，顾名思义，软文是相对于硬性广告而言，由企业的市场策划人员或广告公司的文案人员来负责撰写的"文字广告"。与硬广告相比，软文之所以叫做软文，精妙之处就在于一个"软"字，好似绵里藏针，收而不露，克敌于无形，等到你发现这是一篇软文的时候，你已经冷不丁地掉入了被精心设计过的"软文广告"陷阱。它追求的是一种春风化雨、润物无声的传播效果。如果说硬广告是外家的少林功夫；那么，软文则是绵里藏针、以柔克刚的武当拳法，软硬兼施、内外兼修，才是最有力的营销手段。

软文广告特点：软文广告是以文章为载体，有很强的隐蔽性，因而具有很好的传播性。软文是现代广告形式的一种，因此也需要设计与色彩的搭配。硬广告讲求图文并茂，而软文则以"软"见长，以"文"为主，尤其突出大标题的吸引力：靠标题先把读者吸过来，然后再引进去，文书写作引导读者看内文。因此，标题起着承上启下的作用。

软文广告和硬广告不同，硬广告有固定的版面，只是比例的大小不同而已；而软文广告则无规则，没有大小，只有字数的多少来决定占用版面的大小。因此，软文的排版格式就显得格外重要，横排的要比竖排的效果好。因为同样多的文字，横排与人的视线相平行，并且与一般人的读报习惯相吻合，会显得面积比较大，标题还可以放到最大化，比较醒目。竖排则会整体上显得非常窄小，标题也不能放大，不能最大限度地引起注意

1. 首先要切入点选得好，将所要宣传的产品、服务或品牌与相关广告信息完美地嵌入文章内容，让整篇软文看起来浑然天成，方可以把软性广告做到极致。

2. 文章结构设计好，把握了整体方向，控制文章走势，本项目中软文广告增加"品质改写城东"等冲击力强的标题，就是强调恒大绿洲项目的地域强势。

3. 完善的整体文字，按框架丰富、润色具体内容。

（三）推广第三周：冲刺发售

9 月 24 日—9 月 30 日

1. 推广目标：打响知名度，树立品牌形象——企业宣传和推广是提高企业知名度，树立企业品牌形象的重要途径。

迅速引起市场的关注和兴致——通过宣传，达到一定的销售意向，为企业寻找和定位目标客户，储备一定意向客户群，为企业利润的增长打好坚实的基础。推动蓄势，以利开盘热销。

2. 推广方式：户外、站台、报纸硬广、软宣、杂志、网络、电视、短信、活动、夹报。

3. 推广内容：各种主力户型的展示图，每个户型的不同价格，强势营销的信息。

户外：9 月 30 日继续推出户外广告，广告口号"恒大绿洲，领袖开盘"。

报纸：强调实景体验，突出住宅的品质和户型的细节解构。

夹报：解构恒大城、彰显"恒大绿洲，领袖开盘"的广告口号之魅力，极力宣传开盘、房交会信息。

活动：恒大绿洲的开盘盛典。

4. 推广计划：

平面媒体（报纸/杂志）：《成都商报》4 个整版，2 次软文宣传；《华西都市报》2 个整版和软文宣传。

对各家报纸进行分析如下：

成都商报发行量 112 万份，成都商报读者的主动性相对较强，高达 76.3% 的读者通过自费订阅或零购获得报纸，表明报纸的市场化程度较高，对读者有较强的吸引力、企事业单位、公司从业人员构成了《成都商报》的主要读者群，比例达 50.4%，而在读者群总体中，这部分人群只占到 38.2%，说明《成都商报》对处于社会中坚阶层的白领人群有较强的吸引力，成都商报的读者构成使其广告到达率高，广告效果好

表 3－3　成都各家报纸排名

报刊名称	平均实销量	覆盖率	开元销售指数	销售量排名
成都商报	20.0	98.1%	3.9	1
华西都市报	8.5	96.1%	1.7	2
成都晚报	4.3	97.1%	0.8	3
天府早报	3.0	93.2%	0.6	4

表 3－4　成都商报广告报价

成都商报广告价目表						
版位	头版报眼（彩色）	头版接尾 D（彩色）					头版题花（套红）
规格（宽＊高）	16＊4	8.2＊5	8.2＊6	16.5＊4	16.5＊5	16.5＊6	5＊2
价格	90000	30000	37500	47500	57000	72000	9000

规格（宽＊高）	3 版、要闻合封底		2、4、5、6、7、9 版		一类版		二类版	
	周四周五	周一至周三	周四四周五	周一至周三	周一至周三	周四周五	周一至周三	周四周五
8.2＊6	8300	7700		7200	5800			4800
16.5＊6	16600	15400		14400	11600			9600
33＊6	33200	30800		28800	23200			19200
33＊8	44000	40700		38000	31800			26000
16.5＊18	49800	46200		43200	34800			28800
33＊12	66400	61600		57600	46400			38400

分叠报眼	版面	要闻、国内、国际叠	体娱叠	市民、财经叠	专刊叠
	规格	10.6 * 6.6	10.6 * 6.6	10.6 * 6.6	10.6 * 6.6
	价格	32000	30000	28000	26000

表 3 – 5 华西都市报报价

华西都市报广告价目表								
规格 （长＊宽）	2/3/4/5 版	6/7/8/9 版	一类版		二类版		三类版	
	周一至 周三/六 /日	周四/ 周五	周一至 周三/六 /日	周四/ 周五	周一至 周三/六 /日	周四/ 周五	周一至 周三/六 /日	周四/ 周五
8.2 * 6	7700	8300	7200	7700	5800	7200	4800	5800
16.5 * 6	15400	16600	14400	15400	11600	14400	9600	11600
33 * 6	30800	33200	28800	30800	23200	28800	19200	23200
33 * 8	40700	44000	38000	40700	31800	38000	26000	31800
16.5 * 18	46600	50000	43600	46600	35000	43600	29000	35000
33 * 12	55000	62500	52500	57500	43800	52000	35000	41500
16.5 * 24	65000	73800	62000	67800	50200	59000	41300	49000

软文		要闻版 （除一版外）		其他新闻版		其他版 （内文 800 字内）
	单标（12 字 以内）	2000 元		1200 元		500 元
	内文	30 元/字 （500 字内）	50 元/字 （500 至 1000 字）	25 元/字 （500 字内）	35 元/字 （500 至 1000 字）	商品类 12 元 /字 医药类 14 元 /字

图 3 – 36 第三周报纸软文

报纸夹报 6 次：跟随硬性广告，成都商报 4 次夹报，华西都市报 2 次夹报，对开整版，每次投放 10 万份，内容为详实的产品售卖信息。

【知识文件夹】夹报广告的分析：

夹报是指夹在正规报纸中的无报刊号、仅仅有广告刊登号的印刷产品，夹报在中国是一种合法但不合规定的边界产品，因为行业规定办刊必须有书、报刊号，故夹在报纸中最为常见，借用大型报刊的巨大发行量、庞大阅读群和广泛的广告覆盖面传播广告信息。

夹报是把客户的产品广告宣传页，通过各大报社的发行渠道以 1 + 1 夹寄投递的方式，夹在报纸里面，随着报纸送到客户指定范围内广告对象（如家庭、个人和公司）的广告传播形式。

1. 灵活高效 针对性强。夹报广告是可跨时间、跨空间使用的广告媒体，可以根据客户自身经营地点的覆盖的范围，指定投放时间、广告投放数量，广告投放范围和对象，有针对性地对目标消费群进行广告投放，目标定位准确，使宣传一步到位，是目标营销的重要手段。

2. 突出明显 信息量大。夹报广告使用独立的彩色广告页面，不受报刊新闻及其他元素的干扰，不受规格大小和印刷尺寸限制，广告突出明显，信息量大。形式上设计精美、新颖，视觉冲击力极强，吸引读者目光，便于收藏和传阅，有二次、多次传播的效果。存放方便，增强了广告效果的持效性。

3. 经济实惠 性价比高。夹报广告和同等规格的报刊广告相比，区域投递夹报广告占绝对优势，可以有针对性的规划广告费用，避免不必要的浪费。宣传单页的大小和设计形式，发布的时间、地区、对象、数量，都可以根据商品的不同、销售意图、销售地区习惯的不同，而随时变更，这是区别于其它媒介的独特优势。

4. 准确及时 回报率高。别人把您的广告印在纸上，我们把您的广告送到客户手中。DM夹报广告由投递员根据客户要求，1＋1夹寄投递，保证准确及时，使用户易于接受，无陌生感，广告接受率高。

5. 发行规范 放心省心。夹报广告拥有强大的媒体资源优势、规范的发行渠道和严格的监督管理制度，使广告准确送达目标群体，客户可以省心、放心。

图 3－37　夹报平面表现一

图 3－38　夹报平面表现二

户外/站台：市中心、一环、城西区域持续投放。

图 3－39　第三周户外展示广告

电视：每周四、五、六保持不间断在热点节目插播 1 分钟/30 秒电视广告片全覆盖。

网络广告：焦点网、搜房网（链接项目网站）

展示活动：恒大城（开盘盛典）

短信：通过短信平台在亮相时发送 30 万条，开盘时发送 50 万条。手机短信广告宣传费用非常低廉，覆盖面广，用户群体广泛，速度快捷，故此，手机短信营销在房地产营销、服务等方面被广泛应用。深圳、上海、北京等城市，手机短信群发早已成为必不可少的宣传推广、营销、亲情巩固的方式。

开盘期：这个时期楼盘的宣传重点将逐步移到目标群体上，这个时候短信营销的准确定位之营销优势就得以体现了，可以有针对性的刷选数据目标客户群，展开开盘宣传营销。

亮相时短信内容：南派领袖，风云再起，恒大绿洲 9 月 30 日璀璨驾临，城东品质大盘，

首批次 70 到 180 平方米环湖阔景洋房 VIP 排号中，咨电 81310000。

开盘时短信内容：恒大绿洲领袖品质，天下无双，东南亚皇家园林美景成仙，9 月 30 日

领袖开盘，首批次 70 到 180 平方米环湖阔景洋房，限量发售。恭迎品鉴 81310000。

其他短信内容：59 万起买豪装三房！恒大绿洲—中山豪宅王将荣耀开盘！湖景楼王 6780 元起送 2 千豪装，园林、板房实景开放，见成都商报。

恒大绿洲 8.5 折成本价开盘！湖景高层每平方米 3880 起送 1500 豪装，成龙/范冰冰闪耀现场，见华西都市报、成都商报。

恒大绿洲一千亩湖山都市生态城，70 到 170 平米湖景美宅，3880 元起送 1500 元豪装，当日认筹特享开盘 85 折！

【知识文件夹】短信广告的优点

1. 速度快：短信广告的传播不受时间和地域的限制，全国任意一个省市都一样；发送数百万手机用户，均可在发送完毕后马上接收到广告信息。发布广告内容可以随时更改，保证最新信息在最短的时间内传播给消费者。

2. 分众性、回报高：短信广告直接影响到最有消费力的一族，且同一产品可根据不同的接收对象轻松传递不同的广告信息，以求最大限度提供客户的购买欲，而且手机用户群体相对非手机用户来说是有一定收入的群体，具有一定的消费能力。

3. 投资省：短信广告打破传统广告媒体定价的行规，广告主定好自己的支出预算，定向定条发送给目标客户。传播形式时尚、新颖。每条短信仅收费几分钱比动不动就用十多万而发行率只有几十万份的报纸媒体还是成百上千万的电视广告，无疑具有巨大的价格优势。（短信媒体被业界称作"第五大媒体"）。

8. 投放的准确性和不可回避性：广告受众对于传统媒体广告具有极强的选择性和可回避性，这就让广大客户的广告投入因为受众的选择和回避而付诸东流，达不到预期的宣传目的和效果。短信广告最大的特性就是直达接收者的手机，"一对一"传递信

息。一般情况下，只要电信运营商的网络没有问题，我们的短信都会准确的发送到对方的手机上，即使当时对方不方便阅读，他也会在适合的时候阅读，了解短信的内容。所以我们手机短信广告的阅读率几乎可达到100%。短信广告最大的特性就是直达接收者手机，"一对一"传递信息，强制性阅读，时效性强，100%阅读率！在媒介与人接触的有限时间中，能提高人与广告的接触频率。手机用户收到短信后都会去查阅，只有查看到短信信息后，短信信息才不会丢失，所以达到95%以上甚至100%的查看率，这是其他任何媒体都无法达到的。

5. 蔓延性：短信广告具有很强的散播性，速度快，一分钟即时发送，一瞬间万人传播！接收者可将信息随身保存，随时咨询广告主，需要时可反复阅读，并可随时发送给感兴趣的朋友。

6. 灵活性：短信广告发布时间极具灵活性，广告主可以根据产品特点弹性选择广告投放时间，甚至具体到某个具体的时间段内发布。

7. 互动性：短信广告可以让机主与销售终端互动，与大众媒体互动，通过这些使短信用户参与到商业互动中，短信广告使人们参与互动的机会大增。

8. 低成本：短信广告的发布费用非常低廉，与传统媒体动辄上十万甚至上百万的广告费用相比，短信广告的成本几乎可以忽略不计。而通过短信平台提交短信广告，比直接用手机发短信息更便宜，大大降低了广告主的广告发布成本。

9. 广告管理方便：应用网媒短信广告，客户端软件还可以由您自行管理，管理人员可对发
布时间、区域、内容和数量随时调整，进行灵活掌控，避免广告资源的浪费。

10. 短信形式新颖：短信与其他传统媒体不同，它是一种基于现代移动通讯的新型的媒体。由于手机是用户随身携带的个人通信工具，用户可以在任何场所包括在出差旅途中轻松地接收信息，更容易被用户接受，有更好的广告效果，短信息相对语音通讯是一种非语音通讯方式，就像打电话推销保险，所以不会引起法律纠纷。

恒大绿洲短信投放的客户群体主要以四川成都市中高端客户群体为重点目标；客户群体的具体选择分类见下表：

表3-6　短信客户群体分类表

员工短信	VIP平台
成都移动全球通客户、银行VIP会员、联通VIP客户为主	VIP平台
商场高级会员、企业法人	VIP平台
银行卡客户、政府公务员等高端群体	20万
成都周边地区高端数据群	8万
港澳台商投资会员	VIP平台
VIP全部顾客	VIP平台

表3-7　恒大绿洲短信投放情况和效果分析：

短信投放情况					效果分析		
投放数量	短信价格	总来电	短信来电	来访量	短信来访量	成交量	短信成交
205万	0.05	3248	995	2089	518	359	79

5. 第三周推广小结：加大媒体推广力度，参与活动，现场形成联动，强势开盘，轰动成都。

（四）推广第四周：房交会

1. 推广目标：借房交会之势，形成持续热销，为第二批次推广蓄势。

房交会的全称是房产交易卖买会，一般指某一城市或某一地区各房地产开发商集中举行的房产交易会。此交易会可以吸引更多的人来楼盘观看，形成潜在顾客，购买恒大绿洲的客户会更多。为第二批次的房地产销售做好铺垫，提前做好伏笔。

2. 推广方式：户外广告、站台广告，报纸硬广告、软文宣传广告，网络广告，展示活动。

户外广告：在房交会附近户外的栅栏上张贴海报，见下图：

图3-40　房交会外景包装一

图 3 – 41　房交会外景包装二

公交站台广告：新的宣传口号"尊席分秒递减，机会均等敬请把握"

图 3 – 42　公交站台第四周推广广告

房交会展示广告：

图 3 - 43　房交会展位设计图一

3. 推广内容：

（1）报纸广告口号：恒大城热销，致谢蓉城

图 3 - 44　第四周报媒推广图一

图 3-45　第四周报媒推广图二

从该图片可以看出恒大绿洲为开盘做好了充分准备，报纸的"致谢蓉城"的字体放的很大，让人一眼就能看见，如此标题给人以很亲近的感觉，语言谦和，背景温馨，颜色上采用了很喜庆的红色，整体的感觉很好。

（2）房交会活动：秋交会与现场活动联动

4. 推广计划：

平面媒体（报纸/杂志）：《成都商报》1个整版，1次软文宣传广告，解构恒大绿洲热销之迷。整版："恒大城热销，致谢蓉城。"

图 3-46　《成都商报》软文宣传广告

整版：是指报纸的半面都是刊登该宣传广告的内容。

软文宣传：是指非商家直接出面的宣传，它就是以公益广告的方式去宣传某个具体的东西，具体上文已有阐述。

《华西都市报》1个整版和软文宣传广告；夹报一次。

【知识文件夹】广告文案构成

广告文案的结构一般由四大主体部分组成，即标题、正文、随文、广告语。根据具体需要，有时也有副标题和引导文。

一、标题

在广告的开头部分通常有一个大标题，一般而言，一看标题就知道广告内容了。

标题是每一广告作品为传达最重要或最能引起诉求对象兴趣的信息，而在最显著的位置以特别字体或特别语气突出表现的语句。标题的作用就在于在最短的时间内传达出最重要的信息或者引起诉求对象的注意。

在标题的撰写过程中必须注意以下几个要点。

1. 紧扣创意，把创意的最巧妙之处融入标题，准确地直指核心，并且要集中于一点。

2. 突破常规叙述方式，力求引起读者的阅读兴趣。

3. 简练明了，富于节奏感，易上口，新鲜有趣。

现代广告对标题越来越重视，广告标题也越来越新颖、醒目。要想在众多的广告中脱颖而出，广告的标题更需要一些创造性的手法。下面列出常用的手法。

类比式标题：寻找诉求对象司空见惯的事物，与广告诉求重点做贴切、生动的类比。保时捷汽车曾做过一则平面广告，它的标题是"她就像一个孩子，你还没有就不会理解拥有的感觉"，相当的生动。

新闻式标题：以发布新闻的姿态传递新的信息，或者为了强调广告信息价值，类似新闻式的标题以新来吸引读者。农夫山泉的"喝农夫山泉，为奥运捐出一分钱"，"再小的力量也是一种支持"活动就很有新意。

疑问式标题：以设问或反问的方式引起诉求对象的好奇心，把读者拉入广告。Timberland野外休闲鞋曾做过一则以精湛的制造工艺为诉求重点的广告，就是以深具趣味性的标题吸引读者的——"鞋上有342个洞，为什么还能防水？"

故事/叙事式标题：暗示一个引人入胜的故事即将开始。芝华士酒的"人生就是如此不公平"系列广告文案即是经典之作。

命令/祈使/建议式标题：站在企业或产品的立场针对诉求对象说话，也可以以诉求对象的口吻说出，有着一定的敦促力量。如"现在流行第五季"，"不要告诉我怎么做才是对的"。

悬念式标题：设置某种悬念、引发诉求对象的好奇心理，引导读者寻求结局。"这是我的秘密"，这是伯恩巴克写的一条经典的广告标题。

二、副标题

有时候，独立一句的标题或标语会显得辞不达意和诉求力薄弱，这时候就必须添加副标题来做补充。

三、引导文

如果一个在大标题之后就立刻进入字体小、字数多的正文，忙碌的人可能看一眼就不再往下看了。因此，在标题与正文之间加上一段浓缩正文精华并且有趣的文章，可以起到让读者有兴趣读下去的作用。这种引导文在广告文案的功能上来说，担当了搭建桥梁的作用。

四、正文

正文是广告作品中承接的标题，对广告信息进行展开说明、对诉求对象进行深入说服的语言或文字内容，是诉求的主体部分。出色的正文对于建立消费者的信任、令他们产生购买欲望起到关键性的作用。正文还能展现企业形象、构筑产品销售氛围。

广告的诉求目的不同、广告主和产品不同，广告的具体内容也会千变万化。但要写入正文的内容，不会脱离以下三个层次。

（一）主题

主题是广告的核心内容。在企业形象广告中，集中于企业的理念。在品牌形象广告中，集中于品牌特性；在产品广告中，集中于产品或服务的特性和对消费者的利益承诺；在促销广告中，是更具体的优惠、赠品等信息。

（二）主题的延伸

正文必须提供更多、更全面的信息使人能够认同、信服你所宣传的内容。

（三）购买信息

正文需要明确地号召购买、使用、参与，并说明获得商品或服务的方法与利益。

不同的产品与服务、不同的企业在广告中的表现形式各不相同，正文的表现形式也会是多种多样。适当的表现形式能使广告更具有说服力。

1. 客观陈述式：不借助任何人物之口，直接以客观口吻展开诉求。这是最常用的方法。从形式上看，似乎没有创意，其实不然，创意再与众不同的广告，当它要在正文展开诉求的时候，都会以诉求对象看得懂的外在形式来表现。只要文案撰稿人在写作正文时能够准确把握创意概念，即使是客观陈述，也能让创意的力量充分发挥。

2. 主观表白式：以广告主的口吻展开诉求，直接表白"我们"将如何或正如何。这种方式在表述企业观点、态度以及在产品或服务上所做的努力方面有更大的自由。但前提是必须有好的创意概念。

3. 代言人式：以代言人的口吻向诉求对象说话。这是电视广告最常用的方式。让代言人说出自己了解的情况，语言必须符合其身份与个性。

4. 独白式：以虚构的人物或者广告中的角色内心独白的方式来展开诉求。这种形式不是直接向诉求对象说话，独白者可以回忆自己的经历、表明观点、抒发情感，可以有鲜明的感情色彩以诱发诉求对象的情感共鸣。

5. 对白式：通过广告中的人物对话与互动展开诉求。这种方式常用于电视广告中。

6. 故事式：将正文写成一个完整的故事，描述有吸引力的故事情节，让企业、产品或者服务在故事中担当重要角色，将广告诉求以常理的逻辑关系自然融入故事中。这种方式常用于平面广告中。

五、随文

随文又称附文，是广告中传达购买产品或接受服务的方法等基本信息，促进或者方便诉求对象采取行动的语言或文字。一般出现在影视广告的结尾或印刷品的最边角，但它不是可有可无的，它是正文的补充，是广告诉求的最后推动。

随文包括购买产品或获得服务的方法、权威机构的认证标志、与诉求对象联系的电话号码、公司的网址、品牌名称与标志，可能还包括特别说明以及意见反馈表格。随文既可以直接列明，也可以以委婉的附言形式出现。

六、广告语

广告语就像商标一样，在公司或商店名称边上加一句简短的句子来歌颂企业精神。

广告语又称广告口号、主题句、标题句，是为了加强诉求对象对品牌、企业、产品或服务的印象而在广告中长期、反复使用的简短口号性语句。它基于长远的销售利益，向消费者传达一种长期不变的观念。一般来说，一旦决定使用之后会使用很长时间。广告语在广告运作中有着画龙点睛的作用，它有着以下既定的特性：

1. 简短有力的口号性语句：不简短就不利于重复、记忆和流传。

2. 浓缩的观念性信息：通常是产品和企业的核心观念。

3. 长期广泛地反复使用：有利于将企业、产品的观念延续，不断加深受众的印象。

广告语在长期的发展中形成一定的风格，在写文案时可以根据企业和品牌的特性以及广告的内容，选择不同的风格。

1. 一般陈述：使用正式的语言、普通的句式，陈述性语气。这种广告语不事张扬，但是可以显示企业或品牌沉着自信的气质。如 TCL "科技美学化"，诺基亚 "科技以人为本"。

2. 文学化：传达感性信息时，使用稍具文学性的语言风格更能营造氛围。如 "钻石恒久远，一颗永流传"。

3. 口语化：口语生动活泼，语气鲜明，适合生活类产品，如 "牙好，胃口就好，身体倍儿棒，吃嘛嘛香"。

一则典型的房地产报纸广告文案，由广告语、标题、正文、随文四个部分组成，各个部分分别传达不同的信息、承担不同的职能、发挥不同的作用，又相辅相成不可分割。

户外/站台：市中心、一环、城西区域持续投放，户外及公交站台广告标题："尊席分秒递减，机会敬请把握"

网络广告：焦点 搜房（链接项目网站）（专题广告）

在上述房产网站上集中一个点持续投放恒大绿洲广告，需要了解的人都可以去网站上详细地了解，然后根据网络上的数据显示，再责令人员继续跟踪了解和解说，尽量促成交易，提高销售量。

展示活动：房交会联运活动——项目品鉴及机会把握

图 3－47　房交会展位设计图二

上图房交会展示的布局显得简明有规律，充分利用了空间。整体的布置很大方有气质。在墙壁上挂了九个相框，其中两个是许可证和证书。其他的是一些比较绚丽的图片，给人很大气的感觉。在展位中间放了两个柜子，中间的绿色带给人春意盎然的感觉，周围摆放的一些花，更显得温馨怡人了。

恒大绿洲在展位上除了多角度体现房交会项目本身外，同时也注重凸显企业品牌效应，在恒大房产文化上下了不少功夫。大气、典雅，力求给走进展厅的人们一种舒适的居家味道。恒大房产展位更是注重对品牌历史的介绍、文化的展示。

（1）色彩

展厅内给人的较强视觉冲击力！就是采用了白色、黄色、绿色和红色。墙面用的是白色很纯、饱和度也很高！点、线、面的结合和植物的点缀，给人一种温馨安全的感觉！总之，看起来整体和谐、大方，符合让受众可以无意注意的要求！

（2）材料

墙面挂的一些图片供人观赏。地面采用了木质三合板，主要是能隔热、降温，取得较好的装饰效果和烘托气氛。

（3）照明：

在正面的恒大房地产名称上采用了自然光照明，突出了大气亮丽。外面的柱子中间是空的，充分利用了空间，里面安放了一些照明灯等，整体很有赏心悦目的感觉。

（4）造型：

整体空间，是由点、线、面的某种组合而成立的单位空间作为要素构成的，该展厅的设计充分体现了独具艺术性的结构造型和可持续发展的设计观念的完美结合。充分满足了功能完整性和创造性

结论：

如何在众多的展位中突出自己以取得良好的视觉效果，关键要看在设计上是否有别于其它展台的个性化，个性化的设计并不是一味地追求特殊视觉效果，其实应该与

企业性质、产品功能、发展方向相结合，通过一切视觉元素向外传达企业的经营理念及其他信息，在这里，企业标志为企业寻求个性化的展台设计提供了丰富的设计元素与依据，企业标志是一个企业的象征，是企业品牌的形式体现企业标志一般由"标准图形"、"标准色彩"、"标准字体"这三部分组成，无论是哪一部分的设计都必须以企业性质、产品功能用途、经营理念、企业精神等做为设计依据，只有企业标志能够将企业的基本精神及差异性充分表达出来，以使观众识别并认识企业，所以，在展厅设计中合理，规范的运用企业标志一定能很好地体现企业的特性，同时又能取得特色鲜明的展厅设计效果。

展位的设计对象是观众，设计师总是从各个方面想方设法让观众产生"好感"，色彩方面也不例外，色彩在所有艺术表现形态中，是最容易感染人的心理，使之产生"好、恶"判断，色彩设计是展台设计成败的重要因素，如何体现展品，吸引观众，投其所好，设计师都应仔细推敲、把握。色彩设计在考虑展出时间（季节）、地点、灯光照明调配等因素的同时，还必须考虑到企业特性及其展品，根据展品来选择、使用色彩，参观者往往会将展品与特定的色彩联系起来，所以，使用相联系的色彩来装饰展台表现展品就会让人产生一种"符合逻辑"的感觉，如果色彩与展品之间严重脱节，两者不匹配，希望能给观众留下很美好的印象并能长时间的记忆那是不太可能的事情，还要注意一点的是展台色彩设计一般有一个简洁性原则，如果色彩变化过多容易引起人们的视觉疲劳反而达不到突出醒目的效果，企业标志中的标准色及其近似色，便能非常便捷的解决以上问题，将企业标志色作为展厅设计的色彩部分，使用标准色及其近似色更容易使整个展台形成一个和谐统一的视觉环境，"和谐为美"，当观众参观展览时会被这一和谐悦目的环境所感染，给观众以情感上的愉悦，当观众带着一个好的心情参观展览时，无论对于参展商，还是观众本身都是十分重要而有意义的。

二、九月份恒大绿洲主题月活动

（一）活动主题：

1. 东南亚文化民俗风情表演

就是根据当地人们的风俗进行适当的表演，提高人们的气氛，让参观者都活跃起来，甚至让大家也能够参与进来。

2. 泰拳争霸邀请赛表演

泰拳在泰国是比较流行的，可以邀请一些泰拳选手进行比赛，设置一些奖项来鼓励选手参加，增添恒大绿洲主题月活动氛围。以泰拳邀请赛表演为主要噱头，配合泰国风情摄影展让整个主打活动搞得风生水起、活泼生动。

3. 东南亚风情摄影作品展

因为东南亚的风景比较多，有摄影爱好的人也很多，设置摄影项目就是一个很好的选择，可以让摄影比较好的，把图片张贴在显眼的地方，评比出奖项，如此活动倍增人气是毋庸置疑的。

4. "东南亚七日游"神奇之旅活动

因为此次的地点是东南亚地区，顾客群特别，所以活动比较特殊。七日的活动可以按照人们的需求不同进行设置，视情况而定（可以针对签约客户），还可以展开东南亚七日游抽奖活动。

图3-47　九月恒大绿化主题月活动

图3-48　泰拳争霸赛

（二）活动目标：开盘热销　二批次积蓄客源。由于第一批的促销活动做得很好，为第二批积蓄下了很多顾客。展开此次主题月活动就是为二次蓄势做好充分准备的。

房交会现场派驻了看房专车，会场、现场两场联动。因为是联动，所以应该派专人去现场主持各种活动，保持活动的顺利进行。也为二批次产品上市发布打下基础。

三、第二轮广告推广

10月1日~10月31日

（一）推广策略

借势第一批次热销，开盘前两周集中爆破。充分利用客户资源，开展与业主的互动活动，制造口碑、话题与热点。

因为第一批的促销活动办的比较大，知道的人也会很多，想购买的人也很多，所以抓住机会继续第二批的推广，销量会很理想。

开展与业主的互动活动，制造口碑、话题与热点，由于现在顾客比较注重卖家的服务态度，因而可以搞一些与业主的活动，拉近业主的关系，让其产生很温馨的感觉，好比家人般的亲近。为今后销售打下良好的基础。

立体媒介，集中发布，2周内户外及站台50个点联动发布；电视1周集中投放。借势一批次的推广，展开实效的促销，报纸硬广告内容以销售信息、产品信息及活动信息为主，报纸夹报、软文宣传互相配合活动。短信、网络配合相关营销节点及活动。

（二）推广计划

平面媒体（报纸/杂志）：《成都商报》5个整版广告，2次软文宣传；《华西都市报》3个整版广告和软文宣传广告，报纸广告限于要闻版，地产版，娱乐版；规格为整版。

户外/站台：市中心醒目地段交通要塞、一环、人南路、城西区域拦截、城西至本案区域交通要道；2周内持续投放，一个月全面覆盖组合。城市中心楼体广告，盐市口、蜀都大道、

东大街、春熙路、光华大道延线（四块）＋温江城区（两块）（共13个点）。

公交站亭（备选）：光华大道＋羊西线＋青羊大道＋蜀都大道＋人民南路（共150个点）

电视：2周集中全覆盖投放。

网络广告：焦点、搜房（链接项目网站）

活动：业主运动会、开盘后业主互动活动

图3-49 二批次推广报媒广告一

图 3-50　二批次推广报媒广告二

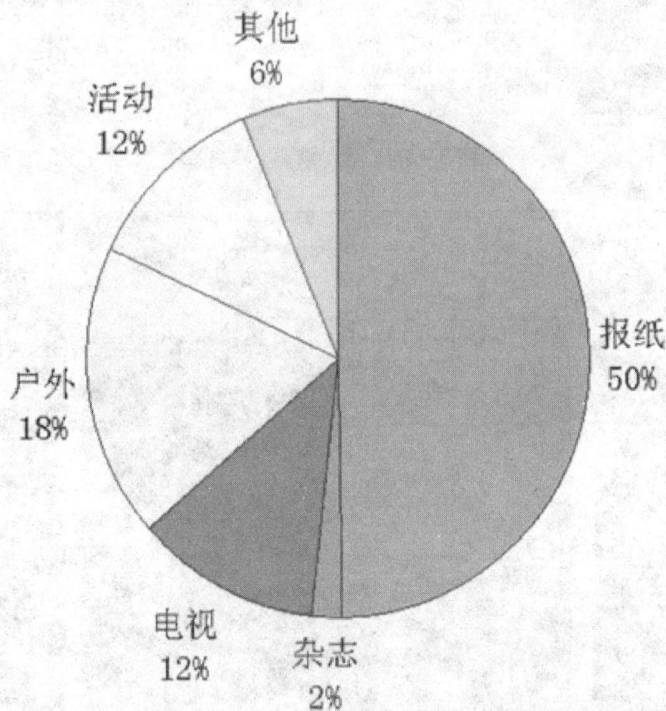

图 3-51　广告策划媒体权重百分比

四、销售物料

（一）DM 单

DM 是英文 direct mail advertising 的省略表述，直译为"直接邮寄广告"，即通过邮寄、赠送等形式，将宣传品送到消费者手中、家里或公司所在地。

图 3－52　恒大绿洲 DM 单一

图 3－53　恒大绿洲 DM 单二

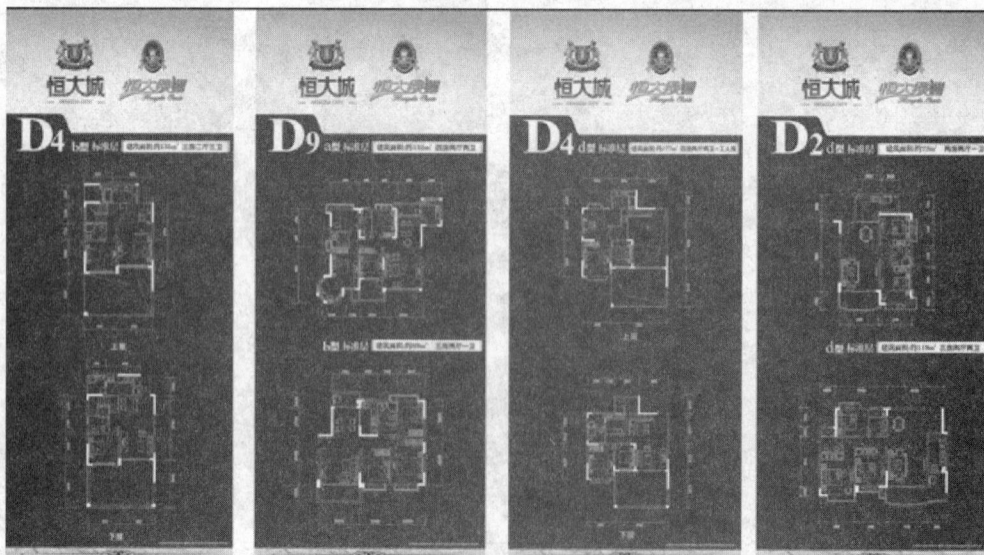

图 3－54　恒大绿洲 DM 单三

售楼 DM 单一般采用 157g 的铜板纸来印刷宣传单,且恒大绿洲石采用双面印刷,且可折叠的纸张样式,纸张有 A4 纸那么大,双面印刷预算价格比单面印刷差别较大,具体费用见下表可知:

表 3 – 8 A4 纸印刷单面可折叠 DM 宣传单预算费用

数量 ＼ 重量	157g	128g	105g
100 张	75 元	70 元	70 元
500 张	110 元	110 元	100 元
1000 张	130 元	125 元	110 元

表 3 – 9 A4 纸印刷双面可折叠 DM 宣传单预算费用:

数量 ＼ 重量	157g	128g	105g
500 张	98 元	92 元	90 元
1000 张	138 元	129 元	115 元

1. DM 的设计方法:

(1) 设计人员要透彻了解商品,根据商品的优点,选择设计方式,凸出商品优势。

(2) 爱美之心,人皆有之,故设计要新颖有创意,印刷要精致美观,吸引眼球。

(3) DM 的设计形式无法则,可视具体情况灵活掌握,自由发挥,出奇制胜。

(4) 配图时,多选择与所传递信息有强烈关联的图案,刺激记忆。如主题是年夜饭,把商品整合成一桌年夜饭的景象比分开来排列效果要来得更具吸引力。

(5) 考虑色彩的魅力,吸引顾客的眼球。

(6) 好的 DM 还应该注重广告技巧,不是一味对商品进行推销,可以根据消费需求,提供一些商品除外的生活讯息。如:可以加入小菜谱,推出特色菜的做法,提供护肤小知识等。还可根据主题加入文化氛围,如:介绍中秋节的来源,中秋节的习俗,应该吃什么,穿什么,引导顾客消费,使得 DM 成为消费者贴心的购物指南。设法引导消费者重复阅读,甚至当作一件有价值的纪念册来收藏。

(7) 好的 DM 莫忘纵深拓展,形成系列。与顾客形成互动,加入询问式广告内容,有效的 DM 广告技巧能使你的 DM 看起来更美,更招人喜爱,成为企业与消费者建立良好互动关系的桥梁。

2. DM 单的规格、种类、尺寸:

DM 单的尺寸:通常 16 开的尺寸为 $210 \times 285mm$,8 开的尺寸为 $420 \times 285mm$,非标准的尺寸可能会造成纸张的浪费,所以在选用时需格外小心。

DM 单的尺寸纸张:少量宣传单页印刷一般最常用的 157 克和 200 克纸张。直邮广告对纸张的要求不是很高,一般最常用 80 克和 105 克纸张。可选择的常用纸张有 80 克、105 克、128 克、157 克、200 克、250 克等。纸张的类型除铜版纸及牙粉纸之外,尚可选择轻涂纸、双胶纸及艺术纸印刷。

DM 单的尺寸后道加工：少量宣传单页页可选择表面过油、覆膜等后道加工工艺来提高亮度或强度等，但通常情况下，一般不太选用。大量直邮广告宣传单页一般不再后道加工，通过 5 号封邮寄的一般加工成三折页。

应用范围：宣传单张、折页、酒店菜单、优惠券、房地产宣传等等。

（二）楼书分析

恒大绿洲楼书分析

恒大绿洲的楼书气势飞扬、文化感浓郁，可以不是细品的读物，只言片语就可以感受到世袭贵族的文明与华贵。以欧陆新古典主义建筑彰显出贵族的气派，绿色美化的意境很美。

图 3—55　恒大绿洲楼书一

恒大绿洲的世界皇家园林是一道华丽的屏风，所谓无林不成园，恒大绿洲 10 万平米世界皇家园林以一种树浪滔天的境界震开久塞的心门。在 10 万平米皇家园林中，西方园林的花木、喷泉、雕塑以一种神圣而秩序的几何式，表现精髓传递着华美和奢侈，东方园林的亭榭、楼阁、弯曲流水，以一种自然流畅、诗情画意表达着人性本真的回归，奢侈兼内敛、华贵兼自然，在经过对中西文化园林博大精深的多方研究后，恒大绿洲取其精华为人们提供好的住所。

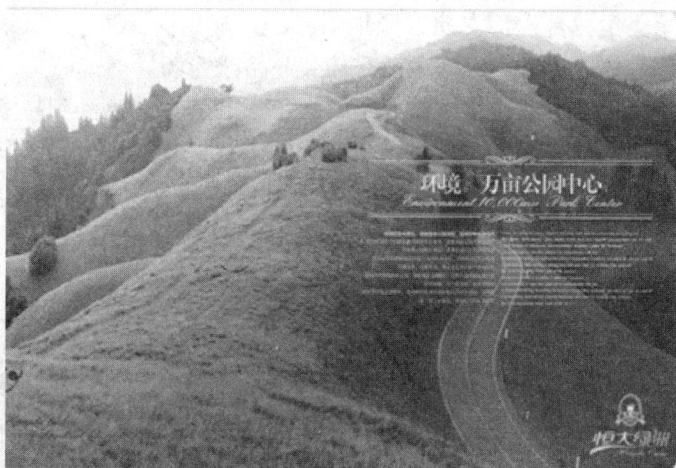

图 3 - 56　恒大绿洲楼书二

　　恒大绿洲开阔的西北地区罕有 7900 平方米辽阔的有氧内湖，各式乔、灌木倒映湖面，皇室雕塑静立湖边，大面积绿湖似一幅缎蓝的油画，镶嵌于欧陆皇家园林之中，水景天成，气势磅礴。这一天然的景观显得恒大绿洲如同一个仙境。

图 3 - 57　恒大绿洲楼书三

　　五明设计、生态户型，将房内的设计和结构都放在楼书里，这样能产生更好的效果，三室两厅两卫：宽度生活是高度人生的印证，纯南向，全面采光，阳光舞台为成功一生拉开大幕；主卧 + 独立主卫 + 独立阳台：身份与地位的本色呈现，奢华阳台、观景飘窗，四季风景是高贵画框的内容，餐、客厅双区贯通，极目之处是艺术与生活的交集。四室两厅三卫：纯南采光、方正格局，阳光护拥，让奢华生活更显辉煌，餐、客一体直达阳台，尺度非凡，豪门气质瞬间袭心流露；豪华四室、独立三卫：奢亨空间，细节源于独立身份尊重，动静分离，功能分区，名门风范，尊崇优雅生活自成典范。两室两厅一卫：纯南户型，优质采光，角度是优越生活的第一步，方正实用、动静兼修，空间实用美学源自生活本质，豪华阳台、景观飘窗，365 日风景眷恋 24 小时心情。餐、客双厅一体：美食秀场与生活秀场共赴品味秀场。

这样的楼书文案设计可以让买家更好了解到房子的信息。感受到皇家级物业服务，就像"文明可以创造出宫殿，却不能创造贵族和国王"一样，恒大绿洲从不缺乏贵族，需要的是与之匹配的皇族服务。24 小时皇家礼仪服务，在微笑与问候的背后，即使大堂内一把座椅、一块地毯的臻选，脚步每一次落地，都能静静感受到身份，从内心优雅而尊贵的升华。

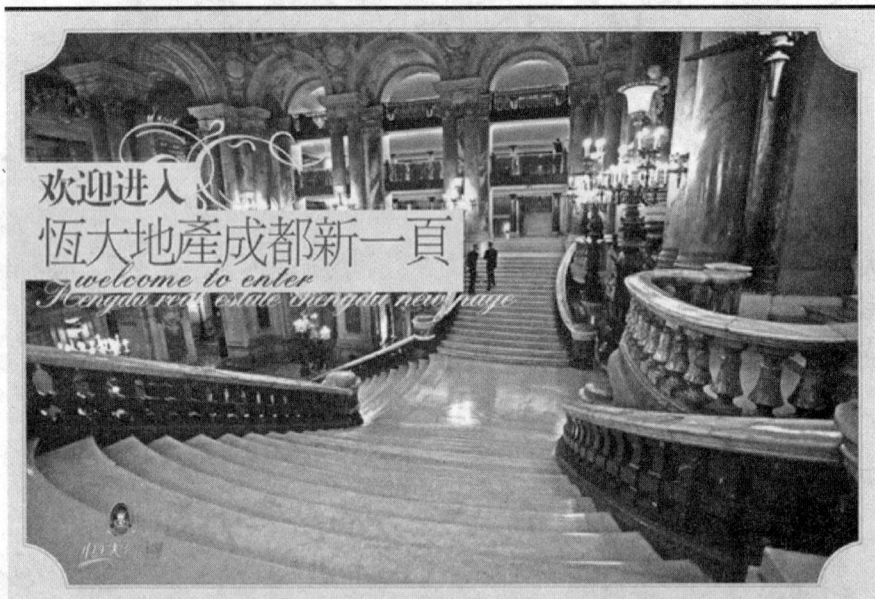

图 3-58 恒大绿洲楼书四

（三）恒大自办媒体

1. 恒大报

（1）《恒大报》设计的视觉效果分析

图 3-59 恒大报一

①色彩的视觉表现分析

在人们的日常生活中，色彩具有很强的操控能力。众多的视觉元素中，色彩是最直接、最敏感的要素。色彩可划分为主动的色彩（黄、橙等）和被动的色彩（蓝、红蓝等），主动色彩有生命力和移动性，被动色彩则稳定温柔。在报纸版面设计中，常规是左边的版面比右边的版面更加重要。《恒大报》左侧运用蓝红色等被动性色彩，容易把读者的视线先吸引到右边，然后再流动到左边，在版面上形成一个视觉流动。

②图片的视觉效果分析

《恒大会》的图片容易吸引阅读者，报纸版面设计越来越重视图片的功效，因此图片在报纸版面设计中的地位也愈加重要。它是报纸中具有巨大视觉冲击效果的视觉元素。图片新闻是报纸版面设计中的常见形式，因此也受到了很大的关注。一般情况下，电视以连续活动的画面出现，是观众乐于接受的形式。《恒大报》编辑参考电视画面的设计并根据新闻图片的采集情况，合理的使用带有连贯性的图片，并进行图片的组合，带给读者一种新的视觉感受，起到了很好的传播效果。

（2）《恒大报》的审美分析

①标题是版面的眼睛

《恒大报》的标题既使版面条理分明、眉目清楚，又使版面绘声绘色、丰富多彩，显示出版面的活力。《恒大报》标题的字体号也根据稿子内容、特点及整个版面的情况来选择。根据稿件内容，确定标题大小，划分不同档次，大中小结合使用，相互穿插布局，使版面上的每条标题都能同相邻的标题形成大小的比较，每个版面区域的标题也同其他区域的标题形成比较并大体平衡，既准确反映编辑评价新闻的分寸，又显示编排的节奏和韵律，给人以"远近高低各不同"的层次感，这样既避免了版面的头重脚轻，又防止了版面的拥挤和散乱感。

②不以规矩，不能成方圆

《恒大报》的版面中基本栏的设置，即是版面编辑中的规矩。但如果基本栏使用过多，就会使版面显得单一呆板，无法刺激读者的注意力，从而形成视觉冲击力。因此，版面除采用基本栏外，还应经常采用变栏的形式。

③版面的形象化，

《恒大报》重视图片的运用。《恒大报》的图片不仅能够吸引读者注意版面上刊登的新闻，给读者以美的享受，而且它形象化的宣传效用，也是文字所无法替代和比拟的。图片运用得好，可增强新闻的现场感和真实感，对版面起到衬托作用，把版面立体化。此外，图片的形状要与行文相呼应，横行配扁图，直行配长图，也可根据版面情况灵活多变。

图 3-60　恒大报二

2. 恒大会刊

图 3-61　恒大会刊

　　恒大地产通过自己办的杂志恒大会刊展开广告宣传，其中精美的图片和创意的文案诠释了恒大绿洲房产与众不同的设计与造型。

图3-62　恒大会刊创意文案一

空间只有背景

人才是主角——陈崇岳

　　陈崇岳，台湾室内装修专业技术员学会的理事长，近30年资深设计经验，曾任台中市室内设计装饰商业公会第四届理事长，台湾室内设计装饰同业会创会理事长等职务。

　　陈崇岳崇尚"人本主义"设计理念，"人本"，即是设计是要考虑到阳光、空气、动线、舒适性等问题，把空间当成背景，"人"才是设计时的主角，然后以"人本"为出发点，做到"新、速、实、简"，"新"是观念新意，符合时代观点；"速"是符合工法，譬如：设计很环保，配合环保理念；"实"是使用实实在在地东西；"简"是简约的空间及空间弹性化的使用与可变化性。

　　主题分析：本主题是"空间只有背景 人才是主角"，属于寓意式的主题。

　　内容分析：该广告的宣传页用到陈崇岳这个知名人物对室内装修设计赋予灵魂般的描述，给人以一种高端、典雅、奢华而且更体现环保，舒适的居住环境。"人本主义"以人为本的一种设计理念，精神生活层次的满足，家中追求身性心灵的释放与满足的居家主张。用这种高档的居住环境来给观看者视觉上的冲击，奢华的生活环境，让观看者容易产生强烈的购买欲望。

因为用心，所以赏心

——从样板间看恒大建筑美学

所谓精品，其根本既不在于选用的材料的高贵，也不在于使用的工艺的选进，而在于两者是否根据实际情况面向达到了最佳的合理搭配，即"实用的精致"。

只用这样，建筑空间才可能在美观和实用的和谐平衡中的臻至精品的境界。也只有在这样的建筑空间中，才能凸显人的主角地位。才能在有限的空间中创造无限的美感。

图 3 - 63　恒大会刊创意文案二

标题分析：本标题是"因为用心，所以赏心——从样板间看恒大建筑美学"，属于直接式的标题！

合理分区让空间层次清晰，合理科学的区域分割让空间布局变得灵活而富有弹性，无论是视听区的开放性，餐厨区的半开放性还是休息区，洗漱区的私密性，都可以在整体的统一下得到建设，形成清晰的空间层次。

在相对有限的居室空间中，各种生活功能性配置完备，达到在有限的面积内赋予每一个面积以合理用途的实用目的，凸显了对空间分割的精细程度。

飘窗，大面宽观景阳台等，加强室外与室内的空间交流，引入更多阳光和通风，在心理上拓宽空间大小，形成感官上的舒适。这种广告文案的创意在于字里行间透露出设计者的理念，同时将这种观念用潜移默化的形式让用户自己感受从而收到良好的效果。

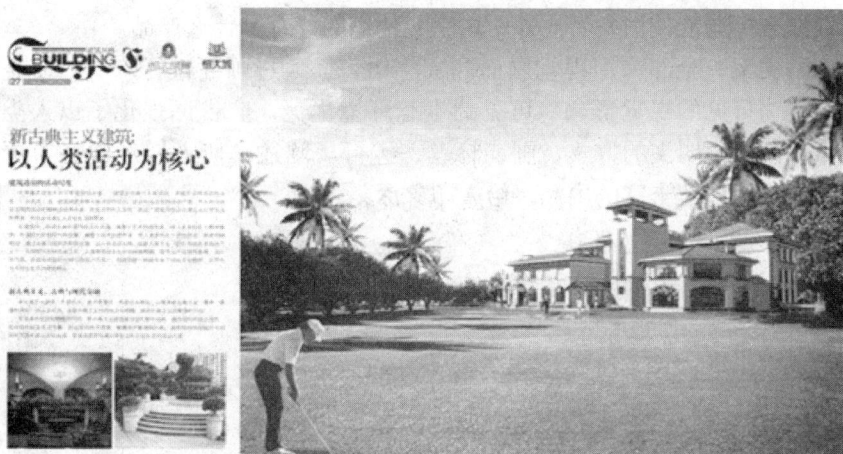

图3-64　恒大会刊创意文案三

新古典主义建筑：以人类活动为核心
建筑适宜的活动尺度

图中文案描述：世界著名建筑大师贝聿铭曾经说道："建筑必须融入人类活动活动。并提升这种活动的品质。"从本质上说，建筑就是承载人类活动的空间，必须形成适宜的活动尺度，而人的活动分为物质活动和精神活动两大类。即生活性和人文性。因此，建筑必须满足人日常生活的需求，而且必须满足人文化生活的需求。

在建筑中，所谓古典的是传统文化底蕴。偏重于艺术的感性美，给人更多的在于精神愉悦，所谓现化即指现代科含量。偏重于技术的理性美，给人更多的在于居住舒适：两者相辅相成，通过古典与现代的和谐交融。以人的活动为核心的新古典主义（即在传统美学的规范之下，运用现化的材质及工艺，去演绎传统文化中的经典精髓，使作品不仅拥有典雅，端庄的气质。并具有明显时代特征的设计方法）。构建的是一种既传承了传统文化精神，又符合当今居住生活的建筑精品。

新古典主义，古典与现代交融

新古典主义，不是仿古，更不是复古，而是追求神似，以秉承新古典主义"尊贵、便捷和深刻"的人文内涵，汲取古典主义的传统文化精髓，摒弃古典的繁缛和固化。

在传承传统文化精髓的局时，新古典主义建筑融合现代都市经典，融合现代科技之灵性。结合现代社会生活节奏，形成简约现时不简单，繁博而不繁缛的风格，具有独特的明丽时尚的时代气息和多元化内涵，营造适宜居住者日常生活和文化生活的活动尺度。

分析文案：本案例标题采用的是复合标题。这种标题是将直接标题与间标题复合起来。一则复合标题常由二个或二个标题组成，除了有一个主标题外，还有一个或二个副标题，位于主标题的上下左右。主题往往以艺术的手法表明一个引人入胜的思想，副标题则是说明产品的名称、型号、性能等。目的在于进一步补充和扩展主标题的含义。因而，复合标题能使消费者立即明白引起他们的好奇是什么产品。

这则广告文案，全部采用视觉画面和文字语言，通过画面进行叙事，使企业对消费者的承诺化为可见的视觉形象、可见的生态环境优美，广告词强化了以人类活动为核心。文章采用了说明文的方式，围绕标题，进行了阐述，使人们对此有了更深一步的了解，传达出了如此丰富的内涵，给人印象深刻。

（四）恒大绿洲 VI 视觉设计

图 3 – 65　恒大绿洲纸袋

图 3 – 66　恒大绿洲纸袋 2

图 3 – 67　恒大绿洲胸牌

图 3-68 恒大绿洲纸杯

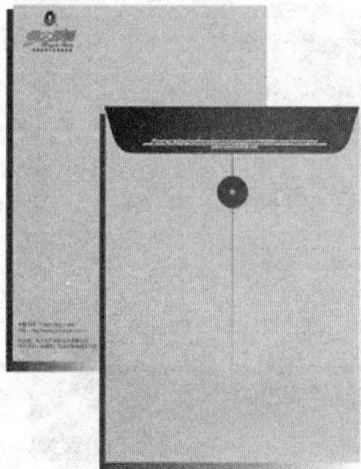

图 3-69 恒大绿洲文件袋

图 3-70 恒大绿洲马克杯

图 3-71 恒大绿洲会员卡套

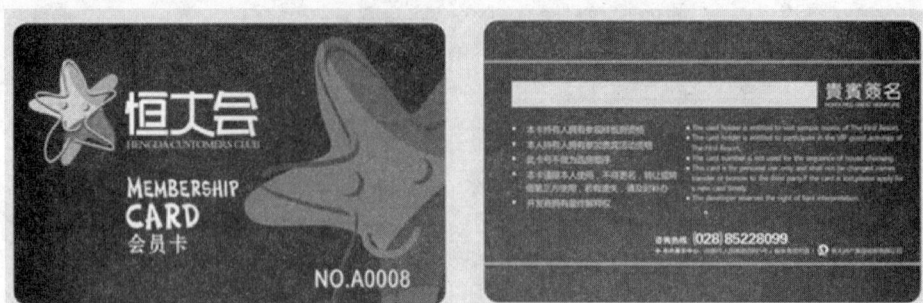

图 3-72 恒大绿洲会员卡

图 3-73 恒大绿洲水杯及包装盒

图 3-74 恒大绿洲文件盒

第四节 项目评估

一、发布方广告目标的回归与效果评估

首先看一下从恒大绿洲的角度评估的广告效果，对于恒大绿洲而言，由于企业所销售的住宅的生命周期、产品营销战略阶段的不同，企业的营销目标也有所区别，比如对于即将上市的住宅而言，企业的营销目标很可能是扩大该产品的声势，进而为以后的正式投放市场做好铺垫；而对于一款处于生命周期的成熟期的产品而言，尽量扩大销量进而为企业收回更多的现金才是营销的关键，因此这时的营销目标很可能是通过各种优惠手段来刺激消费者的购买，而广告的重点也可能向促销广告转移。

然而恒大绿洲的广告都不大可能是由单一类型的广告所组成的，因此即便在某一广告目标的指导下投放广告，也很可能是从多个方面展开宣传，而将重点放在与目标相关程度最高的广告中。一方面是恒大绿洲营销本身的需要，比如处于生命周期成熟期的产品，如果其广告仅仅是促销广告的话，消费者对其产品的忠诚度与购买欲望都很难长时间维持，因此需要从其他方面组织更多的宣传，比如宣传恒大绿洲的服务等等，进而抵消促销的负面影响；另一方面很可能是广告主构成的复杂性所造成的，比如厂商投放的广告与代理商投放的广告虽然都针对同一个产品，但其诉求很可能有所差别。

恒大绿洲对于每一条采集下来的广告都需要进行足够详细的分类，以便事后的分析使用。而分类标准的把握也将成为评判广告监测能力的重要标准，比如从房产的角度对图案、大小等进行分类，可以帮助区分恒大绿洲的广告所对应的房产户型；而从广告本身的角度看，同样需要将其划分为多个不同的类别，比如产品广告、形象广告、促销广告和服务广告等，因此这些都将决定对广告目标的回归的可靠性；从对恒大绿洲的角度看，该分类标准同样非常必要。

二、接收方对广告的感知研究

如果直接询问消费者："您觉得您购买恒大绿洲房产是因为广告的影响吗？"我们很清楚，90%以上的消费者都会直接回答"否"，而事实上，广告的确对消费者的购买决策产生了相当的影响，否则广告也不可能存在，企业也不可能把最重要的营销费用都花费在广告上面。那么为什么消费者不愿直言广告对自身的影响呢？一方面消费者不愿被大家理解为容易受广告所摆布，另一方面广告对消费者的影响往往是潜移默化的，通常在消费者自己都说不清的情况下，广告已经对其决策产生了影响。鉴于这种情况，我们要研究消费者对广告的感知也就更具挑战性了，我们不可能采用直接的手段去研究消费者的心理，而必须采取其他辅助性的方法来推测消费者的感知行为。

在这里举恒大绿洲的例子，在研究恒大绿洲房产广告对消费者的影响时，通常需要让最近刚刚采购该房产的消费者回顾自身购买产品的历程，其中涉及到消费者采集信息的过程，主要包括收集报纸、杂志的信息、浏览电视广告、询问朋友以及亲自到

经销商处询问等过程，通过不同消费者对这些过程的先后顺序以及重要性顺序的排列，恒大绿洲可以总结分析出各阶段的重要作用，进而判断广告在各阶段应当起到的作用。但并非每一类消费者对广告或其他信息的反应程度都是相同的，因此恒大绿洲需要在研究过程中对消费者进行分类，通过消费者对信息的敏感程度等，再结合一部分人口统计学指标，比如年龄、学历、收入、性别等可以推断该消费者是属于更追求时尚的还是更追求实用主义的，或者是介于两者之间的。

恒大绿洲广告的效果评估不能仅仅局限在对现有用户的评估中，还需要调查潜在用户的心理，比如研究这部分潜在用户对恒大绿洲品牌的认知、对恒大绿洲广告的记忆以及希望购买的品牌等，这些只是表面，还需要进一步深入到潜在用户的内心深处，去探究他们对广告的感知，比如为他们设置一个情景，通过对他们的行为的研究来衡量广告可能对他们产生的影响，进而评价恒大绿洲广告的效果。

三、广告传递过程的研究

尽管研究了广告的两端，但仍然无法将其连成一个整体，因为忽略了一个很重要的问题，也就是广告传递媒介的作用。在这里我们以平面广告研究为例，比如不同的报纸，它的读者群特征是相对固定的，发行范围是有局限性的，因此恒大绿洲报纸上刊登的广告在传递给目标消费者的能力方面是存在差异的。在这种情况下，我们要研究广告的效果就必须要研究广告媒介的特征，研究恒大绿洲是否选对了媒体，是否将广告资源合理地投放在了适当的媒体当中。

（一）媒体的接收群研究

由于不同媒体的接受群是相对固定的，因此恒大绿洲在选择该媒体前必须首先考虑自身的广告希望被哪个群体看到，然后再考虑广告所投放的媒体是否适合这一特征。

（二）媒体的覆盖区域研究

恒大绿洲有自己的重点区域，因此在不同区域范围内广告投放的力度应当是有所差别的，恒大绿洲的营销资源都是有限的，如果营销资源本身在各区域分布是不平衡的，那么广告自然也不应该是平衡的，否则一部分地区就会出现浪费，一部分地区就将有所不足。

（三）媒体类型的研究

这里的媒体类型主要是指专业型、大众型或行业型这三者，对于恒大绿洲的房产而言，

在行业媒体上分布广告的成本会更低，收益会更高，这一点也值得恒大绿洲关注。

在界定清了上述几个问题之后，我们可以更全面地把握恒大绿洲在广告传递过程中可能出现的偏差，进而评估其广告效果。

综合实训

任务一：如何针对自己策划的广告文案来选择正确的媒体展开宣传。

任务二：分析一个成功的广告文案创意。

任务三：评价一个广告文案的广告效果

任务四：实地参与当地房地产广告公司的文案策划工作，并写出自己的实践感受。

任务四 影视广告片策划

第一节 项目引入

　　小张很喜欢看电影，一直问广告公司老板啥时候有机会拍广告片，今天终于老板刚接了一个订单是拍黑芝麻糊的，小张首先向老板表示祝贺，老板就和小张说起这接单的辛苦，原来签订影视广告片制作合同前要做很多很多的事情，首先作为广告公司自己要做宣传，要让客户可以找到你，并认可你公司的创意水平，然后就客户的产品要求制作创意问讯单，要详细了解客户的产品情况、具体要求、因为我们广告公司有广告方面的专业人员，客户可以倾听到关于拍摄这支广告片的详细信息，并与之交换意见，进行有益的交流。比如，为什么要拍这支广告，拍这支广告要达到什么效果，要在哪些电视媒体上投放，什么时间段投放，投放周期和频率，产品本身有什么卖点，竞争对手的情况，营销做得怎么样，铺货情况，拍摄预算大概是多少，对广告影片有什么特殊要求，用不用影视明星，等等。

　　小张听到这里就很惊讶地问：谈到那么多内容，那我们究竟如何才可以确定合同呢？老板就不慌不忙地继续聊到：我们广告公司的专业人员，在仔细倾听客户想法的时候，会积极地提出一些建设性的意见，使客户及时纠正一些不切实际的打算，使他们的思路更加清晰，把不成熟的想法变得成熟。特别是那些第一次拍摄广告的广告客户，他们基本上是个门外汉，对广告摄制一无所知，这时就要更加耐心地给他们讲解广告摄制方面的基本知识。比如，广告片的摄制从创意、画故事板、到拍摄制作、到投放，需要一个周期，不可能一两天就完成；广告片的摄制价格会因为创意、拍摄难度、是否用知名演员等而有所不同，等等。总之，你对客户越有耐心，你的专业知识越丰富，你就越能赢得客户的信任，接到这单活儿的可能性就越大。要尊重客户，对客户的每一个意见都要予以重视，哪怕他的一些意见听起来很可笑。

　　接下来就要把电视广告片的创意用故事板的形式展示给客户，让客户提出建议，修改并最后定稿，同时要写好广告电视片的分镜头脚本等。此时此刻小张迫不及待地问：是不是可以签订合同了，老板笑着摇摇头说：还有最关键的是预算，你要把准备拍摄的广告片总价报给客户，价格要是太高客户不接受如此昂贵成本，太低自己要亏本，只有适中双方都接受才是最好，到此双方前期的沟通结束，预算客户认可方可以签订最终拍摄合同。

　　小张长长舒一口气：没有想到光是合同签订就费那么大劲，那拍摄是不是也要很多程序呢？老板语重心长地拍拍小张的肩膀说：这只是万里长征第一步，下面进入真正的影视广告拍摄期主要分：拍摄前期准备、拍摄期、后期制作等三个阶段。如果你想了解全部细节就请参与拍摄吧，小张很高兴地欣然答应了，在结束了这次拍摄任务后小张总算了解了影视广告拍摄的大致流程。

学习目标：了解影视艺术语言的基本单位，影视艺术语言的技巧——蒙太奇，掌握影视广告创作与广告策划的基本技巧，影视广告的创作原则。

技能目标：1、撰写简单的分镜头广告剧本2、可以策划一个简单的影视广告3、可以运作此类广告所用基本器材，道具，人员组成，成本核算

第二节　项目前期

影视广告摄制实质上是商业活动，它与开餐馆、做贸易、搞建筑一样，是一门生意。广告公司和影视广告制作公司，是从事商业活动的公司，而不是什么艺术单位。不要把拍摄广告当作艺术创作，它是一个最终要有经济效益产生的商业活动。本章节以南方黑芝麻糊广告片为例阐述广告片的拍摄流程及相关注意事项。

目前，北京、上海、广州、深圳等大城市有多达数百家影视广告制作公司，但一般来说，广告主拍摄广告时并不直接去找这些制作公司，而是去找广告公司。因为许多制作公司对机器设备、拍摄技术、后期制作都很精通，但对广告并不熟悉，也想不出好的广告创意。所以黑五类集团也是找专业的广告公司：南国广告公司和后期合作的汉狮影视广告有限公司。

一、拍摄准备

（一）广告公司的专业性

广告主即黑五类集团找广告公司拍广告，是因为广告公司有广告方面的专业人员，他们可以倾听广告主关于拍摄这支南方黑芝麻糊食品广告片的详细信息，并与广告主交换意见，进行有益的交流。比如，为什么要拍这支广告，拍这支广告要达到什么效果，要在哪些电视媒体上投放，什么时间段投放，投放周期和频率，产品本身有什么卖点，竞争对手的情况，营销做得怎么样，铺货情况，拍摄预算大概是多少，对广告影片有什么特殊要求等等。黑五类集团在拍摄广告片之前联系了数家广告公司来竞标，竞标的内容包括创意、制作经费和制作周期等，同时在此竞标会上黑五类食品集团会对自己的企业、产品、市场状况，对广告片的要求等等情况，进行详细的说明，以便让参与竞标的广告公司可以提出更适合公司具体情况的广告创意方案。

竞标说明会的内容一般主要包括以下几个方面。

1. 产品或服务的名称。本次黑五类集团推出的是南方黑芝麻糊产品，需要广告公司帮助出一个好的创意广告片。

2. 产品或服务的特点、功能，以及目标消费者，南方黑芝麻糊是适合老人和孩子的速食类产品。

3. 广告影片的时长：本次南方黑芝麻糊广告片时长是30秒，应该是比较长的广告

片，还有的广告片是 15 秒或 5 秒，一般情况下，是拍一个 30 秒的广告，套剪成 15 秒、5 秒三个版本。所谓的套剪就是，15 秒和 5 秒这两个版本不另外拍摄，而是对 30 秒的版本重新进行剪辑而成。很明显，套剪可以节约摄制成本，但存在的问题是 30 秒的广告故事剪辑成 15 秒后，会支离破碎，会很仓促，观众会看不明白。同样本次广告片如果精简为 15 秒和 5 秒就会产生上述问题。

4. 胶片拍摄或者磁带拍摄。在前期拍摄中，是选择胶片进行拍摄或者使用磁带进行拍摄，与完成片的画面效果和摄制经费有关。一般来说，胶片的画面效果在画质、色彩饱和度、透视感等方面，要优于磁带。但就同一个创意而言，胶片的拍摄成本要高于磁带。主要因为：胶片拍摄曝光后，不可重复使用，而磁带可以反复使用；胶片前期拍完后，在进行后期剪辑时，要经过冲洗、胶转磁等环节，而磁带拍摄不必经过这些环节，可以直接进行剪辑。

5. 故事板提案的时间。简单说，故事板提案就是把创意用故事板的形式表现出来，展示给客户看。故事板是创意小组选定大创意和电视广告所采用的格式后，借助美术手段对广告创意所做的连环画式的说明。

表 4 – 1　故事板示意图

场景编号：　4　镜头编号：　12		过渡	场景编号：　1　镜头编号：　1		过渡
		由镜头 11：小姑娘捂嘴讪笑起来切换而来			此为广告片的第一个镜头
景别：近景			景别：远景		
光源方向：正对			光源方向：俯视		
镜头运动：由远至近			镜头运动：由近至远		
时间地点：1 秒，外景（麻石小巷口）			时间地点：4 秒，外景（麻石小巷口）		
大嫂爱怜地给小男孩添上一勺芝麻糊，轻轻地抹去他脸上的残糊。			对白："黑芝麻糊哎——"（遥远的年代）麻石小巷，天色近晚。一对挑担的母女向幽深的陋巷走去。（音乐起）。		

续表

评价：该广告画面朴实、温馨，几许乡情，几许温馨，几许关怀，几许回忆，涵盖于此。卖芝麻糊母亲的微笑，买芝麻糊儿童天真的眼睛，母亲与童心，关怀与成长溢出于画。卖糊母亲所添的第二碗糊更是画龙点睛，一举使广告主题升华，此乃"卖非为卖"，由此喻示企业的生产乃是爱的奉献。芝麻糊担主给小孩添半勺芝麻糊，并爱怜地替他擦试干净脸上残留的芝麻糊，形象生动而深刻地反映出中华民族尊老爱幼的传统美德，升华了广告主题。	评价：在一个较遥远的时代一个南方的麻石小巷，天色已经近晚了。一对挑着担的母女走过，走向幽静的巷。镜头由近至远。画外音响起，妇女幽长的叫卖声"黑芝麻糊哎——"伴随着房子门口的左右摇晃的门灯。使用淡入手法：又称渐显。指下一段戏的第一个镜头光度由零度逐渐增至正常的强度，让受众感受到广告片一开始的抒情气氛。

6. 制作周期和交片时间。这要由客户黑五类集团的实际需要而定，客户往往给广告公司的制作周期较短，如果完不成就要明确向客户提出，请求客户延长周期。特别是，如果客户的广告投放时间已经定了下来，你就必须在此时间之前的一段时间里如期交片（电视台还要对广告片进行审查、入库，这也需要一段时间），否则会延误播出。

7. 制作预算。对于此广告片准备花多少钱来拍，这个问题后面有详细阐述。

（二）客户确认

当竞标说明会结束，客户确定具体的广告公司作为合作对象后，一般由广告公司将制作公司的估价呈报给客户，上面说过制作公司会报一个总的制作金额给广告公司，但最后广告公司给客户报价时要列出一个详细的价目表，要让客户知道摄制预算都花在什么地方了。在签订广告制作合同时，详细的摄制价目表要作为合同的一部分附在后面，这是财务规定和相关法律的要求。这个价目表根据不同类型的广告，所列出的条目会有所不同，但大都会分为前期拍摄和后期制作两大部分。每部分又分为人员劳务费和器材租金等项目，每个项目之后有小计，以方便最后的核算和修改。以下是一些主要项目的报价内容和计费方法：

表4-2　影视广告项目的报价内容和计费方法

序号	制作名称	设备租金/人员劳务	单价（元）	时间	数量	总价
1	前期拍摄					
		摄像机租金	¥1500.00	2 天		¥3,000.00
		跟机员劳务	¥300.00	2 天		¥600.00
		摄影师劳务	¥10,000			¥20,000
		摄影助理劳务	¥3,000.00			¥3,000.00
		导演劳务	¥10,000			¥20,000
		助理导演劳务	¥3,000.00			¥3,000.00

续表

序号	制作名称	设备租金/人员劳务	单价（元）	时间	数量	总价
		场记	¥1,000.00			¥1,000.00
		灯光器材租金	¥4,000.00			¥4,000.00
		灯光师劳务	¥6,000.00		2人	¥12,000
		美工师劳务	¥5,000.00		2人	¥10,000
		置景费	¥5,000.00			¥5,000.00
		轨道租金	¥3,000.00			¥3,000.00
		云台租金	¥3,500.00			¥3,500.00
		场工劳务续表	¥300.00	2天	10人	¥6,000.00
		摄影棚租金	¥5,000.00	2天		¥10,000
		电费	¥1,500.00			¥1,500.00
		演员劳务	¥5,000.00		7人	¥35,000
		化妆师劳务	¥1,500.00		2天	¥3,000.00
		发型师劳务	¥1,500.00		2天	¥3,000.00
		故事板绘制	¥1,500.00		2个	¥3,000.00
		创意费	¥2,000.00		2个	¥4,000.00
	小计：					¥153,600
2	后期剪辑					
		剪辑机房租金	¥8,000.00		7天	¥56,000
		剪辑师劳务	¥5,000.00			¥5,000.00
		声音机房	¥5,000.00			¥5,000.00
		剪辑助理劳务	¥1,000.00			¥1,000.00
		录像带	¥200.00		6盒	¥1,200.00
	小计：					¥68,200
3	杂费					
		交通费	¥1,500.00			¥1,500.00
		餐费	¥1,000.00			¥1,000.00
	小计：					¥2,500.00
4	合计：					¥224,300
		税金：				¥19,065
	总计：					¥243,365
	实收：					¥240,000

当客户确认后，由客户、广告公司、制作公司签立具体的制作合同。然后，根据合同和最后确认的制作日程表（Schedule），制作公司会在规定的时间内准备接下来的第一次制作准备会（PPM1）。

确定合作意向：双方以面谈、电话或电子邮件等方式，针对项目内容和具体需求进行协商，产生合同主体及细节。

双方认可后，签署"影视广告制作合同"。合同附件中包含"广告文案"。公司会在规定的时间内准备接下来的第一次制作准备会。客户支付预付款并提供广告所需产品、文字资料与图片素材等。

（三）签订合同

南方黑芝麻糊广告片制作合同

甲方：汉城影视广告公司（以下简称"甲方"）

乙方：黑五类食品集团（以下简称"乙方"）

双方经友好协商，特订立本合约，以资共同遵照履行。

第一条：合约目的

1. 按本合约的规定甲方为乙方制作电视广告片。

2. 广告影片内容：漆黑夜晚，典型的南方麻石小巷，母女俩挑着竹担，悬在竹担前的桔灯摇晃，随着一声亲切而悠长的"卖黑芝麻糊哎"的吆喝，一个身着棉布长衫的少年，从深宅大院中推门出来，不停地搓手，哈气，眼中充满渴望，大嫂给小男孩添上一勺芝麻糊，男孩一付迫不及待的馋猫样，飞快地吃完，意犹未尽地小心舔着碗底，引得一旁的女孩发笑，大嫂爱怜地再给小男孩添上一勺芝麻糊，轻轻地抹去他脸上的残糊，此时画外音传来男声：一股浓香，一缕温情，南方黑芝麻糊！

广告影片名称：一股浓香，一缕温暖

广告影片长度：30秒广告

3. 本约广告片使用地区及媒体：中国大陆地区电视广告。

第二条：制作期限

1. 本约广告片 XXX 年 X 月 X 日拍摄，十个工作日内以可交片。

第三条：合约价款及结算币种

2. 本合约使用币种为：人民币

3. 本合约价款总额：元，大写：

（报价附件，以上款项含中国发票税）

第四条：价款支付

1. 乙方应将本约总价款的 80% 作为首付款；在双方就工作内容作出书面确认后，于收到甲方开具的付款凭证之日起三个工作日内以现金支票形式支付给甲方。

2. 甲方交付给乙方母带，且母带经乙方验收无异议或公开播放后，甲方应向乙方开据有效发票，乙方应在收到甲方开具的发票将 20% 余款以（支票）形式支付给甲方。

第五条：片质要求

本约广告影片的片质应符合经双方确认的广告片脚本、创意意图、修改意见、客户要求等内容。上述内容均需有文字记录，并经双方授权代表签字。

第六条：法律权利

1. 由甲方创作的广告脚本、影片、广告片、录音和其他项目或资料的全部知识产权归乙方所有；甲方享有著作人署名权。

2. 如为本约目的所使用之任何资料涉及其他方之法律权利（包括但不限于：使用权、商标权、著作权、专利权和肖像权等），甲方应事先取得该其他方之书面意见。甲方违反上述约定擅自使用其他方的知识产权、肖像权等法律权利引起该其他方向乙方索赔，则由甲方负责承担责任。

3. 上述所称知识产权、肖像权和其他与本合约有关之任何资料，属乙方提供并指定使用包括没有提供法律上许可权利的，甲方则免除上列诸项责任。由乙方全权承担责任。

4. 本约广告片若商品本身涉及商标或专利权属或其他知识产权纠纷的，甲方不承担该纠纷之责任。由乙方全权承担责任。

第七条：责任条款

1. 在制作过程中，如果乙方要求更改既定的处理方案、故事内容、创意意图等从而影响甲方制作成本，双方应协商确定最终合同金额。

2. 在未征得乙方书面同意之前，甲方不得将广告资料用于本约规定之外的任何其他客户或其他目的。

3. 甲方交付母带后，乙方对广告片已投入使用或在验收期以外时间对母带提议修改的，双方得协议追加合理费用。

第八条：拍摄取消补偿

在双方书面作出上述确认后，任何一方若拒绝继续履行本合约，应赔偿他方在此前由此已发生的实际开支和费用。

第九条：迟延条款

1. 由于气候或其他不可抗力事件而导致甲方拍摄延迟，乙方应按甲方实际的损失做经济补偿。甲方应提出实质开支所产生的费用证明。

2. 因乙方原因造成甲方逾期完成本约规定之广告片制作，甲方对此免除逾期交片责任。

第十条：保密

由乙方提供给甲方的物品、资料、文件、公司讯息及数据等为乙方所有之财产，甲方应尽保密义务。

第十一条：验收

1. 乙方在收到甲方提交的母带后，应根据事前确认的质量标准进行验收，并应在其后三个工作日内提出书面质量异议。凡乙方未在上述期限内提出书面异议或公开播放的，视作认可甲方所提交的工作。

2. 验收标准以本约第五条规定的"片质要求"为标准。验收情况以书面记录为准。

第十二条：合约转让

本约任何一方不得未经另一方书面同意，擅自将本合约项下的任何权利或义务转让给任何第三方。

第十三条：争议解决

因本约所产生的一切争议，双方应协商解决。协商解决不成的，任何一方可将争议提交原告方有管辖权的法院诉讼解决。

第十四条：法律适用

本约受中华人民共和国法律管辖。

第十五条：违约责任

合约任何一方违反本合约需赔偿对方实际受到的经济损失。

第十六条：其他

1. 本约附件构成本约不可分割的组成部分。

2. 本约任何修改和补充，须由合约各方以书面形式作出，经授权代表人签字并加盖公章后生效。

3. 本约自各方授权代表人均签字盖章之日起生效。

4. 本约壹式贰份，合约各方各执壹份为凭。

甲方：汉城影视广告公司 　　　　　　　　　　　　乙方：黑五类食品集团

（签章） 　　　　　　　　　　　　　　　　　　　（签章）

授权代表人：（签字） 　　　　　　　　　　　　　授权代表人：（签字）

日期：200 _____. 年　　月　　日

二、拍摄前期准备

拍摄一部广告片相当复杂，拍摄前的准备尤为重要。拍摄前准备工作往往会影响拍摄效果。影视广告制作的人员配备：根据我国广告业的实际情况，广告制作人员一般包括：广告创意负责人、广告制片人、导演、摄影师、灯光师、美工师、道具师、服装师、化妆师、模特、演员、（作曲、音乐、音响编辑、配音演员）。一条广告片的拍摄，需要方方面面专业人员协作完成。因此，拍片前首先要做的就是确定相应的制作班底。各组人员在拍摄时者有不同作用：

（一）组建摄制组

导演组：导演、导演助理、拥有至高的领导地位，负责指挥工作与全片监控。本片导演蔡晓明。

制片组：制片，制片助理、相当于管家，负责整个广告拍摄过程中所有人力物力的安排及调控。

美工组：美工、美工助理，负责场景的设计、搭制监控及外景的布局等、并在拍摄过程中以视觉导演的身份配合导演对画面进行控制把握。本片美术：姚明伟

摄影组：摄影指导、摄影助理、副摄影、吊臂操控员，负责配合把握镜头的运动轨迹与光源、焦点、景深等的变化。本片摄影：刘新明

【知识文件夹】机位、景深

"机位"是电影的创作者对摄影机拍摄位置的称呼，也是影片分析中对摄影机拍摄点的表述。机位是影片导演风格中最为重要的语言形式。

从宏观的意义上讲，电影中的机位有如下的意义：

（1）机位就是视点。是决定我们从一个什么样的角度看到影片叙事的发展。

（2）机位就是构图。每一个机位拍摄的画面，由于位置的不同，会产生不同的画面效果和构图效果。

（3）机位就是调度。每一个机位反映了导演在空间上，在调度上是如何完成电影的叙事的。

我们知道，戏剧场面调度的核心是人物在舞台中的位置。他反映了戏剧导演对人物在舞台上每一个点和位置的处理关系。因为，戏剧的表现是没有景别的划分的，是从一个点上看到的环境关系和人物的关系。

（4）机位体现了导演的叙事方式。有的导演在镜头的转换中，镜头变化的幅度比较小，有的导演在镜头的转换中，镜头变化的幅度比较大。有的导演机位变化比较有规律，有的导演则表现出更大随意性。

"景深"是指在摄影机镜头或其他成像器前沿着能够取得清晰图像的成像景深相机器轴线所测定的物体距离范围。在聚焦完成后，在焦点前后的范围内都能形成清晰的像，这一前一后的距离范围，便叫做景深。在镜头前方（调焦点的前、后）有一段一定长度的空间，当被摄物体位于这段空间内时，其在底片上的成像恰位于焦点前后这两个弥散圆之间。被摄体所在的这段空间的长度，就叫景深。

（1）镜头光圈 光圈越大，景深越小；光圈越小，景深越大；

（2）镜头焦距 镜头焦距越长，景深越小；焦距越短，景深越大；

（3）拍摄距离 距离越远，景深越大；距离越近，景深越小。

初学者往往追求浅景深，的确，这能是你的照片主体更突出，更有意境。但并不是所有场合都要追求极致的浅景深。比如在风景摄影时，多数情况下，浅景深就是不合时宜的。旅游人像拍摄时，过浅的景深也会是优美的风景模糊，因而此时也不适合用浅景深。甚至静物和生态拍摄时，景深也不是越浅越好，起码要使你整个的拍摄主体位于景深范围内才合适。

合成组：镜头匹配师，负责即时对现场拍摄素材与背景素材的抠像合成。

灯光组：灯光指导、灯光助理，负责灯光布置的调整控制。

机械组：风控师、机械师、吊索工程师，负责拍摄现场的器械、电力、维修工程。

道具组：道具师、道具助理，负责制作预备相关的拍摄品以及摆设工作。譬如本片中大勺，挑担车，桔灯等。

演员组：主角、配角、群众演员，负责出演剧本相关人物角色。本片卖黑芝麻糊的大嫂就是导演蔡晓明自己扮演，男女儿童演员的挑选确实颇费周折，不过那位饰演小男孩的陈硕业已走上演艺道路。

服装组：服装师，负责演员服装的制作与更换。

化妆组：化妆师，负责演员的现场化妆、补妆与卸妆。

服务组：茶水餐饮服务员、跟场清洁员，负责摄制组的餐饮及场景清洁维护工作。

（二）第一次 PPM 会（拍摄前准备会）

组建完摄制组后就应针对创意说明、制作方案的研讨、参考资料的筛选。由导演、美术指导、主创人员、摄影指导、制片共同召开前期创作会议，对创意脚本进行分析，美术指导确定色彩基调，并提出一系列的执行方案，由摄影指导、制作总监根据丰富的执行经验提供可行性分析与技术预见，最后确定制作方案，如：用棚景拍摄与数码合成的手法执行制作。导演根据提供的素材镜头的运动轨迹或直接根据创意文案，设计出一系列的拍摄故事版。当故事版绘制出来后，复印多份，相关人员人手一份。

第一次 PPM 会后，开始各司其职，做好以下准备工作。CASTING（试镜、选演员）、外景选择、场景设计、造型设计（试妆）。

（三）第二次 PPM 会：景点落实、内景搭制、服道准备、后期预备

在会上，制作公司就广告影片拍摄中的各个细节向客户（或广告公司）呈报，并说明理由。通常制作公司会提报制作脚本、导演阐述、灯光影调、音乐样本、布景方案、演员试镜、演员造型、道具、服装……等有关广告片拍摄的所有细节部分供客户和广告公司选择，最终一一确认，作为之后拍片的基础依据。

（四）最终制作准备会

这是最后的制作准备会，为了不影响整个拍片计划的进行，就未能确认的所有方面，客户、广告公司和制作公司必须共同协商出可以执行的方案，待三方确认后，作为之后拍片的基础依据。

经过两次的 PPM 之后，制作公司和广告公司还有未能确认的方面，通过客户、广告公司和制作公司三方经过详细的协商确定内容，待三方都确认之后，将其作为之后拍片的基础依据。

（五）拍摄前最后准备

在进入正式拍摄之前，制作公司的制片人员对最终制作准备会上确定的各个细节，进行最后的确认和检视，以确保广告片的拍摄完全按照计划顺利执行。其中尤其需要注意的是场地、置景、演员、特殊镜头等方面。另外，在正式拍片之前，制作公司会向包括客户（广告公司）、摄制组相关人员在内的各个方面，以书面形式的"拍摄通告"告知拍摄地点、时间、摄制组人员、联络方式等。

表 4－3　外景拍摄日程表（样本）

日期		拍摄日程	
11/16	星期一	PPM 准备	
11/17	星期二		
11/18	星期三		
11/19	星期四		
11/20	星期五	召开 PPM	

续表

日期		拍摄日程	
11/21	星期六		
11/22	星期日	外景选景出发	
11/23	星期一		
11/24	星期二		
11/25	星期三	拍摄组出发	
11/26	星期四	拍摄场地搭建	
11/27	星期五	外景拍摄	
11/28	星期六	外景拍摄	
11/29	星期日	摄制组返回	
11/30	星期一		胶片冲洗，胶片转磁
12/1	星期二	AVID 编辑	
12/2	星期三		
12/3	星期四	录音合成	
12/4	星期五		
12/5	星期六	内部审看	
12/6	星期日		
12/7	星期一	精编	
12/8	星期二	给广告主审查	

表 4-4　摄影棚日程表（样本）

星期一	星期二	星期三	星期四	星期五	星期六	星期七
2006-2-20	21	22	23	24	25	26
第一次 PPM 会议				第二次 PPM 会议		
27	28	2006-3-1	2	3	4	5
						Shooting day（one） 制作脚本拍片日
6	7	8	9	10	11	12

续表

星期一	星期二	星期三	星期四	星期五	星期六	星期七
Shooting day（two）制作脚本拍片日	film processing 底片处理	Offline editing 离线编辑	Offline editing 离线编辑	Final TC（HK）	Online editing 在线编辑	Online editing 在线编辑
	TCone－lite					
13	14	15	16	17	18	19
Present to client 客户审看	Revision 调整	3Dmixing（video）3D 混合（视频）	VO recording 录制画外音	Tape ready 磁带准备		
			Audiomixing 音效混合			
20	21	22	23	24	25	26
27	28	29	30	31	2006－4－1	2

【知识文件夹】简单的影视拍摄名词解释

镜号：每个镜头按顺序的编号

景别：一般分为全景、中景、近景、特写和显微等

技巧：包括镜头的运用—推、拉、摇、移、跟等，镜头的组合—淡出淡入、切换、叠化等。

画面：详细写出画面里场景的内容和变化，简单的构图等。

解说：按照分镜头画面的内容，以文字稿本的解说为依据，把它写得更加具体、形象。

音乐：使用什么音乐，应标明起始位置。

音响：也称为效果，它是用来创造画面身临其境的真实感，如现场的环境声、雷声、雨声、动物叫声等。

长度：每个镜头的拍摄时间，以秒为单位。

（六）撰写分镜头脚本、台本

【知识文件夹】分镜头脚本和文字台本区别

分镜头脚本又称摄制工作台本，也是将文字转换成立体视听形象的中间媒介。主要任务是根据解说词和电视文学脚本来设计相应画面，配置音乐音响，把握片子的节奏和风格等。分镜头脚本的作用主要表现在：一是前期拍摄的脚本；二是后期制作的依据；三是长度和经费预算的参考。

文字台本即专指供广告片拍摄使用的剧本，也称为台词脚本，就是把广告片上所有的预定说的话写出来，后面附上备注，如灯光效果的变化，背景音乐的起或落等．总的来说就是一个流程剧本．1.在拍摄的过程中，必须使用台本而不是剧本，台本规定并明晰了诸如演员上下场顺序、时间，灯光变化，音效，道具迁换等。2.台本一般分为灯光本，道具本，音效本等，供提示专司其职的灯控，音控，总剧务等之用。

1. 分镜头脚本

南方黑芝麻糊在拍摄中用了 16 个镜头：

镜头一：（遥远的年代）麻石小巷，天色近晚。一对挑担的母女向幽深的陌巷走去。（画外音，叫卖声）："黑芝麻糊哎——"（音乐起）。

镜头二：深宅大院门前，一个小男孩使劲拨开粗重的樘栊，挤出门来，深吸着飘来的香气。（画外音，男声）："小时候，一听见黑芝麻糊的叫卖声，我就再也坐不住了……"。

镜头三：担挑的一头，小姑娘头也不抬地在瓦钵里研芝麻。另一头，卖芝麻糊的大嫂热情地 照料食客。

镜头四：（叠画）大锅里，浓稠的芝麻糊不断地滚腾。

镜头五：小男孩搓着小手，神情迫不及待。

镜头六：大铜勺被提得老高，往碗里倒着芝麻糊。

镜头七：（叠画）小男孩埋头猛吃，大碗几乎盖住了脸庞。

镜头八：研芝麻的小姑娘投去新奇的目光。

镜头九：几名过路食客美美地吃着，大嫂周围蒸腾着浓浓的香气。

镜头十：站在大人背后，小男孩大模大样地将碗舔得干干净净（特写）。

镜头十一：小姑娘捂嘴讪笑起来。

镜头十二：大嫂爱怜地给小男孩添上一勺芝麻糊，轻轻地抹去他脸上的残糊。

镜头十三：小男孩默默地抬起头来，目光里似羞涩、似感激、似怀想、意味深长……

镜头十四：（叠画）一阵烟雾掠过，字幕出（特写）："一股浓香，一缕温暖"。（画外音，男声）："一股浓香，一缕温暖。南方黑芝麻糊"。

镜头十五：（叠画）产品标板。

镜头十六：推出字幕（特写）：南方黑芝麻糊广西南方儿童食品厂。

表4-5　分镜头脚本细化

	镜头	景别	时间/s	画面描述	声音	音乐音响
1	由近至远	远景	4	（遥远的年代）麻石小巷，天色近晚。一对挑担的母女向幽深的陌巷走去。（音乐起）。	（画外音，叫卖声）："黑芝麻糊哎——"	欢快音乐起
2	向左摇	特写	0.5	深宅大院门前，一个小男孩使劲拨开粗重的樘桅，挤出门来，深吸着飘来的香气。	（画外音，男声"小时候，一听见黑芝麻糊的叫卖声，我就再也坐不住了……"）	
3	长镜头	特写	2.5	担挑的一头，小姑娘头也不抬地在瓦钵里研芝麻。另一头，卖芝麻糊的大嫂热情地 照料食客。		
4	摇	近特	1	（叠画）大锅里，浓稠的芝麻糊不断地滚腾。		
5	淡入	近特	4	小男孩搓着小手，神情迫不及待。		
6	淡入	近特	1.5	大铜勺被提得老高，往碗里倒着芝麻糊。		
7	固定镜头	近特	2	（叠画）小男孩埋头猛吃，大碗几乎盖住了脸庞		
8	固定镜头	近特	1.5	研芝麻的小姑娘投去新奇的目光		
9	由远及近推镜头	近特	2	几名过路食客美美地吃着，大嫂周围蒸腾着浓浓的香气。		
10	固定镜头	近特	1	站在大人背后，小男孩大模大样地将碗舔得干干净净（特写）。		
11	固定镜头	近特	1	小姑娘捂嘴讪笑起来。		

续表

	镜头	景别	时间/s	画面描述	声音	音乐音响
12	由远至近	近景	1	大嫂爱怜地给小男孩添上一勺芝麻糊，轻轻地抹去他脸上的残糊。		
13	固定镜头	近特	1	小男孩默默地抬起头来，目光里似羞涩、似感激、似怀想、意味深长……		
14	向远拉	全	1.5	（叠画）一阵烟雾掠过，字幕出（特写）："一股浓香，一缕温暖"。	（画外音，男声）："一股浓香，一缕温暖。南方黑芝麻糊"	
15	相远拉	全特	1.5	（叠画）产品标板	声音"南方黑芝麻糊"	
16	固定镜头	全景	2	推出字幕（特写）：南方黑芝麻糊广西南方儿童食品厂。		

【知识文件夹】摄像机的运动（拍摄方式）

推：即推拍、推镜头，指被摄体不动，由拍摄机器作向前的运动拍摄，取景范围由大变小，分快推、慢推、猛推，与变焦距推拍存在本质的区别。

拉：被摄体不动，由拍摄机器作向后的拉摄运动，取景范围由小变大，也可分为慢拉、快拉、猛拉。

摇：指摄影、摄像机位置不动，机身依托于三角架上的底盘作上下、左右、旋转等运动，使观众如同站在原地环顾、打量周围的人或事物。

移：又称移动拍摄。从广义说，运动拍摄的各种方式都为移动拍摄。但在通常的意义上，移动拍摄专指把摄影、摄像机安放在运载工具上，沿水平面在移动中拍摄对象。移拍与摇拍结合可以形成摇移拍摄方式。

跟：指跟踪拍摄。跟移是一种，还有跟摇、跟推、跟拉、跟升、跟降等，即将跟摄与拉、摇、移、升、降等20多种拍摄方法结合在一起，同时进行。总之，跟拍的手法灵活多样，它使观众的眼睛始终盯牢在被跟摄人体、物体上。

升：上升摄影、摄像。

降：下降摄影、摄像。

俯：俯拍，常用于宏观地展现环境、场合的整体面貌。

仰：仰拍，常带有高大、庄严的意味。

甩：甩镜头，也即扫摇镜头，指从一个被摄体甩向另一个被摄体，表现急剧的变化，作为场景变换的手段时不露剪辑的痕迹。

悬：悬空拍摄，有时还包括空中拍摄。它有广阔的表现力。

空：亦称空镜头、景物镜头，指没有剧中角色（不管是人还是相关动物）的纯景物镜头。

切：转换镜头的统称。任何一个镜头的剪接，都是一次"切"。

综：指综合拍摄，又称综合镜头。它是将推、拉、摇、移、跟、升、降、俯、仰、旋、甩、悬、空等拍摄方法中的几种结合在一个镜头里进行拍摄。

短：指短镜头。电影一般指 30 秒（每秒 24 格）、约合胶片 15 米以下的镜头；电视 30 秒（每秒 25 帧）、约合 750 帧以下的连续画面。

长：指长镜头。影视都可以界定在 30 秒以上的连续画面。

对于长、短镜头的区分，世界上尚无公认的"尺度"，上述标准系一般而言。世界上有希区柯克《绳索》中耗时 10 分钟、长到一本（指一个铁盒装的拷贝）的长镜头，也有短到只有两格、描绘火光炮影的战争片短镜头。

反打：指摄影机、摄像机在拍摄二人场景时的异向拍摄。例如拍摄男女二人对坐交谈，先从一边拍男，再从另一边拍女（近景、特写、半身均可），最后交叉剪辑构成一个完整的片段。

变焦拍摄：摄影、摄像机不动，通过镜头焦距的变化，使远方的人或物清晰可见，或使近景从清晰到虚化。

主观拍摄：又称主观镜头，即表现剧中人的主观视线、视觉的镜头，常有可视化的心理描写的作用。

2. 广告拍摄工作台本

时间：约 30 年代的一个晚上

地点：江南小镇街巷

人物：小男孩、挑担卖芝麻糊的妇女、妇女的小女儿

片长：30 秒镜号景别镜头

运动画面内容广告词（台词）音乐、效 果1

镜头下移卖黑芝麻糊的妇女，挑担向街巷深处走去。她的女儿跟随其后

芝麻糊担子上的油灯有节奏地摇动

男孩从门内跑出

出画

女孩用木棍搅动 芝麻糊锅

芝麻糊担子

妇女从锅中舀芝麻糊盛在碗内

递给一位老太婆

锅·热气

男孩 搓手、舔唇迫不及待的样子

勺倾，热乎乎的芝麻糊流出

碗接

男孩喝芝麻糊

女孩窃视

妇女接过碗

男孩舔碗

女孩掩嘴善意地笑

妇女给男孩又加一碗芝麻糊

男孩留恋回味的神态（自右边切入画面）包装精美的黑芝麻糊

商标、商品名、厂名妇女叫卖声"黑芝麻 糊哎！"

男声："小时候一听见芝麻糊的叫卖声，我就再也坐不住了。"

妇女叫卖声："黑芝麻糊哎！"

左下角叠字幕"南方黑芝麻 糊"

叠字幕："一股浓香一缕温暖"

男声："南方黑芝糊"音乐起↓ · · · · · · · · · · · ·音乐止

第三节　项目实施

一、开始拍摄

广告片拍摄是一个由很多环节和无数细节组成的过程，任何环节和细节出现问题，都会给拍摄造成影响，或者拖延拍摄的时间，或者影响片子的质量。因此，周密的前期准备，各部门间默契的合作，导演对拍片节奏和效率的掌控，将对拍摄一部成功的广告片发挥重要的作用。

（一）拍摄时要注意的问题

1. 需要确认的事项

虽然下列事项几天前已经准备、沟通完毕，但在片子开拍的头一天，需要对它们予以确认这项工作一般由助理导演或者制片来完成。

（1）确认摄影机、摄影云台、轨道等拍摄器材的预订和到达现场的时间；

（2）确认灯光器材的预订和到达现场的时间；

（3）确认同期录音器材的预订和到达现场的时间；

（4）确认美术部分的准备状况；

（5）确认拍摄日程安排和拍摄顺序；

（6）根据拍摄顺序确认各拍摄环节需要的道具等物品是否到位；

（7）外景拍摄时，根据拍摄日程确认天气预报及各种环境因素，并制定应急方案；

（8）确认全体工作人员到达现场的时间；

（9）确认拍摄现场的联络人和联络方式无误；

（10）确认交通状况；

（11）确认拍摄产品所需的各项物品是否准备到位及到达现场的时间；

（12）为了预防万一，对可能发生的停电、演员伤病等紧急状况，制定必要的预备方案。

　　问题常常都出现在一些细节上，一定要非常注意所有的细节。即使拍摄很简单，每个时间段的拍摄内容和拍摄顺序也必须事先发到每个工作人员手中，各工种的负责人要按照这个拍摄顺序表安排工作。

　　以上所有事项必须确认无误，并报告导演。如有任何差错或遗漏必须予以及时的补救和调整，否则，开机后就会出现不应有的混乱。

　　2. 拍摄程序

　　广告片的拍摄基本上都是跳拍。开拍时的基本程序是，先难后易，先复杂后简单。比较复杂和有同期录音的场景要先拍摄，产品或演员特写和不需同期录音的镜头放在后面拍摄。广告拍摄既需要专业和技巧，又需要精力和体力。刚开始拍摄时，演员和各工种工作人员精力比较充沛，情绪比较饱满，这时拍摄比较复杂、难拍的场景，大伙儿劲头很足，很容易获得满意的拍摄效果。后阶段的拍摄大家会因为劳累和注意力不集中而很难发挥出应有的水平。同期录音的镜头放在前面拍摄是考虑了以下两种因素；其一，刚开拍演员的状态比较好，能够把肢体动作、表情和台词完美地结合起来，这时即使为演员多设计几种台词方案他们也能很好地完成，否则，在拍摄的后半段进行同期录音拍摄，演员会因为疲劳而把台词说得干巴无趣或与表演动作南辕北辙。其二，先把同期录音的场景拍摄完就可以让录音人员先期收工离开。拍摄现场人数的减少不但可以节省经费，而且人员越少，片场越安静，导演就越能专心致志地进行拍摄。因此，不论是录音人员、演员或其他工种的人员在完成自己的拍摄任务后，也没有必要继续留在现场看热闹。但这样做必须要有百分之百的把握，不然当需要重拍或者补拍时发现相关人员已经离去，那就将会得不偿失。

　　每次开机前，导演都要发出清晰的指令。一般是这样的程序：导演先喊："现场保持安静各部门注意！"，这意味着让现场所有人员不要说话和随意走动，各工种集中精力进入工作状态。然后稍微拉长嗓音高喊："预备———"这时，摄影师启动摄影机并检查运转是否正常，同期录音人员启动录音设备并进行检查，演员进入表演状态。如果摄影机或者录音机出现异常情况，要马上报告导演。如果一切正常，导演在停顿几秒后喊："开始！"因为摄影机和录音机在之前都已开始工作，这一指令实际上是对演员发出的，演员在导演口令结束后，要马上进入表演状态进行表演。

　　如果在拍摄过程中需要换景，这一过程要进行得干净利落一些，漫不经心或拖泥带水不但影响速度，而且也会对一些设施造成损坏，延误拍摄的进度，影响整个团队的士气。趁换景的当儿，其他人员可以稍事休息，导演可以构思下一场戏的拍摄或对演员进行指导。

　　导演必须要把广告中的所有镜头拍完，由于疏忽而漏拍镜头的事情也时有发生，这会给后期剪辑造成很大的麻烦，因此场记或助理导演及时地提醒很有必要。镜头的时间长度必须精确，场记或助理导演在拍摄时要拿着秒表，精心计算每个镜头的长度。30 秒钟的广告片不允许有哪怕是 5 帧的误差，如果一个镜头的长度超过了拍摄前设计的时间，拍摄下一个镜头时就要有所调整，以弥补上一镜头的时长。每个镜头导演会按照分镜头时的构思进行不同景别和角度的拍摄，有时导演也会根据现场的情况在按原构思拍摄完毕后，临场发挥多拍摄几条，以便为后期的剪辑提供充足的素材。总之，广告片与影视剧比起来在镜头画面上更加需要精雕细刻，每个镜头总要多拍摄几条才行，尤其是对广告所要宣传的产品。前面说过，产品才是广告片的真正主角。客户最后对片子进行验收时，首要的标准就是产品是否在广告片里得到充分、完美的表现。如果产品画面不漂亮、不独特，遗漏了需要展示的细节，误导了产品信息，那这条广告片能否在客户那里通过就很值得怀疑。

通常会把产品放在最后来拍摄，这时候大部分人员都已离去，现场安静很多，摄影、灯光和美术经过多次的磨合更加默契，整个团队可以静下心来在产品身上下足功夫。

（二）拍摄方式

广告片拍摄有棚内拍摄、外景拍摄、外景地搭景拍摄等几种方式。在拍摄内容上分为基本画面拍摄和电脑合成素材拍摄。基本画面拍摄是指拍摄的画面可以直接编辑使用，电脑合成素材拍摄是指以后期电脑合成为目的进行的拍摄。因此，拍摄前要明确拍摄的手法和用途。在电脑合成素材拍摄中，要注意光线的位置、画面中的距离感、色彩和色调的差异、物体移动的方向等，以免后期合成时产生差错。

1. 棚内拍摄

摄影棚的选择通常按拍摄内容分为大、中、小三种。选择摄影棚的标准是：

（1）符合广告拍摄所需的面积和高度；

（2）符合同期录音、化妆间、用水等条件；

（3）交通状况及附带设施没有问题；

（4）周边环境良好。

棚内拍摄大部分时候都会搭建布景，因此，预订摄影棚时，一定要考虑搭建和拆装布景所需时间。在棚内拍摄时，有可能同时还有其他的摄制组也在拍摄，所以事先要有解决相互之间干扰的措施。当天进行拍摄之前，助理导演一定要早早到达现场，再次确认以下事宜，并及时报告导演。

图4-1　摄影棚布光图

（1）布景搭建及色调搭配情况；

（2）各部门工作人员到位情况及各项准备工作情况；

（3）演员、广告客户代表、广告公司人员到位情况；

（4）详细的分镜头脚本、拍摄顺序表、音频播放器、拍摄设备的到位情况；

（5）所要拍摄产品样本的到位情况；

（6）需要保持新鲜的小道具或物品的保管情况；

（7）确认租用物品的到场时间；

（8）确认保证拍摄安全所需的物品；

（9）预订午餐或晚餐，并准备好饮料。

拍摄结束后，要用照相机或摄像机从多个角度对布景进行拍摄，并与其他资料一起保存起来。日后若拍摄该产品的系列广告片，或拍摄其他广告时，它们是非常有用的参考资料。

2. 外景拍摄

在户外选择一个场地进行拍摄叫外景拍摄，找一个与广告片风格相符的场地，搭建必要的场景拍摄叫外景地搭景拍摄。不论哪种情况，拍摄现场的条件对于作品的完成非常重要，外景地的好坏直接关系到广告片的质量。当外景拍摄是以太阳光为主光源时，就要给每个场景安排合适的拍摄时间段。

导演要与摄影师一道，在现场对每个场景的拍摄时间段反复进行推敲后，才能开机拍摄。虽然要随着季节的变化而变化，一般在正午前后的时间段里，太阳的光线和角度都不太好，所以要尽量回避在这一时间段内拍摄。最好的画面光线大部分来自早晨。所以，在外景拍摄的那一天，早晨要早点出发，在现场准备就绪后，大家要等候合适拍摄时段的到来。导演和摄影师在物色外景地时确定的拍摄机位，在拍摄前一定要再次确认，因为太阳的位置随时都在变化。助理导演和制片要根据拍摄进行的情况或周边状况随时确认天气情况。还要处理有可能发生的与当地居民的协调问题、个人财物保管问题，以及当现场拍摄条件达不到要求时，与相关机构协商等问题。以下是外景地拍摄需要注意的事项：

（1）按场地和时间安排各个场景的拍摄；

（2）确定拍摄角度；

（3）确认各场景之间的距离、到达所需的时间、交通条件等；

（4）确定拍摄的顺序；

（5）确认各场地每个场景所需准备的物品。

3. 拍摄结束的善后事项

（1）现场清理

无论在国内外进行外景拍摄，拍摄完毕后都要对现场进行清理，使其恢复原貌，这是摄制组全体工作人员整体素质的体现。尤其拍摄是在当地居民的大力协助下完成时，就更要注意恢复拍摄现场的原貌。不要完全信赖在当地雇用的临时工人，他们会因为拍摄已经完毕而对现场清理工作草草应付。

拍摄会对环境造成污染。工作人员丢弃的空胶片盒、标签、烟头、废纸、饮料瓶等，虽然都是些小东西，但是如果留在现场，就会污染环境，给人留下不好的印象。

（2）胶片管理

拍摄完毕后的胶片是拍摄团队全体人员集体劳动的结晶，进入后期制作时也是从胶片的冲洗开始。所以，胶片的搬运、保管以及交接一定要格外小心，摄影师把胶片送到洗印厂洗印之前要注意以下事宜：

①确认胶片的拍摄完毕标识和拍摄顺序标识；

②指定洗印顺序；

③标明基本显像标准，以及增减标准；

④确认洗印完成日期；

⑤确保胶片交接手续完备齐全。

二、后期制作

后期制作将是一个复杂而且非常耗时的过程，它常常会超过前期拍摄的时间。后期制作的流程一般是：胶片冲洗结束后，开始胶转磁，然后剪辑制作人员对所拍摄的素材进行粗编，也就是把前期拍摄的画面素材和对话等首次剪辑合成。粗编完成后，每个画面或声音需要的时间长度就能够准确地确定下来，此后就可以进入精编阶段。精编完成后进行正式编辑，然后把制作好的音乐、音效、旁白、对话等音频素材，与剪辑好的画面进行合成混录，这样一部广告片就大功告成了。

建一个后期剪辑机房，需要相当大数额的投资，而且还要不断追加投资来购置更新和更高级的设备，因此，后期剪辑通常都是租用这些投资不菲的专业机房来进行。机房的租金依其设备和制作水准而收费不一，顶尖级机房的价格比一般的机房常常要贵上好几倍。收费方式分包干和按工作时间计费两种，可以根据广告片剪辑需要的工作量，选择一个合适的付费方式。三维动画等电脑制作的影像有时会单独按照画面时长收费，其1秒钟的收费价格会有千元之巨。今后，随着数字化时代的来临，非线性剪辑开始普及，Avid、Henry、Flame，Inferno等数字化剪辑工作站的出现，使后期剪辑不再是单纯的画面处理和剪辑，而是要创造出全新的画面影像。

（一）胶转磁

对画面影像的处理通过两个阶段完成。第一个阶段是胶转磁，把冲洗后的35mm或者16mm胶片转换成录像带信号，在这一过程中可以对色彩进行过滤和调整。第二阶段是在剪辑过程中对画面影像进行进一步的完善。在广告圈，胶转磁的过程也被称作是二次拍摄的过程，其重要程度不言而喻。拍摄完毕的负片，经过冲洗后直接进入胶转磁的工序。负片上的影像，由于每个场景在拍摄时灯光、布景等不同，所以其饱和度和明暗对比会大相径庭。

（二）粗编

粗编是把前期拍摄的画面素材按照导演的意图进行首次剪辑。这一过程是为了把握广告片整体的节奏和风格，因此在这一过程中，可以把没有最终完成的电脑合成影像或声音素材也编进去看看效果如何。总之，粗编是进行正式剪辑以前，参与后期制作的所有工作人员坐在一起，把握一下整部片子的节奏，发现问题，并找出解决方案的一个过程。

粗编时的两个步骤：

1. 挑选镜头

（1）按照拍摄时的顺序，把同一个镜头拍摄较好的画面挑选出来。

（2）故事脚本和分镜头脚本中本来没有，而是临场发挥拍摄的镜头，如果认为特别好，也要单独挑选出来。

（3）按照故事板的镜头顺序，对镜头进行剪接。

（4）为电脑合成而拍摄的素材，也要按照（1）和（2）进行挑选。

（5）把挑剩下的画面，再全部检查一遍，把认为舍弃可惜的镜头，单独挑选出来。

2. 剪辑画面

（1）按照故事板先大致进行剪辑，这时可以不考虑广告片 30 秒或者 15 秒等最终的时间长度，每个镜头可以留出一定的时间余地。

（2）把握片子的整体节奏，对每个镜头的时间长度进行调整。

（3）把剪辑好的画面配上录制好的对话、旁白进行调整。

（4）把挑选好的音乐编进去与画面配合，调整片子的整体氛围。

（5）尝试进行第二种剪辑方案。

粗编的目的是通过对画面节奏的把握，看一看未来完成片的最终效果，通过这一过程寻找和探索更好、更能提升完成片品质的路子，因此这是一个非常重要的程序。

另外，粗编还有一个目的，就是把客户审片时可能提出的各种问题，在事先就料想到并找出解决的办法，从而节省精编的时间。如果导演没有时间，粗编一般由助理导演负责。助理导演要认识到，这是表现自己能力的绝好机会，要能够通过自己独立的判断和角度，为导演提供出色的剪辑蓝本。粗编结束后，各个镜头的时间长度就可以准确地计算出来。这时画面效果和声音效果的内容和时间长度也确定了下来，要把它们详细地传达给各个制作工种的负责人，以便他们进行具体的操作。

3. 画面制作的准备工作

（1）故事板和镜头时长分配表；

（2）粗编带；

（3）准确标出作业内容的脚本；

（4）文案；

（5）有助于理解最终完成片风格的参考资料画面或照片；

（6）企业、产品等的 CI 资料或影像资料；

（7）剪辑作业日程表。

（三）声音制作

1. 声音制作的准备工作

在进行声音制作之前，需要准备以下事宜：

（1）故事板和镜头时长分配表；

（2）粗编带；

（3）文案；

（4）所需特殊音效部分的时间长度；

（5）所需特殊音乐部分的时间长度；

（6）可供参考的音乐或音效；

（7）剪辑作业日程表。

2. 音乐录音

通常是广告片的画面剪辑完成后，按照成片的长度进行音乐录音。音乐录音的程序是先找到符合广告片风格的作曲家，由作曲家创作出多支符合要求的音乐，然后进行筛选。经过充分讨论确定之后，正式进入录音阶段。有时，也会先完成音乐的制作，然后按照音乐的节奏进行拍摄或剪辑。

因为音乐录音需要演奏人员、歌手和专业的录音机房，因此，正式录音之后再进行任何修改，在时间和费用方面都会非常浪费。通常的做法是，先录制一个音乐小样，导演、剪辑师和作曲家等创作人员对录音小样经过充分讨论后，再进行正式的录音。音乐录音包括广告歌曲、主题音乐、标识音乐、广告口号歌曲等，长期进行广告投放的时候，应在保持统一风格的基础上，按照季节进行编曲。出于经费上的考虑，一般广告片的音乐是使用一些音乐资料在音乐工作站（MIDI）上合成，这样制作的音乐不但廉价，而且很容易修改，也可以有很多种方案供选择使用。

图 4 - 2　影视后期制作

3. 混音

混音是在画面剪辑完成的基础上配上音频的过程。混音的英文是 MultiAudio，意思是把多种音频素材混合在一起，制作成一个完整的作品。混音时要把所需要的音频素材都输入到数字音频工作站中，然后按照节奏、时间、音量、音质等，调整平衡进行混录。在对旁白进行录音时，因为要把握配音员的感情和语调是否合适，最好在其他工作都完成之后，放在最后进行。需要跟录音机房确认的事宜：

（1）剪辑完成的不同时间长度版本的素材带；

（2）故事板；

（3）定稿的文案；

（4）同期录音原稿；

（5）音乐、音效、标识歌曲等素材带；

（6）企业名称、产品名称和标识；

（7）配音员、演员到达的时间。

音频部分制作完成之后，录制一个母带，然后转送到视频剪辑室，请其复制演示带、播出带等。

（四）精编完成

精编是在粗编的基础上，体现导演等创作人员的意见和建议，重新进行剪辑，最终制作出完美的广告片的过程。在精编的过程中，要从众多的画面素材中挑选出最好的，然后把它们和合成的画面、修改过的画面，按照情节展开的顺序和起承转合进行剪辑。片子基本的风格确定下来以后，为了使画面更有节奏感和张力，各个镜头需要重新分配时长，还要对片子整体的色调和氛围重新进行调整。最终片子的长度要准确到 30 秒、15 秒、5 秒。再配上音乐、对白和旁白，加上字幕，漫长的剪辑过程就可以结束了。精编时需确认的事项：

（1）是否忠实地反映了故事板的意图；

（2）产品的诉求点是否突出地表现了出来；

（3）需要强调的部分是什么？是否明确地强调出来了；

（4）广告活动的连续性是否体现了出来；

（5）旁白、字幕是否经过客户确认；

（6）确认产品的 CI；

（7）有没有必要按照第二个方案再剪辑一个版本。

前面也已经说过，在剪辑的过程中，剪辑师的能力和敏锐的感觉是决定广告片质量的重要因素。因为要通过高水准的剪辑，表现出作品的节奏、感染力和冲击力，并突出重点。同时，一个好的剪辑师还能减少剪辑时间，节省开支。精编结束之后，进行最后完成阶段的工作———正式编辑。精编完成的片子是音频作业的依据。正式编辑时的准备事项：

（1）胶转磁母带；

（2）精编剪辑磁带；

（3）故事板；

（4）可供进行色调参考的照片或录像带；

（5）音乐或音效的样带；

（6）文案和字幕的定稿；

（7）客户 CI 正本及带有 CI 标志的产品。

音频部分制作完成之后，在剪辑机房把音乐的母带和画面母带合成在一起，制作成最终的完成片，等待广告公司和客户的审看。

三、后期推广

【知识文件夹】蒙太奇

一、蒙太奇的概念

蒙太奇（Montage）原来是法语中建筑学上的一个词，原意是把各种不同的材料根据一个总的计划分别加以处理，把材料安装、组合在一起，构成一个整体。这个名词后来被借用到电影艺术中来，最初就是指镜头和镜头之间的组接，并成为世界上电影的通用语。

大英百科全书的解释是："蒙太奇指的是通过传达作品意图的最佳方式对影视进行的剪辑、剪接以及把曝光的影片组接起来的工作。"这里有两个基本论点被大家认可：其一，蒙太奇是影视创作中特有的思维方式；其二，它为画面语言构成方式。

二、蒙太奇的来源

首先，蒙太奇来源于生活，来自创作者对人类客观世界的观察和理解、概括和提炼。这包括人的视听感受的经验，并利用分析、综合、联想、回忆等思维规律。其次，它是依据一定的关系、原理，反映显示的需要，对生活的各种素材进行选择、加工等，使之典型化和美化。在这一过程中加入了创作者的思想、情感和创作意图。再次，它是影视艺术的制作工艺、技术所具有的可表现性。

蒙太奇也是创作者依据对生活的观察、认识而采用的一种艺术方式。原苏联著名电影导演和理论家普多夫金举过一个例子，来说明蒙太奇的依据，他说："让我们于一个从街上走过的示威游行队伍作例子。我们是想一个观察者来看这个游行队伍，为了得到一个完整的明确的印象，他一定要采取某些行动。首先，他一定要爬上房顶，这样可以俯瞰游行队伍的全貌并估量游行队伍的人数；然后，他就要下来，从第一层楼的窗口向外看游行者举起的旗子上的口号；最后，为了看得清楚参加游行者的面容，他还要跑到游行者的队伍中去。这个观察者变换了三次视点，他之所以时而从近处看，时而又跑到远处望，这就是要从他所观察的现实中得到一副尽可能完整的画面。美国人成为首先探索如何设法用摄像机来代替这种活动的观察者。

这个例子说明了要得到准确、完整的印象，必须采取不同的视角和视点。由于每个人的世界观不同，所以他们对生活的观察也各有差异，对蒙太奇理解也有所不同，这也构成了不同人的作品其风格的不同。因此，蒙太奇是因人而异的，有多少人就有多少个不同的蒙太奇。

三、蒙太奇的分类

蒙太奇的分类方法繁多，但主要可分为两大类：即叙事性蒙太奇和表现性蒙太奇。

然而，正如马尔丹所说："这两种蒙太奇之间显然没有明确的鸿沟，有些蒙太奇的效果还是叙事的，但已具有表现的价值。"

（一）叙事性蒙太奇

叙事性蒙太奇，就是用来讲述故事，交代情节而用的蒙太奇。这是蒙太奇中最基本、最简明和最直接的一种表现形式。它的作用是连接段落与段落转场，贯穿动作线索，节约时间、压缩时空，使情节清晰、自然而流畅。

（二）表现性蒙太奇

表现性蒙太奇的作用主要不是用来叙述事情本身，而是为了表现某种寓意、精神、情绪。

表现性蒙太奇通常是以镜头和镜头的对立为基础，利用画面的类比，系统的关系，来获得独立的艺术效果。表现性蒙太奇追求的镜头与镜头组接再生的"新的含义"，正如艾森斯坦所说："不是二数之和，而更像二数之积。"与叙事性蒙太奇相比，表现性蒙太奇泽更讲究镜头与镜头之间的对立，用来迸发艺术的感染力。

随着南方黑芝麻糊广告的拍摄完成，通过各大媒体的广泛播放宣传，"黑芝麻糊咧，一股浓香，一缕温暖——南方黑芝麻糊"这段《南方黑芝麻糊·怀旧篇》经典广告，获得了全国全国第三届优秀广告作品一等奖及"花都杯"首届全国电视广告大奖赛金塔大奖，它的定位就是情感销售：受众与广告之间产生联动效应，并对该产品产生认同感、亲切感和温馨感。由此即会触发人们购买产品的欲望，并实施到商店去购买该商品的行动。可以说，南方黑芝麻糊广告片利用了人们的怀旧心理，调动了人们的情愫，广告宣传夺得了巨大的成功，也由此获得了极高的品牌的知名度。"黑芝麻糊哎……"，九十年代，一句经典的叫卖声让南方黑芝麻糊红遍大江南北，在消费者心中留下黑芝麻糊美味养生的黄金食品形象，同时奠定了南方品牌近二十年来在糊类产品中绝对的领先地位。得益于这则广告的成功，南方儿童食品厂逐步发展，推出了黑豆、黑米、黑芝麻、乌鸡、黑木耳等黑色食品，最终成为生产基地、营销网络遍及全国的南方黑五类集团。

第四节　项目评估

【知识文件夹】淡入淡出：合称淡。电影画面的渐显、渐隐。画面由亮转暗，以至完全隐没，这个镜头的末尾叫淡出，也叫渐隐；画面由暗变亮，最后完全清晰，这个镜头的开端叫淡入，又叫渐显。淡出淡入是电影中表示时间 空间转换的一种技巧。在电影中常用"淡"分隔时间空间，表明剧情段落。淡出表示一场戏或一个段落的终结。淡入表示一场戏或一个段落的开始，能使观众产生完整的段落感。"淡"本身不是一个镜头，也不是一个画面，它所表现的，不是形象本身，而只是画面渐隐渐显的过程。它节奏舒缓，具有抒情意味，能够造成富有表现力的气氛。这种技巧，最早是在拍摄时完成的。拍摄时，把摄影机中的遮光器逐渐打开，便得到淡入的效果。当一个镜头将要拍完时，把遮光器慢慢关上，便得到淡出的效果。随着洗印技术的发展，这种技巧转由洗印时印制

图4-3 小男孩深吸着飘来的黑芝麻糊香气

一、镜头二（特写）

画面内容：深宅大院门前，一个小男孩使劲拨开粗重的 樘枕，挤出门来，深吸着飘来的香气

画外音（男声）："小时候，一听见芝麻糊的叫卖声，我就再也坐不住了……"。

画片首先是在遥远的年代，麻石小巷，天色近晚。一对挑担的母女向幽深的陌巷走去。同时伴着木屐声、叫卖声和音乐（民谣式的朴实、亲切怀想、悠远及具有歌唱性）。然后画面对准悬在担子上的摇摇晃晃的小油灯。此时，广告的主角——一个小男孩出现了。深宅大院门前，一个小男孩使劲拨开粗重的 樘枕，挤出门来，深吸着飘来的香气。"小时候，一听见芝麻糊的叫卖声，我就再也坐不住了……"。

这则广告，从情感入手，以恰到好处的方式取得成功，用回忆的手法把人带到了芝麻糊的香甜可口中，以达到引发人们欲望的目的。视听配合的相当完美，在表现上，采用了统一的暖色调，配合演员的恰当的表演，强化了情感诉求的效果。中心画面表现了小孩舍不得放下碗而不断的舔碗，镜头用了大特写，使主题展示令人动情，芝麻糊的卖主给小孩添半勺的镜头进一步强化了心中情感的乏动，"小时候，一听见芝麻糊的叫卖声，我就再也坐不住了……"。中国人的传统美德和真挚的情感，真是挥之不去，化不开——这，就是南方黑芝麻糊的广告创意。

这则广告一开始就出现大婶的叫卖声："黑—芝麻糊哎—"，首先就起到了吸引人听觉的效果，作为观众，听到这样亲切的叫卖声，无疑会让他/她对接下来广告所要展示的内容提起兴趣。叫卖作为我国古代宣传和销售商品的一种最重要的手段，在信息化和传播媒介高度发达的今天几乎已经销声匿迹了，只有在现在的古装电视剧中才能看到小贩叫卖的场景。所以，当观众听到叫卖声时，他/她势必会关注接下来广告所要讲述的内容。

不可否认，这则广告将怀旧营销发挥到了极致。在该广告片的整个画面、背景、底色、人物装束打扮和声音的处理上，处处渲染和营造着一种怀旧的氛围。当人们看到这则广告片时，会不知不觉地被其引到了一个古色古香的江南小镇。特别是有着类似经历的人，很容易在内心产生对过去生活的追忆和怀念。画面中那个可爱的小男孩兴奋的想要跑出去的欲望的情形，会让人联想到自己的童年，不自觉地会露出会心的微笑，因为童年时的自己是最真实的自己，没有任何顾虑和拘束，动作和表现也都会非常自然。而小男孩直勾勾的眼神，嘴馋的样子，又会刺激受众的味觉，让他们感到香浓美味的芝麻糊正穿过喉咙，滑进他们的胃里，这种感觉实在是太诱惑了。

【知识文件夹】镜头的种类和作用

根据视距的远近（即摄像机与被摄物体之间的距离），可以分为大小不同的景别：远、全、中、近景，特写等。它们的作用是：

（1）远景：也叫大全景。远景是视距最远的景别。这种景别可以介绍环境，表象巨大的空间、气氛、规模等。远景给人的感觉好像站在高处远望一样。又是远景也可以起到特写的作用，用来刻画人物的内心情绪。

（2）全景：全景的画面比远景要小一些，在取景框内大致能容纳站立人的全身。它既可以看到人物的全身运动，又能表现周围部分环境。比较适合介绍环境、表现气氛、展示大幅度的动作，交代人无与环境的关系。在叙事的段落中，全景一般不可缺少，也称为"定位镜头"。

（3）中景：中景的画面可以显示人物大半身的形体运动，一般摄自人物的膝盖以上部分。能给人物表演以自由的空间，能表现人物间的互相关系，又不与环境混同。因为它不远不近，位置适中，非常适合观众的视觉距离。

（4）近景：近景是摄取人物腰部以上的画面。这种镜头能使观众看清人物的面部表情，或某些形体动作即物体细部，在影视广告中经常使用近景。

（5）特写：视距最近的一种镜头，用来突出刻画被摄对象的细节。一般拍摄人物面部或局部。其特点是表现力极为丰富，视觉冲击力强，给观众有逼近感，有提醒和暗示的作用。在影视广告中打来那个使用特写镜头。

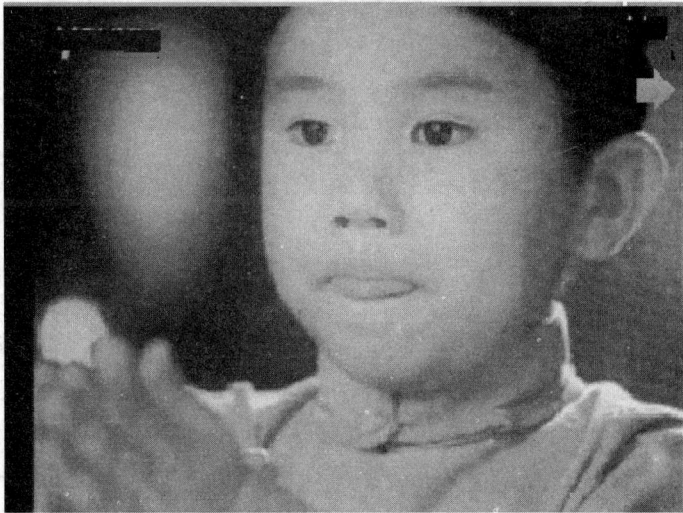

图4-4　小男孩搓着小手

二、镜头五：小男孩搓着小手，神情迫不及待

根据经验和作业习惯，为了提高工作效率，保证表演质量，镜头的拍摄顺序有时并非按照拍摄脚本 Shooting board 的镜头顺序进行，而是会将机位、景深相同相近的镜头一起拍摄。另外儿童、动物等拍摄难度较高的镜头通常会最先拍摄，而静物、特写及产品镜头通常会安排在最后拍摄。为确保拍摄的镜头足够用于剪辑，每个镜头都会拍摄不止一遍，而导演也可能会多拍一些脚本中没有的镜头。

这个镜头是一个固定的近景镜头，而且拍摄的是一个小男孩，所以这个镜头很难拍摄，所以摄影师每个镜头都会拍摄不止一遍，然后再剪辑。在拍摄这个镜头时，摄影师拍摄时尤其要扑捉到孩子的面部表情，搓手的动作，摄影师最好能够跟随孩子的角度，抓拍他们的真实的神态。要把握好镜头的质量，镜头要慢慢淡入到这个镜头，然后要近处特写孩子的表情以及搓手动作。拍拍摄过程中孩子可能面对照相机，或多或少的有些拘谨和不安，要消除孩子的恐惧心理，必须满怀爱心和耐心，进行合理的诱导式十分必要的，这样能更好的完成镜头。

三、镜头十二：大嫂爱怜地给小孩添半勺芝麻糊，并替他擦试干净脸上残留的芝麻糊

图 4-5　大嫂爱怜地擦试干净男孩脸上残留的芝麻糊

分析：

通过芝麻糊的香甜可口以达到引发人们欲望的目的。此镜头试听配合相当完美，在表现上，采用了统一的暖色调，配合演员的恰当表演，强化了情感诉求的效果。芝麻糊的卖主给小孩添半勺芝麻糊的镜头进一步强化心中情感的泛动。买卖一碗芝麻糊看似极其简单，但额外地添加一勺，却蕴集了多少人间真情——母性怜爱、邻里乡情、仁义宽厚、不屑蝇利。中国人的传统美德和真挚情感，真是挥不去，化不开。南方的这则广告最大的特点就在于打出了一张温情牌，遵循中国的传统，以情感诉求方式达到吸引消费者的目的。

南方黑芝麻糊这则广告将情感营销运用的非常成功，它注重维系人与人之间的情感，尤其是当大姊给意犹未尽的小男孩又舀了一大勺黑芝麻糊时，镜头给了特写，小

男孩脸上满足的表情和大婶脸上和蔼的笑容，让人觉得那么温暖、那么真实。每个人都是在不断成长的，而成长中的回忆可能会让人终身难忘。一个广告所宣传的产品如果能勾起人们的回忆，激发人们的情感，无疑这将会是一则成功的广告。在生活节奏飞快和社会风气不断变质的今天，人们是比较容易怀旧的。当人们在小店或超市看到南方黑芝麻糊时，可能就会回忆起那片温情，从而增强他们的购买欲望。

四、镜头十三："小孩子喝完了，在舔碗边"分析

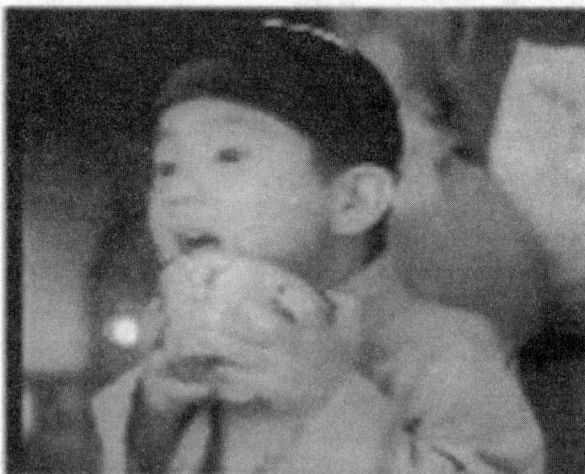

图4-6 "小孩子喝完了，在舔碗边"

卖芝麻糊母亲的微笑，买芝麻糊儿童天真的眼睛，母亲与童心，关怀与成长溢出于画。

黑格尔说"美是理念的感性显现。"黑格尔对美的定义在南方黑芝麻糊的电视广告中得到了很好的实现。从亲切的"芝麻糊"叫喊声中，切入对童年回忆的镜头，此时出现了细节描写。画面中的小孩喝了一碗芝麻糊后忍不住用舌头舔了三下，先舔碗，再舔手，最后舔唇。此广告一推出，便获得了强烈的反响，在一片对其整体表现肯定声中有不少人对广告中"小孩舌舔"的细节提出了疑问，"认为此细节不敢恭维"，"这种吃法既不雅观又不文明"，甚至要求对此细节做点改动。

第一，这种"舌舔"动作虽"不雅观"，但对小孩而言，符合其心理特征，不仅是"童心"的真实表现，也是"童真、童趣"的生动反映，因此，这一细节是非常真实的；节二，这种"舌舔"的动作，虽然"有失文明"，但从对商品的诉求角度来看，它是对"南方芝麻糊"诱人魅力的一种象征暗示，这种"无声"的手法比起一些"急吼吼"的自吹自擂，是对商品有力的传达，不仅更为明晰，也更加含蓄，文雅。因此，这一细节也非常传神的；节三，也是最为关键的是小孩一而再、再而三的"舌舔"动作，不仅强化加深了观众的记忆，给观众留下形象而深刻的印象，而且犹如一把利剑直刺消费者心扉，激起购买消费者的欲望。

因此，这一细节便具有了强烈的劝服力。由此看来，这一细节不仅是无可非议的，而且此则广告正是依赖这一细节产生的真实性、记忆性与劝服性效果而获得成功，最

终打开了产品的销路。在各种广告满天飞的今天，这就是南方黑芝麻糊广告其不同凡响的地方。它毫无哗众取宠、叫卖拉客的气味，而是通过一个生活场景，一段儿时经历的回顾，逗引人们眷恋往事的情思。我们都有这样的生活体验，而是喜欢吃的东西，回忆起来味道最美的。这个广告所表现的，正是人人共有的这种生活体验。小男孩埋头猛吃芝麻糊的香味诱人，自在不言之中。画外音"一股浓香，一缕温暖"，画龙点睛，意蕴含蓄，耐人寻味。这样的场景，极易触发联想，唤起人们的心理共鸣，以致对屏幕宣传产生确信无疑的心理效果。

创制广告的用意，是为了填补、满足人们不平衡的心态，以富有戏剧性和人情味的生活场景，唤起人们的心理共鸣，其立意之悠远，绝非王婆卖瓜、急功近利式的广告所能比拟。此广告的场面完全做到了生活化，浑朴自然而毫不做作，形成了自然天成的风格，因此具有"润物细无声"的功效。看了这个广告，难怪孩子们想吃，大人也嘴馋。黑芝麻糊自然而然地走进了千家万户。

五、南方黑芝麻糊广告镜头分析

画面内容：一阵烟雾掠过，字幕出（特写）："一股浓香，一缕温暖"。
声音：（画外音，男声）"一股浓香，一缕温暖。南方黑芝麻糊"。

图4-7 一股浓香，一缕温情

分析：
广告口号：一股浓香，一缕温情。
附　文：南方黑芝麻糊广西南方儿童食品厂荣誉出品。
这则广告最大的特点就是它以南方黑芝麻糊纯正的味道为契合点，勾起人们记忆中对它的 怀念，同样打的是温情牌。
广告定位——温情
"黑芝麻糊咧，一股浓香，一缕温暖——南方黑芝麻糊"这段经典广告定位就是情感销售：受众与广告之间产生联动效应，并对该产品产生认同感、亲切感和温馨感。由此即会触发人们购买产品的欲望，并实施到商店去购买该商品的行动。可以说，南方黑芝麻糊广告片利用了人们的怀旧心理，调动了人们的情愫，广告宣传夺得了巨大的成功，也由此获得了极高的品牌的知名度。

　　广告主题——怀旧

　　在该广告片的整个画面、背景、底色、人物装束打扮和声音的处理上，处处渲染和营造着一种怀旧的氛围。

　　当人们在看这则广告片时，会不知不觉的被其引到了一个南方的小镇，特别是有同样生活经历的人，很容易在内心油然而生对过去生活的怀念和追忆。画中那个可爱的小男孩，吃得满嘴黑糊糊的，还在舔着碗边，馋馋的伸出碗向那位大婶讨吃的样子，会令人想起自己的童年的情境，会心的露出微笑。而小男孩直勾勾的眼神，馋馋的动作，又会刺激受众的味觉，让他们感到香郁滑软的芝麻糊正穿过他们的舌尖、喉咙滑进胃里，如此宣传让广告所代言的商品特点展示无遗，效果绝佳。

综合实训

　　任务一：结合电影蒙太奇的理论阐述不同镜头剪辑让受众产生不同效果的原因。

　　任务二：分析一个成功的视频广告创意效果。

　　任务三：自己根据老师提供的一段广告短片写出一个分镜头剧本。

第三篇　广告技能工作任务

项目引入：小张在经历了上述四个任务的广告策划实战之后，也接触了一些更具体的广告制作技能，譬如八佰伴商场策划中的喷绘广告制作、庆典策划中灯箱广告制作、房产策划中销售物料的制作等，那么究竟这些具体的广告制作应该如何操作呢，由于小张当时都是直接按照客户要求，然后自己去联系专业广告公司制作的，至于具体制作的过程确实也不知道，随着上述四个任务的结束，作为知识的积累，小张也抽空问了相关的一些广告技能制作的专业公司，将一些具体广告制作流程做了大致了解，整理出了三个任务内容并展示如下：

任务五　八佰伴户外促销喷绘广告制作

八佰伴的广告策划中涉及到很多需要喷绘广告，那么喷绘广告究竟如何制作，流程如何下面我们就逐一讲述：

一、市场调查

在进行喷绘制作前先展开市场情况调查，通过调查了解到，镇江地区有数家喷绘广告制作公司。其中比较大的有二家，分别是石牛、三艾国际广告有限公司，这二个喷绘广告公司的实力在伯仲之间，质量都是不相上下，经过初步接触后，发现江苏三艾国际广告有限公司在付款方式、交货及时性、售后服务、价格优惠幅度等方面能够给予更大让利，所以最后我们选择了江苏三艾国际广告有限公司作为八佰伴五一促销的喷绘广告制作的合作方。

二、与供货方洽谈

在明确了供货方后就应该及时就广告喷绘制作的相关要求和供货方沟通洽谈，主要是让供货方江苏三艾广告有限公司要充分了解作为顾客的八佰伴对广告制作的要求。供货方应详细介绍公司情况、产品以及喷绘广告相关的资料，同时要明确应该用的设备、材质、制作后的清晰度是不是可以满足八佰伴的要求，在下单制作前应该将电脑样图出样给八佰伴审核，经相关领导签字同意后方可以按图生产，否则一旦生产出来不合要求双方都会有很大损失，作为用户方的八佰伴公司既不必为追求不必要的高材质而盲目提高制作成本，也不可以牺牲质量而采用劣质材料，以够用实用为原则，双方在充分了解沟通的前提下签订符合法律要求的合同范本，并随之按照协议展开下一步的工作。

三、签订合同

2013 年 4 月 10 日——2013 年 5 月 2 日委托制作户外喷绘广告合同书

甲方：镇江八佰伴 （以下简称甲方）

乙方：江苏三艾国际广告有限公司 （以下简称乙方）

为充分体现甲、乙双方优势互补、合作双赢、共同发展，根据《中华人民共和国合同法》及有关规定，本着自愿平等的原则，经甲、乙双方友好协商，在乙方经营场所签订以下合同，并共同遵守。

一、委托项目：为八佰伴五一节制作户外喷绘广告

二、合作方式：乙方包工包料，甲方按本合同约定付款

三、制作安装数量：三张

四、制作单价：8 元/平方米

五、制作尺寸：图一 2.5 平方 * 3.5 平方（3 张），图二 5 平方 * 6 平方（3 张），图三 3 平方 * 5 平方（2 张）

六、制作安装地点：安装在八佰伴大厅内，安装在八佰伴大门口，安装在服装类门口。

七、制作安装时间：合同签订首付款到位 3 个工作日完成

八、制作安装总价：人民币壹仟壹佰柒拾元整

九、甲方付款方式：

合同签订后当日付伍佰元人民币定金，余款安装结束经甲方验收合格后 5 日内一次性付清即人民币陆百柒拾元整。

注：三个工作日为甲方验收期，如乙方在 2013 年 4 月 27 日前未收到甲方书面通知，则视为验收合格。

十、甲方的权力与义务：

1. 位置的协调，占道证的申请等有关安装手续，均由甲方负责到有关部门办理，因此而延误工期，乙方不负任何责任，并由甲方赔偿乙方误工的实际损失。

2. 甲方对发布的画面内容提供样稿并承担法律责任。

3. 负责对乙方的制作安装进行行规内的验收并及时付款，逾期两周未付款，则视甲方违约。

十一、乙方的权力与义务：

1. 乙方必须保证制作，施工安装安全，发生一切安全事故均由乙方负责，与甲方无关。

2. 按合同规定期内（除自然影响及政府行为外）完成制作安装工程。

十二、违约责任：甲、乙双方均应遵守上述合同条款，否则视为违约，守约方可立即终止合同，由违约方向守约方支付本合同总价款的 10% 做为违约金，并赔偿守约方的所有损失。

十三、争议解决方法：因本合同引发的一切争议，甲、乙双方应当友好协商解决，协商解决不成的应当通过甲方住所地（京口区）人民法院诉讼解决。

十四、本合同未尽事宜，甲、乙双方本着友好合作另行协商，定出条款，双方签字盖章后作为合同附件，与本合同一样具有同等法律效力。

十五、本合同一式贰份，甲、乙双方各执壹份，双方单位盖章后生效。

甲方：八佰伴　　　　　　乙方：江苏三艾国际广告有限公司

电话：0511－88975888　　电话：0511－88813377

地址：中山东路288号　　地址：镇江市花山湾6区12号

　　　　　　　　　　　　2013年4月10日

四、喷绘海报的 photoshop 制作

任何喷绘广告制作前都需要在 photoshop（以下简称 PS）软件中制作好图形，然后才可以将相关图形导入到喷绘机中将喷绘海报打印出来，下面就喷绘的 PS 制作略作介绍。

（一）在 PS 中置入喷绘海报

首先打开 PS 软件，在软件中新建画布，于首页中的文件选项点击出现下拉菜单选择新建 或者采用快捷键 Ctrl＋N

出现海报的设置如下图：

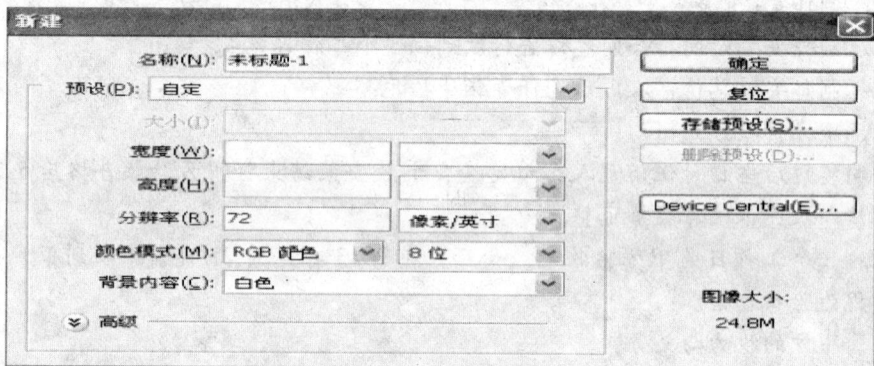

图 5－1　海报的设置

按确定进入操作区。

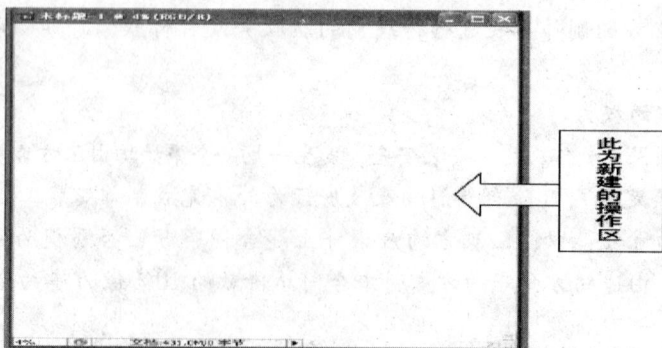

图 5－2　进入操作区

然后载入下列八佰伴广告宣传图像：

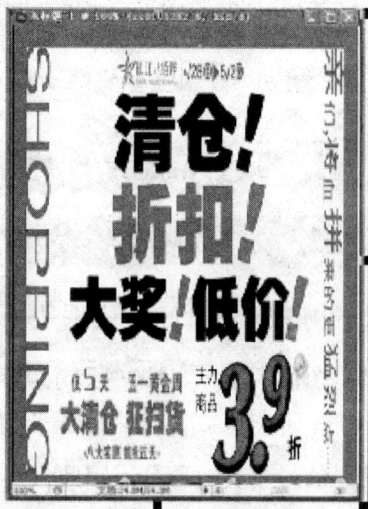

图 5 – 3　八佰伴广告宣传图

选图很重要。特别是作为广告宣传的喷绘海报更加要贴近所做海报广告宣传的主题。应当清新简单。能足够吸引人。颜色尽量不要太复杂太深。要注意，广告宣传喷绘海报字才是主角。图像只是陪衬。下面介绍如何在 PS 中载入八佰伴上述宣传海报图案。

1. ①文件——置入 ②文件——打开。将打开的图拖入到你新建的操作区。

注：要拖打开的图片到新建的操作区时应注意工具栏选中的图标为

注：工具栏

图 5 – 4　PS 工具栏图示

2. 载入的图像可以调整大小。

①编辑——变换——缩放 ②按 Ctrl + T. 注：若要保持图像形状不变。可按住 Shift 键再调整图像大小。

3. 载入的图像如果是位图（位图：文件后缀名为 . jpg . bmp . gif . tif 等）像素要高，至少要几百。因为海报大，放大后如果像素不高会模糊不能达到所要的本来效果。

载入的图像如果是矢量图（矢量图：文件后缀名为 . ai . eps 等）。就不需要注意到像素。矢量图无论怎么放大都不会变形模糊。

注：可以通过工具栏的 🔍 查看放大到实际像素后的图像情况

图5－5　查看放大到实际像素后的图像情况

17.8%表示在屏幕上所显示图像大小　　100%表示实际像素。

（二）在喷绘海报中如何加字

喷绘海报上的字是传达信息的最主要的部分。因此，主要信息如标题头要醒目。所用的为工具栏上的 T

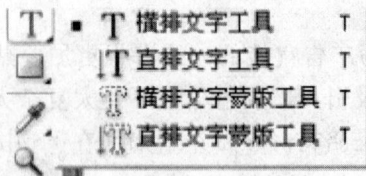

图5－6　运用PS工具栏上的 T 设置标题头

1. 在此图标上单击鼠标右键

可以添加横排文字和竖排文字，输入文字后，双击屏幕右下角的你所编辑的图层

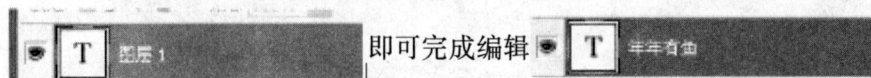 即可完成编辑

图5－7　添加横排文字和竖排文字

或者单击工具选项栏的 ✔

注：①工具选项栏。你选中工具箱里的任一工具。菜单栏下的工具栏都会跟着变化。

这是文字工具的工具选项栏。

图5－8　设置字体

②调板泊窗 工作区 ▼

图 5 - 9　调板泊窗

2. 对文字添加效果

双击字层

图 5 - 10：双击字层

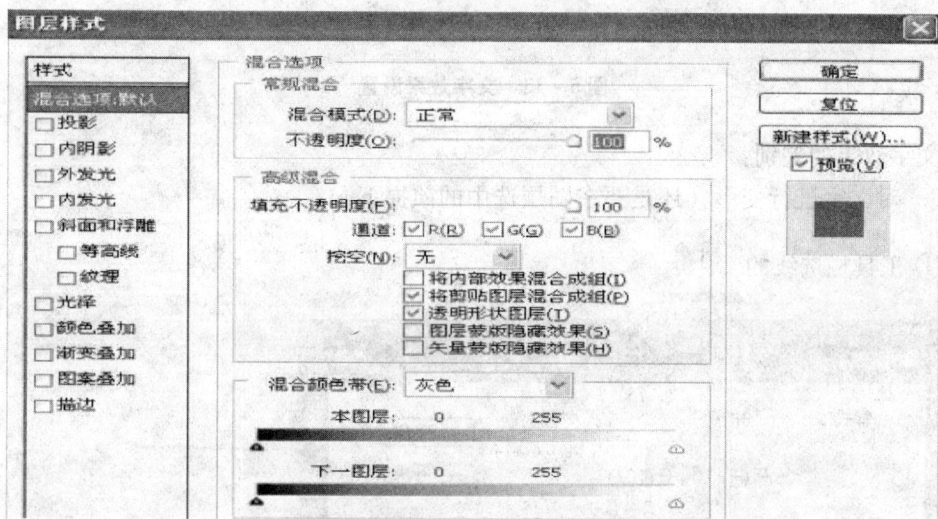

图 5 - 11　双击字层后 PS 出现的界面

即可根据需要对所选文字进行编辑。

注意，当你要编辑某个文字层时，一定要先选中它。即使文字图层处于选中状态。

图 5 - 12　选中字层

蓝色即为选中。只要单击下你所要选的字层即可选中。

如对"年年有鱼"进行这样的调整后：

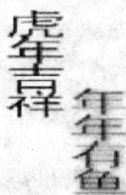

图 5-13　文字效果设置

文字效果的差别：

3. 对文字进行变形（还是要在图层选中的前提下）

① 工具栏选线的

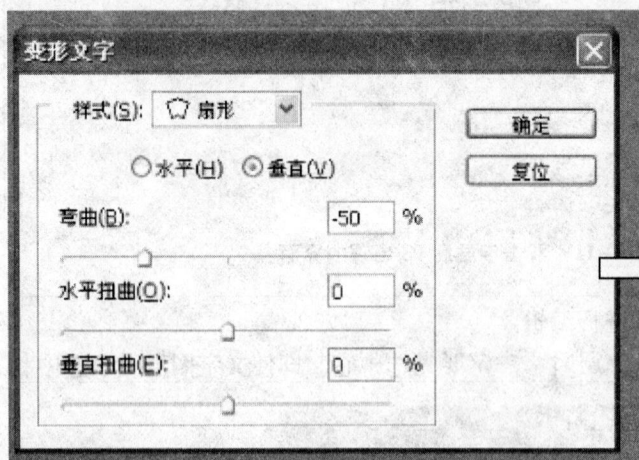

图 5-14　文字效果设置

注意其中的水平和垂直。根据你添加的是横排还是直排字层加以运用。

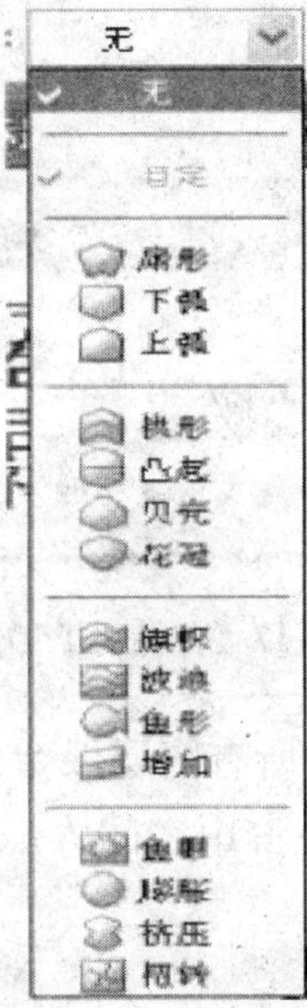

图 5 – 15　文字效果设置

②编辑——变换——变形

水平还是垂直变形的变换按 [图] 键。变形完后按 ✔ 完成。

4. 要移动各个图层、字层时，先选中 [图] 再进行图层、字层移动。

注：字层的样式及变形，对于图层同样适用

（三）将 PS 中设置好的图像、文件存储

点击 PS 文件下拉菜单中——存储为 或者 Shift + Ctrl + S

选择保存的目录，改变文字名，最关键的是存储的格式。

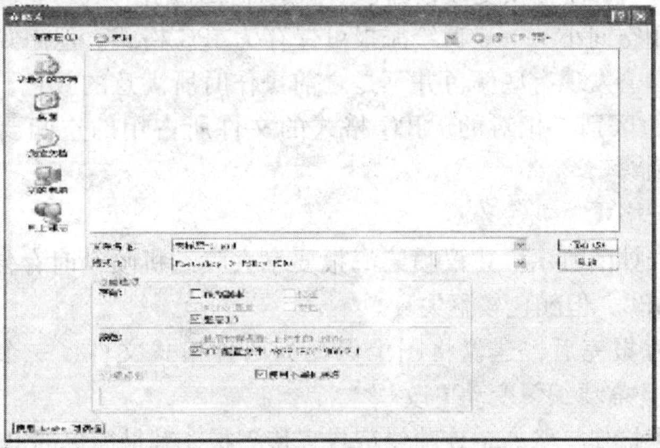

图 5 – 16　选择保存的目录

常用的有三种：

①存储为 PSD 格式

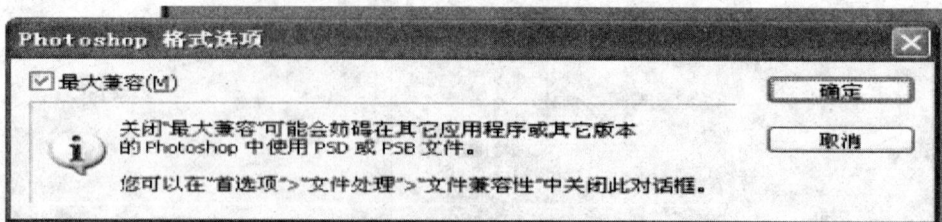

图 5-17　存储为 PSD 格式

按确定即可。这样所保存的文件所有图层保留，再用 PS 打开后可以在原有基础上进行编辑变化。但是这种格式的文件占用空间大。如果没有需要再编辑的图像可以不用保存为 PSD，以节约空间。

②存储为 JPG 格式。

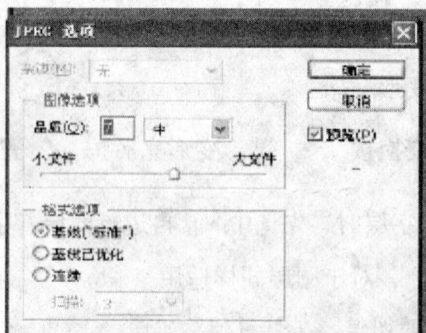

图 5-18　存储为 JPG 格式

同样按确定即可，不需要更改任何选项。这样保存的图像极为我们最为常见的 JPG 格式的图像。占用空间小。一般喷绘海报可保存为 JPG 格式。但 JPG 格式有些颜色会失真，保存完查看会发现有些颜色并不是之前操作时所满意的颜色，这就是 JPG 与接下来第三种 TIF 的区别。相对的，JPG 格式的文件所占用的空间要小于 TIF 格式的文件。

③存储为 TIF 格式

选项有变动，如图所示。建议喷绘海报要拿去喷绘机喷绘时存储为 TIF 格式，虽然占用空间大于 JPG，但颜色较不失真。

注：做喷绘海报完后，建议将图像保存为两种格式文件，一个为 PSD，一个为 TIF。前者是以防止需要编辑变动更改。

按照上述步骤操作一张八佰伴喷绘广告宣传海报，其最简单的 PS 制作过程大概是这样。

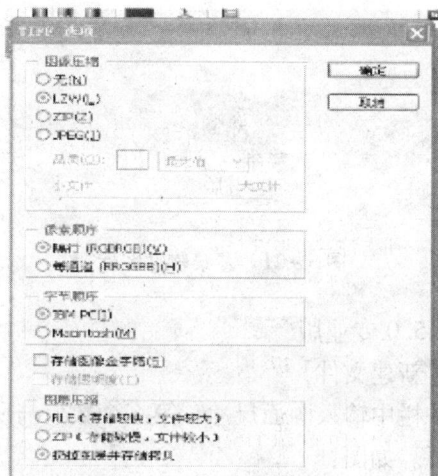

图 5－19　存储为 TIF 格式

（四）喷绘制作设备准备

图 5－20　惠普 HP Designjet L26500 61 英寸喷绘机

（五）喷绘制作材料准备

板式基材：如 PVC 板、泡沫板、厚纸板、亚克力板等材料。

室内喷绘写真所用的材料一般有背胶 PP，高光相纸，防水写真布，背喷灯片，白画布，银雕布，油画布，透明胶片等。

室外喷绘常用材料为宝丽布（灯箱布）、车贴，网眼贴（单透）等。

五、喷绘机的基本操作

（一）格式转换

上述在 PS 里面制作的八佰伴海报要在喷绘机中打印出来还必须要经过格式转换，就是将其转换为蒙泰软件的格式，蒙泰软件是专做喷绘广告的打印的设备软件，是大型打印机设备配备的专业打印大图的软件，公路边看到的那些大型八佰伴广告牌，这些广告就是用这类喷绘机打印出来的，打印宽度可达 2 米甚至更宽，比起一般的 A4 和 A3 打印机，这就大得多了；再如你在八佰伴各楼层柜台上看到的产品宣传，其实那些就是户外喷绘或写真广告，也是用这类设备打印出来的。

下面我们就简单阐述下八佰伴海报在蒙泰软件如何操作并最后通过喷绘打印机如

何打印的过程。

图 5 – 21　蒙泰软件图标

1. 双击打开蒙泰软件 5.0 专业版
2. 单击【文件】-【新建文件】
① 在【纸张大小】一栏中输入画面尺寸；第一个数值与所用喷绘布的尺寸有关。
② 单击［确定］即可。如图：

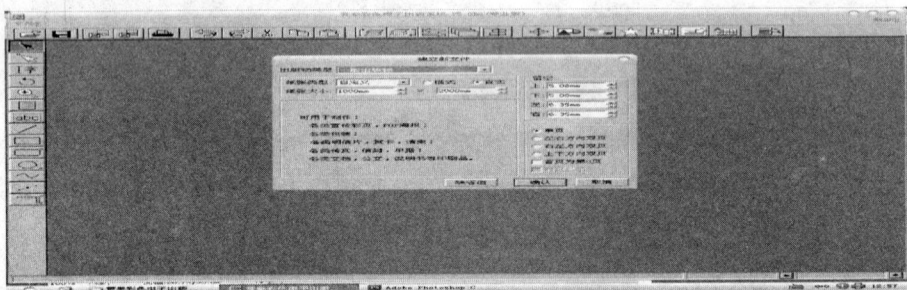

图 5 – 22　打开蒙泰软件界面

3. 单击【载入图片】图标 即可载入画面。如图：

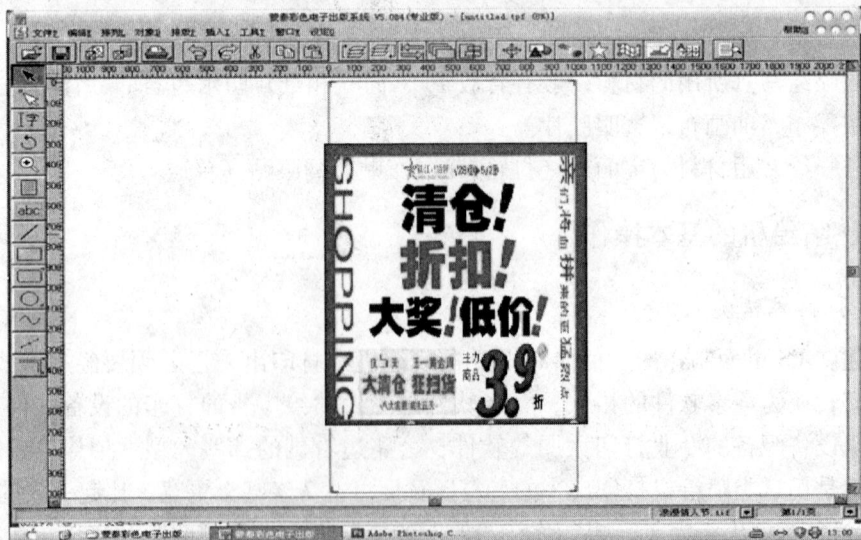

图 5 –23　载入八佰伴广告画面

4．调整画面尺寸

①选中画面，右键点击调出属性对话框；如图

图5-24　弹出属性对话框

②单击【栏框属性A】调出其对话框；双击依次双击【保持图片原尺寸】、【保持图片纵横比】，单击【确定】即可。如图：

图5-27　单击【栏框属性A】后调出的对话框

5．调整坐标（使图片与文件框吻合）

①单击［显示定位面板］图标；

②先在 （此键可以决定图片转换 90 度的垂直调整）中输

入 90；X：0 Y：= W 的值。如图：（注：每输入一个数值都要按一次回车键）

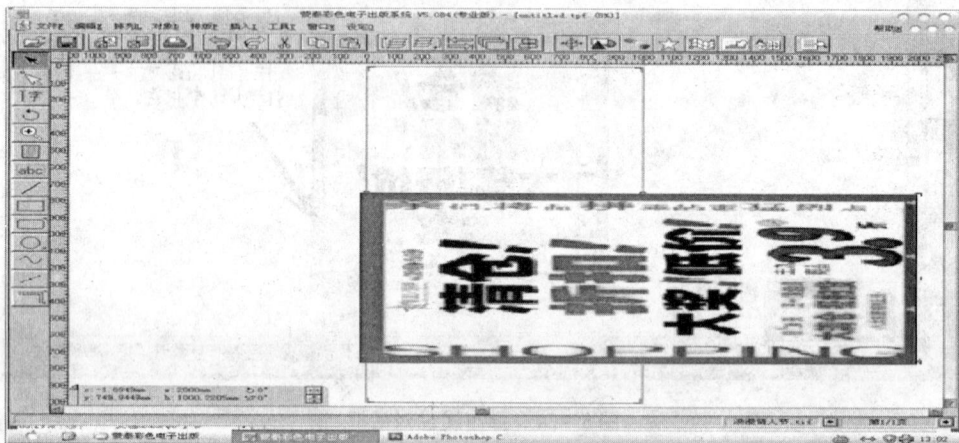

图 5 – 28　调整图片与文件框吻合

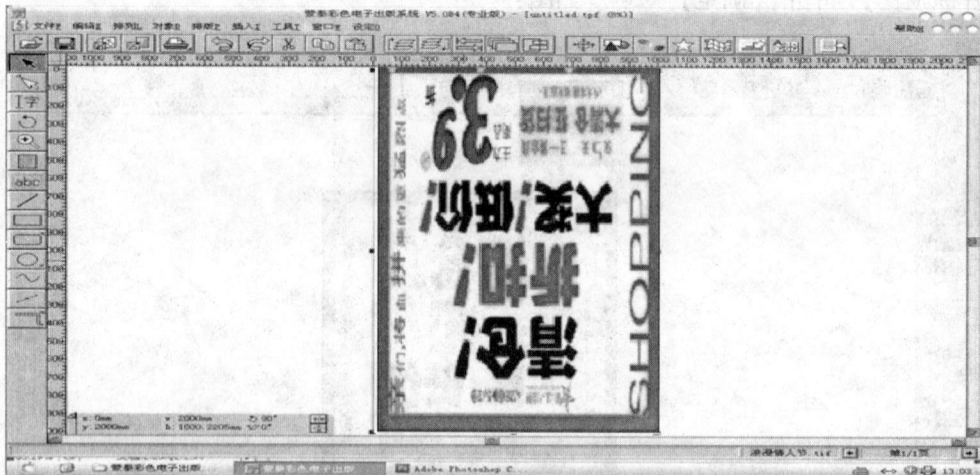

图 5 – 29　图片与文件框吻合

6. 储存文件准备打印

①单击 【打印】图标，即弹出打印对话框。如图

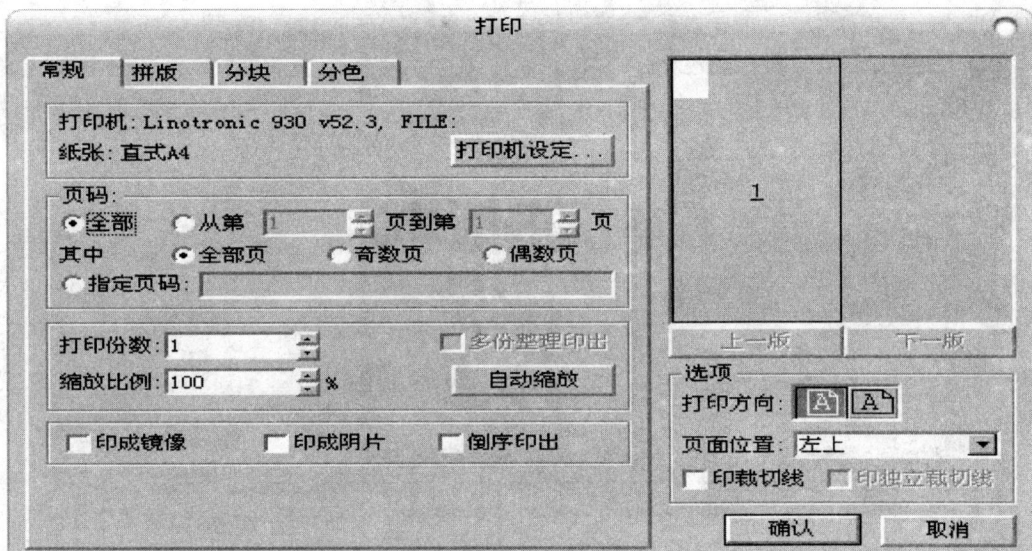

图 5 - 30 打印对话框

②打击【打印机设定】调出其对话框双击【自动设置纸张】；单击【确认】即可。如图：

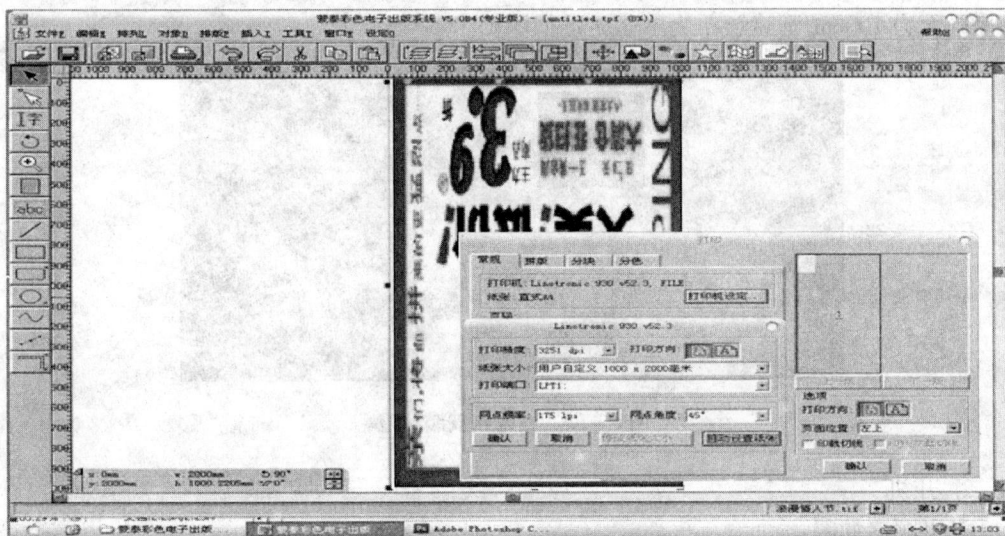

图 5 - 31 自动设置纸张

③ 输入文件名，单击【保存】即可。如图：

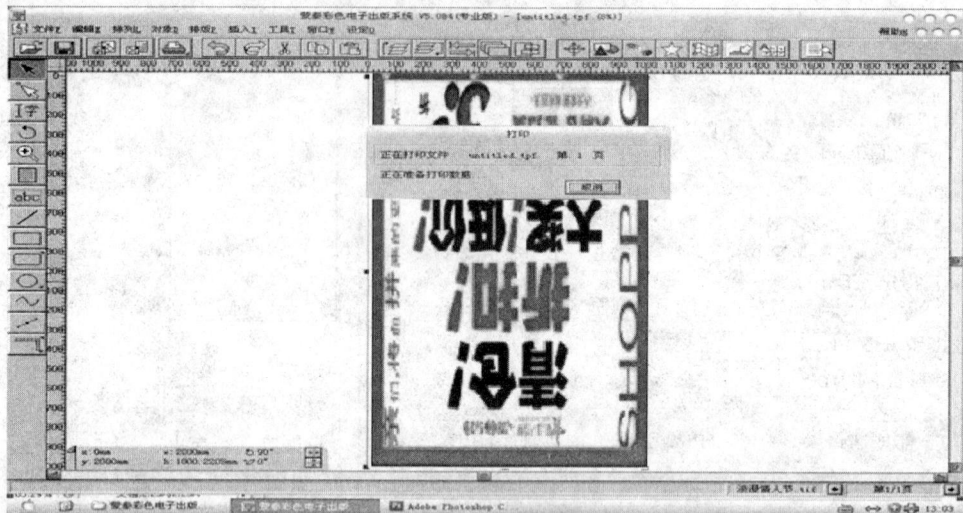

图 5 - 32　保存打印文件

（二）画面打印。

1. 上布

所上喷绘布要根据画面实际大小和喷绘布尺寸确定。（喷绘一般左右留边个 10cm；即净画面为 100cm 则喷绘布为 120cm）如图：

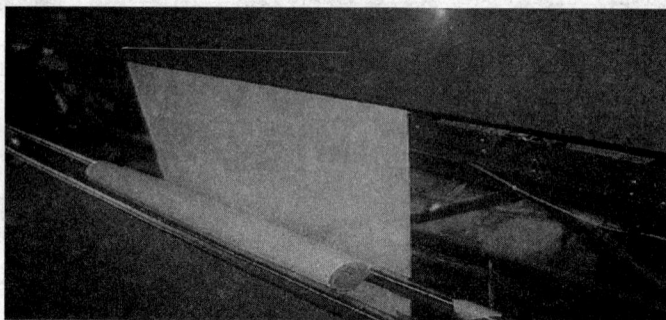

图 5 - 33　喷绘布安装示意

2. 开机

开机顺序如图：

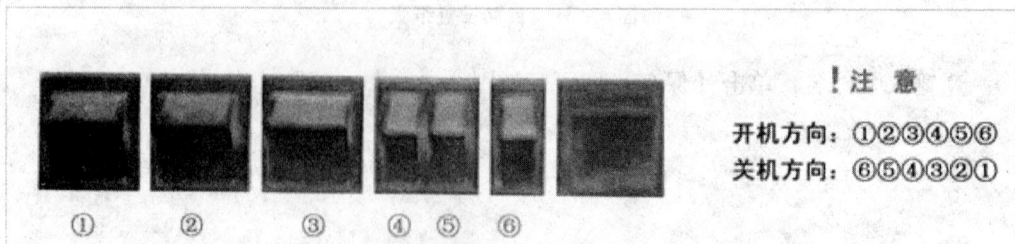

图 5 - 34　开机顺序图

（注：黑色三档控制键是控制松布与进布的，除打户外车贴外一般都向下按此键。）

3. 吸墨头

打开吸尘器的开关，左手拿着吸尘器的吸尘手柄（即黑色吸管）对着墨头依次吸墨，看到墨色被均匀吸出即可。（顺序为＊＊＊＊－红色－蓝色－黑色）。

注：①吸尘手柄的圆形末端要完全覆盖长方形墨头；

②喷绘墨头因图片修改等问题不喷布时要每隔5分钟吸一次墨头。

如图：

图5－35　吸墨头示意图

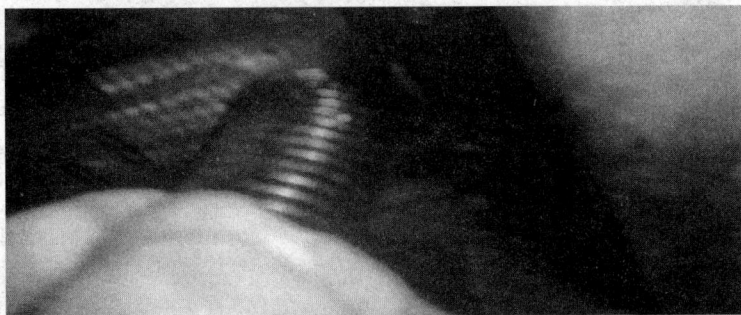

图5－36　吸墨头示意图

目前很多喷绘机、写真机已经可以自动调整墨水不再需要手动吸墨水，在开机之前根据打印出来的四种色阶的呈现情况来判断是不是需要自动清洗，如果四色呈现不是很好或者有颜色根本没有出来，则需要在开机前按动"cleaning"和"function"等键即可完成墨水的

清洗调整工作，如下图：

图5－37　四色图：C青色 M红色 Y黄色 K黑色

图 5 – 38　开机前校色

4. 打开软件

图 5 – 39　Ultra720TH12 Control Center 软件的图标

双击电脑桌面上的 Ultra720TH12 Control Center 软件的图标，启动该控制软件。喷绘机喷头平台即缓缓左移。碰到零位开关后，返回停在喷头清洗位置。电脑桌面上出现该软件的主控图形界面，喷绘机平台初始化完成。如图：

图 5 – 40　喷绘机平台初始化完成

5. 测布

① 单击【测量】 按键，调出【测量调板】。

② 看 与喷绘布的起始端并齐的标尺值 +40cm。如图：

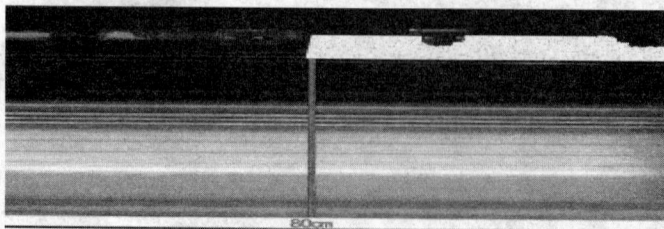

图 5 – 41　【测量调板】

即 40cm + 80cm = 120cm，则【值】120cm 就是【设定左边值】

③【设定右边值】＝【设定左边值】＋【布宽】

④ 单击【底材分布】按钮即切换至【底材分布调板】；依次填写【打印宽度】、【左边留白】、【右边留白】。

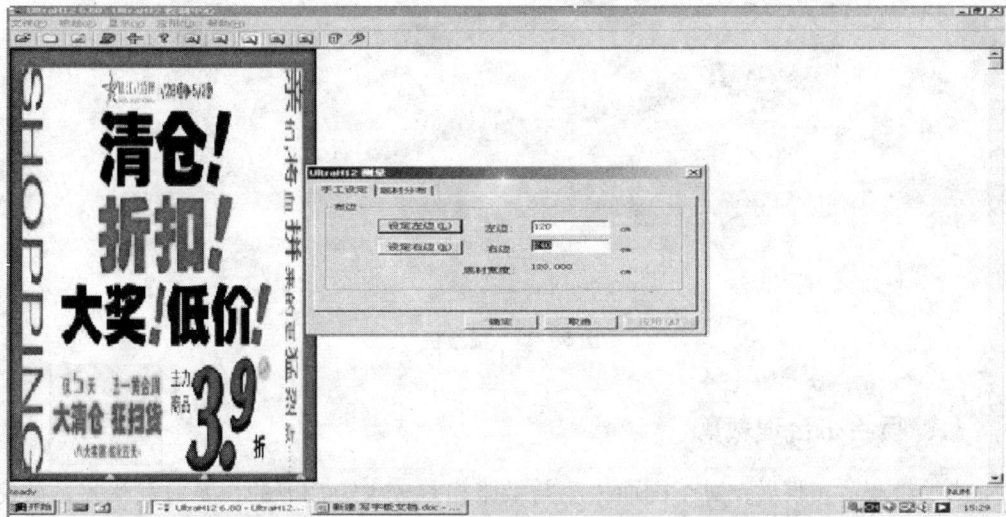

图 5 – 42 填写打印机参数

注意：1）【打印宽度】为转换后图片的宽 + 2cm；（多出的 2cm 是为了弥补喷绘机的误差）

2）【左边留白】、【右边留白】为喷绘布留边，一般【左边】要比【右边】大 6cm 左右。

6. 单击菜单栏中打印按钮，找到画面，双击打开，即可以展开打印操作。

六、覆膜

在打印出喷绘布的画面后接下来就是喷绘布的"覆膜"，"覆膜"工作是个"三人行"的项目，它对人员的合作性要求很高，一个成功的覆膜工作是"进纸""拉膜"和"摇滚"三者高度协调的成果。具体操作如下；在保证画图宽度合适的情况下，膜的长度要适当加长一点（一般为 20cm）。首先是调节滚子的旋钮，到手感到完全没有阻力为止、旋钮微紧。将膜平展送入，保证在膜走动的过程中不产生侧偏，不受挤压。然后，将膜拉起，在膜即将到头时，将滚子稳住，用力拉一下膜，保证端部平齐。此时，拉膜者下垂护膜同时"进纸"者可将画面进入（画面的一端应平齐），保证画面平展，两侧与膜平行。当准备就序，可让"摇滚"者缓缓摇动，看到没有问题之后即可匀速前进到头。这一过程中，进纸者要仔细检查画面上是否有头发之类的东西，尽量清去。覆膜完后，即进入"剪裁"工作。

覆膜的主要目的是防晒、防水，目前喷绘采用覆膜的工艺很少，很多喷绘布有放水功能，而且幅面很大也不太好覆膜操作，更多覆膜工艺体现在写真机中的比较多。

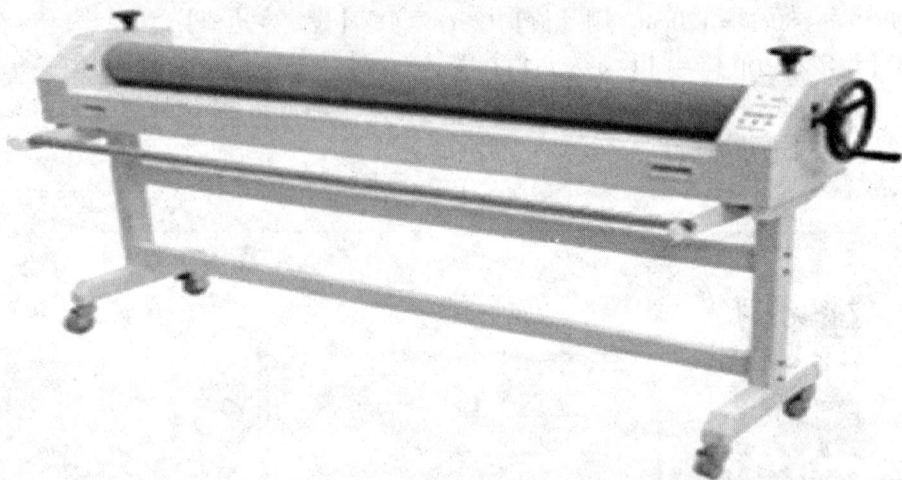

图 5 - 43　覆膜机

七、喷绘布合理裁剪

当喷绘布覆完膜后，对于画面大小与纸张相差较大需裁剪的，要剪裁整齐。在我们裁膜时，也应用剪刀沿着标线走齐，因为这会方便在覆膜中的上膜工作，更能保证质量与成功率。

在制作喷绘时，无论是喷绘布还是制作框架的方管，企业的库存往往不会有顾客想要的、正正好好、一点都没有差错的喷绘布和制作框架的方管，这样就会要裁剪。在裁剪时有的材料会剩余下来，这会导致广告公司在材料方面的损失，以往广告公司往往会要求客户对因裁剪而导致的材料损失多付百分之五、六的损失费用，鉴于此八佰伴可以在制作喷绘广告时尽量和广告公司协商，以现有喷绘材料的尺寸整数倍的大小决定最后喷绘广告画面的尺寸，这样一方面三艾广告公司可以节约材料，同时八佰伴也可以借此要求降低制作价格，应该是两全其美的事情。

很多喷绘广告布在制作后裁剪下来的材料并不是完全不可以利用的，像一块喷绘布是五米的，客户要求的是二米五的，那就在五米的基础上一分为二，那剩下来的喷绘布可以留着看看下一位客户是不是也想要的是二米五的，广告公司就可以在剩余下来的材料中获得利润，如果裁剪下来的喷绘布不能满足其他客户的要求，可以采取拼接和通过对缝隙的技术处理，譬如拼接处可以打印一深色图案以弥补缝隙，这样就可以省去重新裁剪材料而额外增加公司不必要的成本。拼接时要注意客户制作的喷绘广告是外打灯还是内打灯，喷绘广告的拼接只适合外打灯，如果灯光是从喷绘布里面照射（内打灯）就会看出拼接的缝隙，这就必须重新裁剪而不能采用拼接的工艺。

八、裱板：

当客户要求加板时，我们便进入下一道裱板工序，和表裱常用的有两种技术，即背胶纸型和喷 3M 胶型。二者相比，背胶型会更持久一些。

下面主要介绍喷胶型工艺：对于四边已有卡条的标准展板（规格如：120cm ×

90cm、90cm×60cm），我们更方便应用喷胶的方法。将展板平放，画面平整地放在展板上。为了使画面的四边更好地与展板边缘吻合，我们先将画面沿其中相临两边裁齐，而后以此两边为基准，对齐展板的边缘，把画面与展板的相对位置固定（画面上压一重物或由其他人压住），掀起已对齐的两边中的一边，在其后的展板上喷胶。半分钟后，将画面两边拽紧，匀速下落。在这时由一人用刮板从画面的中央向两边压住画面到画面完全与展板贴合；同样做法掀起画面的另一端，喷胶后压紧，最后用裁纸刀沿展板的卡条，将画面多余的部分裁掉，即把整幅画裱完。

九、拼接

当客户要求的画面大过喷绘机的最大喷绘幅面时，我们会将画面分开输出，然后再拼接在一起，在做这种拼接的工作时，画面的设计制作和输出是其前提，因此每一步都不应该有误。首先画面的拼接位置要弄清楚，到底是谁在上面，谁在底下，哪张会更大一些，哪张会更小一些。在输出过程中，因为要输出的画面是同一张图，因此务必保持其色彩一致和大小相应（比如说宽一定），要记录输出时的设置参数，确保无误。在进行拼接的过程中，首先将两幅画要相接的一端裁齐。然后在一个足够大的平面上将画面展平，按正确的相对位置，把画面放好，用胶条固定，掀起上层画面相接部位的前端，喷胶（要遮住画面不被喷胶）之后用刮板由中间向两边将画面压实贴紧。翻起上层画面的另一端，在下层画面的相接部分喷胶，压实，即将画面拼接好了。拼接好的画面一定不可垂直接缝卷起，这样很易在相接处产生皱褶，这点应注意！

十、喷绘广告户外安装的注意事项

以单立柱户外喷绘广告牌的安装为例阐述相关安装注意事项：

图5-44　单立柱户外喷绘广告牌

（一）安装前的准备工作

1. 如果广告设施的安装需要占道吊装，需提前向有关部门办好相关许可手续；现场组装及吊装过程中会破坏草坪和树木，须向相关路政部门提交申请；占道时，要在所占用道路的两端树立警示标志，并派专人看管。

2. 熟悉图纸，组织相关技术人员对钢结构图纸进行分析，合力安排施工工艺和施工计划。

3. 根据安装广告牌的大小选择合适的吊车和吊绳、卡环、缆风绳等。

（二）安装注意事项

1. 明确安装顺序：立柱吊装→广告牌骨架安装→广告牌牌面安装→零星组件安装。

2. 基础复查：安装前安排相关技术人员对基础进行测量复核，检查内容包括：基础平面要平整，不能有裂纹、蜂窝、露筋等现象；基础的横向中心线和纵向中心线要垂直；基础外形尺寸偏差不大于20mm。

3. 安装车要选好安装位置，以地质条件稳定和不伤害绿化为准则；起吊高度不宜过高或过低，以吊装固件的高度和安装需要适度调整；用缆风绳调整立柱的垂直度，杜绝人员靠近调整，出现安全隐患；经纬仪校验安装垂直度小于10mm。

4. 广告牌牌面的安装除了要注意吊装过程中的安全问题，还要注意焊接的牢固性，以及连接处的防腐工作；吊装提升过程中要注意调整广告牌骨架是否倾斜，不断调整，直至到安全位置为止，整个过程由专人指挥，并配以哨子统一作业。

（三）按图将灯架及其它构件安装完成。

（3）施工安全要求

1. 高空作业系安全带。

2. 吊装过程中，吊物下方不得站人。

3. 各种材料堆放稳妥，以防倾斜和滚动。

4. 高空气割或焊接时，应采取措施防止割下的金属或火花落下伤人。

5. 雨天、风力大于4级、夜晚等情况，尽量避免高空作业。

6）防腐涂装施工现场，应避免和易燃易爆物品一起摆放，二者间应保持较远的距离。

十一、喷绘广告成本优化途径

（一）喷绘布的成本优化分析

喷绘广告喷绘布的价格都不一样，公司报价给客户的有七元一平方、九元一平方等报价不一，如果喷绘布报价给客户是七元一米，但是这七元中包括公司的人工费、机器费用、墨水费用，更有甚者还要加上税费，实际公司的喷绘布有可能是五元一米，还有剩余下的就是公司的盈利。像出租车上的广告贴，我们就可以给出租车公司报价就是七元，虽然单算起来成本比较高，公司的盈利是微乎其微的，但是和出租车公司长期合作下去，就可以获得其中很多的利润。所以成本优化是必要的，否则薄利多销就是空谈。

喷绘布的大小基本上也是不一样的，主要分为：一点六米、二米、四米和五米等。如果一位客户想要制作一个自己经营的小卖部的招牌，大小二点五米的，那么就可以应用公司现有的库存二点五米的喷绘布，如果没有二点五米的喷绘布，那就要看看是否还有其他的客户制作的喷绘广告的大小是不是二点五米，如果是就正好可以两位客户合在一起制作，就可以运用库存现有的五米的喷绘布，这样就可以减少喷绘布的成本。

广告公司买进喷绘布的种类也很多，通常喷绘布有 320，520，530，550 等等。320 就是普通的，520 的是较厚一点的，530 的厚一点的，550 的布也就是巨龙布，偏白，也特别的厚，它们的价格随之也就会有偏差，像 320 喷绘布的价格通常都是在五元每平方米以上，520 喷绘布的价格通常是在六元每平方米以上，530 喷绘布的价格通常都是在十一元每平方米以上，550 的喷绘布是最厚的也是价格最高的是在十二元每平方米以上。这要根据客户要求，在满足客户需要的情况下选用成本偏低的喷绘布可以优化成本。

表 5 - 1　喷绘布价格

类型	320	520	530	550
单价（元/平方米）	5	6	11	12

（二）喷绘墨水成本优化

喷绘公司在选择喷绘墨水时主要是看喷绘机的型号来决定，大部分的喷绘墨水只适合在一台喷绘机上使用，如果购买不正确就会导致整台的机器设备损害，这样会引起连锁反映，因而会使公司利润大大的降低。

喷绘墨水的质量会引起画面输出的清晰感，所以在选择墨水时要根据客户制作广告的具体要求，画面要求清晰度高的喷绘广告，那就要使用较好的喷绘墨水，如果画面的要求不是太高的，只要能看的清楚就行，那就可以使用墨水一般的，像这类喷绘墨水有水性压电式墨水、YK 和 CIRO 西罗三种，水性压电式墨水的价格一般是在六十到一百元之间，YK 墨水的价格一般是在一般是在一百三十到一百七十元之间，CIRO 西罗墨水的价格是在一百八十到二百一十元之间。这样喷绘墨水的成本就会降低，公司的盈利就会提高。

表 5 - 2　墨水价格

型号	水性压电式墨水	YK	CIRO 西罗
单价（元/1L）	60 - 100	130 - 170	180 - 210

（三）安装喷绘广告的框架结构之成本优化分析

喷绘广告的制作并不全是整体都要制作的，这就要看客户的要求，客户有的要求是要的喷绘出来的图案，不需要框架，有的是要求喷绘图案和框架一起的，那就要选择制作框架的材料，制作框架的材料主要有三种：方管、镀锌管和不锈钢。

喷绘制作框架的材料黑铁方管、镀锌管和不锈钢三种，这些材料的长度通常都是六米，这三种材料中黑铁方管的价格是在七点五元一米，这样公司在购进黑铁方管时的价格就是四十五元六米，假设顾客在定制黑铁方管时，公司报价给顾客的价格是九元一米，顾客使用到的方管的大小正好是六米，那么顾客需要交付就是五十四（其实不止五十四元，这其中没有算上其他费用，单纯的是方管的费用），那么公司就黑铁方管这一面就会盈利九元，以此类推下去这样的订单接到的越多公司的盈利就会越多。

在这三种材料中价格最高的属于不锈钢，它的价格是十一元一米，因为它使用的时间是最长的，质量也是最好的。方管适合在室内使用，如果室外使用方管那么就要喷上一层漆来增加使用时间，那么成本也会随之增加，这时就要选用不锈钢的方管。总之成本优化并不等于一味的减少成本，要在满足客户需求的前提下减少成本这才是正道。

表 5 – 3　三种材料价格表

类型	方管	镀锌管	不锈钢
单价（元/米）	7.5 – 9	10 – 11	12 – 15

（四）相关设备的成本控制

在制作喷绘广告时要用到像喷绘画面的喷绘机、制作框架时用到的电焊机等设备。

广告公司在开始制作喷绘广告之前就应该要准备喷绘机，因为这是必不可少的，喷绘机的价格主要是根据喷绘机的喷头有多少来决定的。喷头的多少决定广告制作出的画面清晰度，往往要根据要求选择喷绘机，如果客户对喷绘广告的要求是一般的，而公司买的是针对高要求的喷绘广告，那用此喷绘机出图的价格就会比其他公司的高，那么公司的竞争力就会下降，这样公司接不到订单。喷绘机买回来使用还要注意保养，主要是喷绘机的喷头，喷绘机的喷头一旦坏了，就得要重新购买喷头，而喷绘机的喷头的价格比较贵，这样同样会使得公司的成本增加。

在制作喷绘广告的户外框架时往往需要焊接，譬如方管的拼接就会用到电焊机。电焊机的价格是按照电焊机的型号来决定的，像直流电焊机 200 的价格是在三百元以上、直流电焊机 325 的价格是在九百元以上，喷绘公司在购买电焊机时就要考虑到电焊机的使用价值是多少，如果购买电焊机时没有选好，那么在使用时间不长就会报废，那就要重新的购买，这样就会再一次的增加电焊机的成本，所以喷绘公司要想在电焊机上使得成本降低，那就要购买较好的是电焊机，避免浪费。

十二、喷绘广告涉及管理部门的事宜

（一）个体工商户、城乡居民个人发布店堂牌匾广告喷画，依照《店堂广告喷画管理暂行办法》执行。

（二）个体工商户、城乡居民个人发布印刷品广告喷画，依照《印刷品广告喷画管理暂行办法》执行。

（三）个体工商户、城乡居民个人张贴各类招贴广告喷画，依照《户外广告喷画登记管理规定》规定，应当在县（区）工商行政管理机关专门设置的公共广告喷画栏内张贴，并到设置地工商行政管理所办理简易登记手续。

（四）除上述情况外，按照《户外广告喷画登记管理规定》第五条及广告喷画经营资格管理的有关规定，个体工商户、城乡居民个人不具备户外广告喷画登记的条件，如擅自发布其他形式的户外广告喷画，工商行政管理机关可依照《广告喷画管理条例施行细则》第二十八条予以处罚

任务六　灯箱制作流程

任务二庆典策划中在丹阳高速公路旁树立了一个欢迎灯箱，我们就灯箱的具体制作过程作一个简单的描述。

图6-1　高速路旁欢迎牌灯箱效果图

一、工作条件

（一）市场调查

在展开灯箱广告的制作之前，我们应该先对市场做一个调查，作为营销人员如何才知道自己的灯箱产品可以被市场所接收，如何打开市场并发现第一个订单呢？这就要求必须进行必要的市场调查，发现那些客户是自己的联系对象，又从哪里可以挖掘客户。我们可以通过以下的方式寻找客户源：

1. 人员推销

（1）新开张客户。

一般来说刚开业的商家往往是希望制作灯箱展开宣传的，如何发现新企业、刚注册的公司呢，这显而易见可以去工商局等注册机构去了解，可以登录当地工商局网站发现客源，因为相关注册信息在公示栏中可以发现，销售人员可以将一些新开张企业分门别类，便于定期查访，还应留意一些正在装修的门市和店面都可以成为灯箱广告的潜在用户。

（2）老客户回访。

以前做过灯箱广告的老客户是非常好的潜在资源，一方面在自己公司规模扩大后会有新的需求，同时也会介绍其同行或同业企业新订灯箱业务，所以平时销售人员要注意保管客户资源，定期联系特别在节假日时回访老客户，在加强感情交流的同时也拓宽了业务渠道。

2. 广告宣传

（1）传统媒体宣传。

报纸、杂志、电视等传统媒体定期的广告宣传还是必不可少的，我们要注意定期小投入地宣传而不是短期大投资，一阵风之后就无影无踪让受众也不会记住产品和公司名称和品牌，浪费资源和精力，可以长期订购报纸的一个中缝广告版面或者行业杂志的一个版面，展开公司灯箱广告业务的持久宣传，如此方可以让一些产品需求者发现并使业务得以扩展。

（2）网络及新媒体宣传。

随着微博的兴起很多公司通过微博、微信等新媒体进行相关业务宣传也起到了很好效果，同时网络论坛营销和搜索排名也是效果明显的选项，特别是竞价排名，如果可以让当地消费者在百度中输入灯箱广告字条后，马上在出现的当地灯箱广告制作企业中排名在前几，这样的广告效果当然是显而易见的。

（二）与顾客洽谈

广告灯箱的制作最基本的步骤的就是要和顾客沟通洽谈，主要是要了解顾客的要求。我们在向顾客当面介绍前先准备好我们公司以及我们产品的资料，一本我们产品质量、规模以及我们同一些知名企业的合作的介绍。一本是我们公司针对不同灯箱的不同材料材质的介绍，我们可以每种类型的灯箱做一本册子，顾客想了解那种我们在事先见面时间清楚，待见面时就有计划的有目的的去专门准备哪种资料。如果顾客很满意我们公司的技术水平。我们就可以下一步骤，我们就可以和顾客聊聊顾客具体想要什么类型的灯箱，同时要问清楚顾客需要这种灯箱多长时间，如果时间长要一两年以上的话，建议顾客就选用材质比较好的如不锈钢做龙骨。如果顾客只用不到一年的时间，就建议顾客选用材质普通的材料，这样既能符合顾客的需要又能给顾客节省一些不必要的支出，从而给顾客留下很好的印象。如果顾客既要求质量又要求美观大气的我们就要建议顾客选用亚克力的，一定要跟顾客说明这种产品的价格比一般的要贵。如果顾客需要薄薄的美观的，我们就向顾客介绍超薄灯箱，并按程序了解顾客对产品的规格尺寸以及地点价格。

同时要了解灯箱的预算成本，因为客户往往很关心价格，我们必须在客户报出其希望制作的灯箱广告的尺寸、规格、材料要求后马上可以初步报出价格，这样一方面可以在顾客面前显得你专业，一方面可以尽快获得顾客好感而获得订单。灯箱广告往往在最初报价时会按照每平方米的造价来展开报价，虽然比较粗浅但是易于顾客理解，同时有利于企业获得最大利润，当然如果顾客主动提出要详细报价，销售人员必须可以罗列出所有材料、工艺、人工的价格。

（三）预算总汇

表 6 – 1　灯箱的预算

价格预算	
项目	价格（元）
材料费	方管 + 灯管 + 电线 大约在 200 多元
焊接费	人工费用（按照当地用工标准，每人每天 80 – 150 元左右）
喷绘费	喷绘布按照平方计算估计 8 – 15 元每平方
工具费	主要是租赁的费用
其他杂费	附属材料费用
总计	按照图 2 – 47 类似的简单灯箱制作成本在 400 – 600 元不等。

表 2 – 17　更为详细灯箱的预算表

价格预算			
材料	所需量	单价	小计
镀锌方管	两根，每根六米	25 元	50 元
日光灯	两根	48 元	96 元
日光灯镇流器	一个	37 元	37 元
电线	2 米	5 元	10 元
喷绘布	5.2 平方米	15 元	78 元
喷绘	5.2 平方米	10 元	52 元
螺丝钉	一盒	3 元	3 元
人工费	团队	100 元	100 元
其他	工具	——	174 元
总计		600 元	

（四）签订合同

如果客户满意我们的制作方案，满意我们的制作效果同时也可以接受我们的制作价格，我们就可以和顾客签订委托制作安装合同书。如下：

委托制作安装合同书

甲方：XX　　　　　　　　　　　　　　　（以下简称甲方）

乙方：XX 广告有限公司　　　　　　　　　（以下简称乙方）

为充分体现甲、乙双方优势互补、合作双赢、共同发展，根据《中华人民共和国合同法》及有关规定，本着自愿平等的原则，经甲、乙双方友好协商，在乙方经营场所签订以下合同，并共同遵守。

一、委托项目：灯箱制作

二、合作方式：乙方包工包料，甲方按本合同约定付款。

三、制作安装数量：一。

四、制作单价：600

五、制作尺寸：$1.5 \times 1.2 \times 0.3 m^3$

六、制作安装地点：甲方指定 XX 的位置安装。

七、制作安装时间：合同签订首付款到位 三 个工作日完成。

八、制作安装总价：人民币 600 元整。

九、甲方付款方式：

合同签订后当日付 200 元人民币，余款安装结束经甲方验收合格后 3 日内一次性付清即人民币 400 元。

注：三个工作日为甲方验收期，如乙方在 2012 年 10 月 17 日前未收到甲方书面通知，则视为验收合格。

十、甲方的权力与义务：

1. 位置的协调，占道证的申请等有关安装手续，均由甲方负责到有关部门办理，因此而延误工期，乙方不负任何责任，并由甲方赔偿乙方误工的实际损失。

2. 甲方对发布的画面内容提供样稿并承担法律责任。

3. 负责对乙方的制作安装进行行规内的验收并及时付款，逾期两周未付款，则视甲方违约。

十一、乙方的权力与义务：

1. 乙方必须保证制作，施工安装安全，发生一切安全事故均由乙方负责，与甲方无关。

2. 按合同规定期内（除自然影响及政府行为外）完成制作安装工程。

十二、违约责任：甲、乙双方均应遵守上述合同条款，否则视为违约，守约方可立即终止合同，由违约方向守约方支付本合同总价款的 10% 做为违约金，并赔偿守约方的所有损失。

十三、争议解决方法：因本合同引发的一切争议，甲、乙双方应当友好协商解决，协商解决不成的应当通过甲方住所地（京口区）人民法院诉讼解决。

十四、本合同未尽事宜，甲、乙双方本着友好合作另行协商，定出条款，双方签字盖章后作为合同附件，与本合同一样具有同等法律效力。

十五、本合同壹式贰份，甲、乙双方各执一份，双方单位盖章后生效。

甲方：XX	乙方：XX
电话：XX	电话：XX
地址：XX	地址：XX

2012 年 10 月 13 日

二、工作准备

与顾客洽谈好后，我们了解了顾客需要什么样的产品，与顾客商讨好什么样的灯

箱，比如说客户定制了一个很普通的灯箱，需要寿命为一两年，如图2-47灯箱，
其具体制作流程如下：

（一）灯箱制作材料准备：

1. 龙骨：采用镀锌方管

规格：25mm×50mm

单价：25-42元左右每根6M（不同厚度价格不一样）

用量：2根，每根6米

图6-2 镀锌方管

2. 光源：日光灯管两套

单价：8-48元每管（不同品牌价格差异比较大）

用量：2根

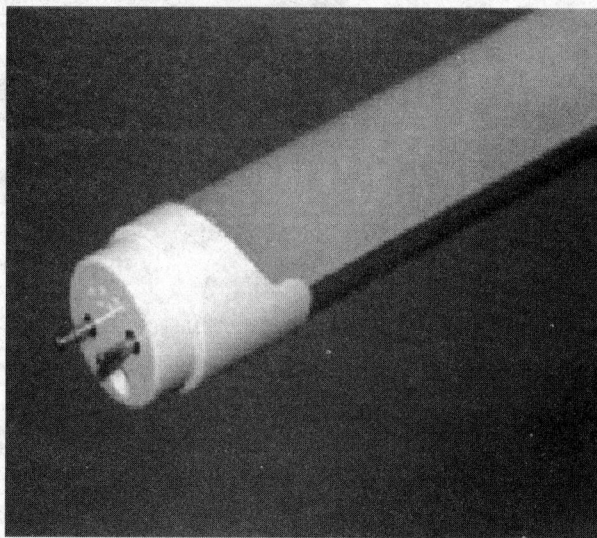

图6-3 T5日光灯管

3. 镇流器

型号：OP – YZ36D

价格：37 元左右（如果选用别的型号也可以，价格不一样）

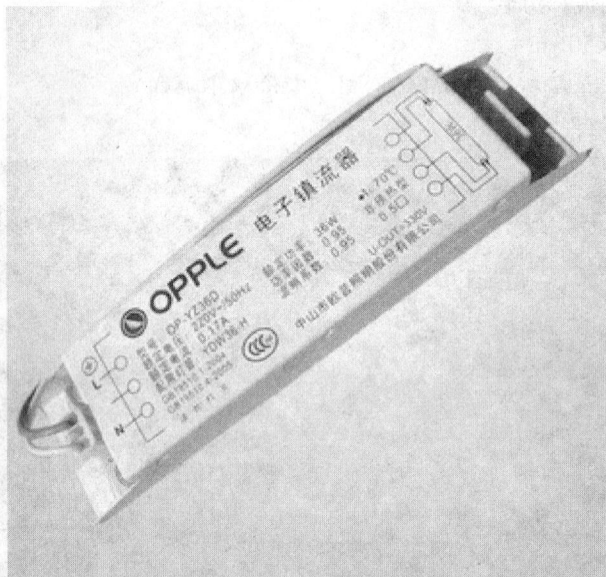

图 6 – 4　日光灯镇流器

4. 电线

单价：5 元左右/每米（电线厚度不同，价格差异比较大）

用量：2 米——4 米

图 6 – 5　电线

5. 面板：普通的喷绘布

单价：8 – 15 元/每平方米（不同品牌、不同厚度、不同性能价格不一样）

用量：根据灯箱的实际使用情况决定。

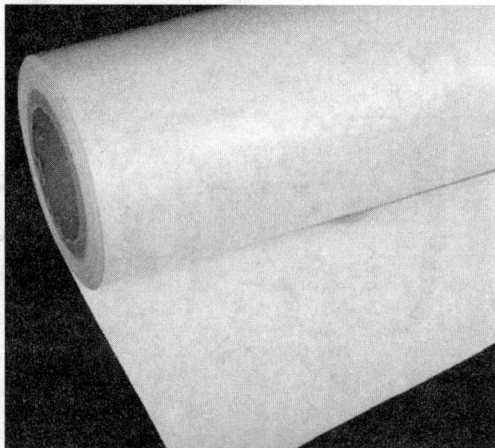

图 6 – 6　喷绘布

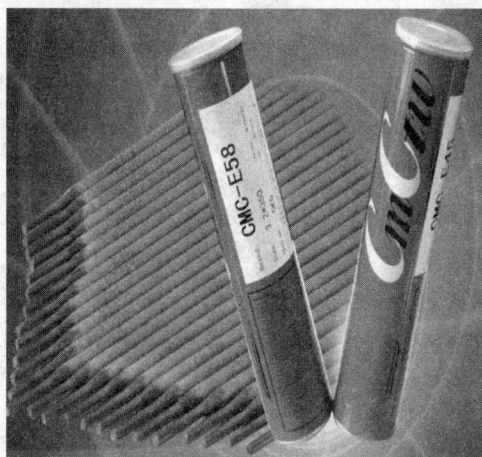

图 6 – 7　焊条

6. 附属材料：螺丝钉、不锈钢压条、铁丝等

价格：这些价格不是太贵、根据实际用量决定。

图 6 – 8　螺丝钉

（二）灯箱制作的设备准备：

电焊机、焊条、电钻、钢锯、切割机、磨砂机

1. 电焊机

图 6 - 9　电焊机

2. 电钻机

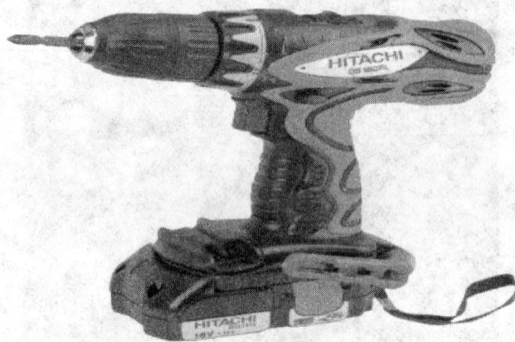

图 6 - 10　电钻机

3. 切割机

图 6 - 11　切割机

4. 钢锯

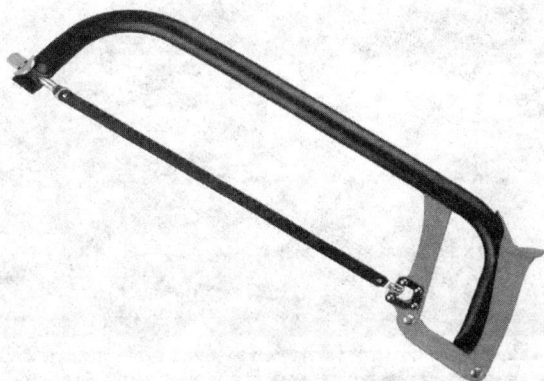

图 6 – 12　钢锯

5. 磨砂机

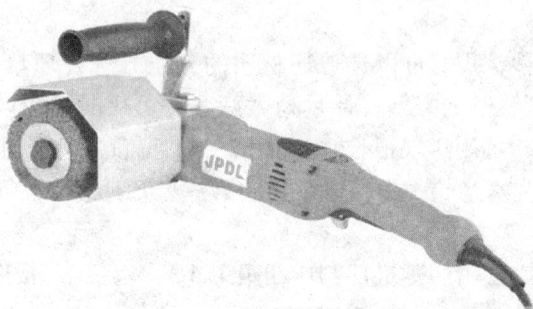

图 6 – 13　磨砂机

三、制作程序

合同签订好之后我们就根据客户的需求开始准备材料制作了。

（一）灯箱制作材料

龙骨：方管、木条或角铁或铝合金型材制作。

光源：日光灯管两套。

面板：喷绘灯箱布或有机玻璃色板或 PVC 色板。

支架：三角铁架。

（二）灯箱常用工具：电钻、十字改锥、镙钉、钢锯、铲锤、手钳、小钉、乳胶、勾刀、钢丝锯、有机玻璃胶。例如下图灯箱：

图6-14 灯箱

（三）龙骨制作

1. 选材

制作一个灯箱的龙骨，我们可以选普通材质的镀锡方管（质量一般易腐蚀，可用时长为一年左右），还有镀锌的方管（质量稍微好些，可用时长为两三年），还可以选用不锈钢的（质量很好，可用年限很长），如图2-48我们一般选用镀锌方管来制作它的龙骨，镀锌方管一般为六米长一根，所以我们第一步要对镀锌方管进行切割。

2. 切割

我们把六米长的镀锌管用切割机切割成四根1.5m，六根1.2m，六根0.3m的。切割机如图2-44

3. 焊接

把切割好的镀锌方管，根据图上的灯箱用电焊机把镀锌方管焊接成灯箱龙骨。电焊的时候要注意不要出现假焊，要注意安全。

图6-15 已制作好的灯箱龙骨

4. 抛光

用磨砂机将龙骨进行抛光，这样龙骨看上去就很有光泽。磨砂机如图 2 - 46

5. 为防止生锈，应在框架焊好并抛光后涂防锈漆，如图 2 - 49

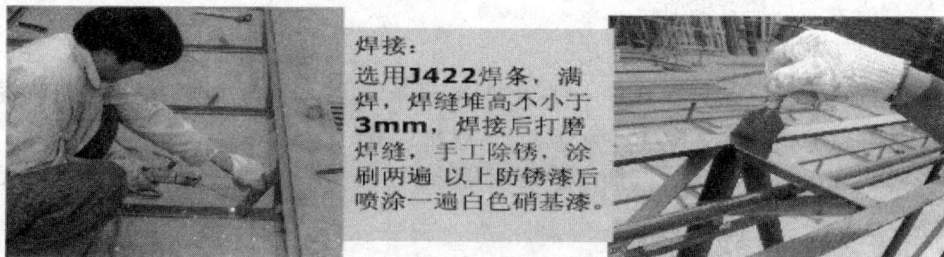

焊接：

选用 J422 焊条，满焊，焊缝堆高不小于 **3mm**，焊接后打磨焊缝，手工除锈，涂刷两遍以上防锈漆后喷涂一遍白色硝基漆。

图 6 - 16　焊接和涂漆

（四）箱体制作

1. 设计部设计电子灯箱箱体设计图，设计好后用电脑发给制作部

2. 接收设计部发来的电子设计图，然后用喷绘机把设计好的箱体样式喷印在喷绘布上

3. 制作部把喷印好的喷绘布晾干，剪裁等。（喷绘制作技能参见本教材相关章节）

（五）灯具以及电路安装

一般用日光灯管两、三根。40W1.2 米长灯管，用 1.3 米以上灯箱。30W 灯管 0.9 米长，用在 1.1 米以上灯箱。厚度一般在 20 - 25 公分。如图一我们采用了三根 40W1.2 米长的灯管。灯箱需具备镇流器、电容、接线端子等原件以及外置的电表、漏电保护开关、电子时控装置等原件。外置原件的放置位置应配合实际情况而定，室内外均可，安装于室外时需做好配电箱的防水。

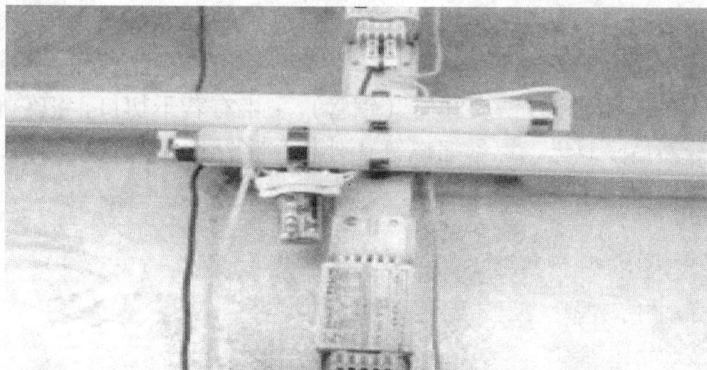

图 6 - 17　灯管布线图

（六）安装箱体

把日光灯管用铁丝安装好后，就开始把喷绘布蒙在固定的龙骨上，注意在蒙之前一定要把灯管的接线引出来，并要先通电检测是不是电路都通，日光灯在接通电源后

是不是亮，同时在外面最好装一个开关，所有线路没有问题了再蒙喷绘布，否则还要重拆就很麻烦了，在安装喷绘布时候要注意边角要直，不能有皱褶和间隙，同时喷绘布要绷直、平顺，让整个灯箱看起来字体、图案、结构清晰。

1. 户外安装的注意事项：

（1）脚手架构成及介绍：

钢管厚度一般是2.4—2.7毫米 直径是48毫米 表面一般不处理，个别涂防锈漆

架子管材质：Q195、Q215 或 Q235 ，规格：Φ3.0，Φ2.75，Φ3.25，Φ2.5 ，长度：1-6米半一个规格；可按照客户要求规格加工，执行标准：SY/T5768-95 GB/T3091-200。

图6-18　搭拆式脚手架

（2）脚手架按工人固定结点的作业方式划分二种：（1）插入打紧；（2）拧紧螺栓。

2. 户外安装固定用膨胀螺丝

膨胀螺丝一般说的是金属膨胀螺丝，它的固定原理 膨胀螺丝之固定乃是利用楔形斜度来促使膨胀产生摩擦握裹力，达到固定效果。螺钉一头是螺纹，一头有锥度。外面包一铁皮（有的是钢管），铁皮圆筒（钢管）一半有若干切口，把它们一起塞进墙上打好的洞里，然后锁螺母，螺母把螺钉往外拉，将锥度拉入铁皮圆筒，铁皮圆筒被涨开，于是紧紧固定在墙上。

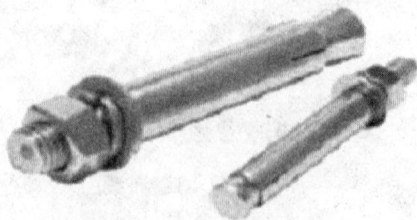

图6-19　膨胀螺丝

3. 门头灯箱安装步骤

（1）首先确定灯箱安装的位置，根据实际情况和灯箱品种确定安装方法。

（2）测量尺寸：根据灯箱背面的安装孔位置或现场实际尺寸来确定安装灯箱的固定点。

（3）固定灯箱：

①现场墙面为铝塑板、木版、铁板等，可直接用自攻螺丝固定；

②现场墙面为水泥或砖墙，可先用冲击钻打孔，然后用膨胀螺丝固定；

③现场墙面为瓷砖、大理石、玻璃等，可先用玻璃钻头钻穿表面，再钻膨胀螺丝孔，然后固定灯箱或采用用胶粘的方式。

④现场需要吊装或悬挂的灯箱，在选择好安装位置后，按灯箱安装孔位的实际尺寸来确定安装灯箱的固定点，再安装好吊件，连结地线即可。

（4）接线：正常灯箱电源线的出口端在背面，若现场所配电源在灯箱背面，可剪掉电源线的插头，直接接线，并将电源接头用绝缘胶布扎紧；若所配电源在安装灯箱位置以外，可改接灯箱电源的出口线于灯箱边缘，再用三相插头插入所配的电源插座上。

（5）固定灯箱：把灯箱的上盖打开，对正固定点安装（即用电钻在灯箱底座电源线位置钻孔，重新装电源线，用水平尺调整成水平状态）。

（6）通电亮灯，清洁灯箱表面即可。

4. 完工交付

当灯箱已经全部制作完毕，我们应当按照合同的运输条款交予客户，如果灯箱涉及安装应安排工人上门安装，同时交付后按照合同向客户要求结清剩余的款项，并以书面的形式开具质量保证书，为今后维护提供保障，客户交清全款要及时准确地开发票，并及时做账。

四、知识贮备

（一）灯箱广告的定义

灯箱广告又名"灯箱海报"或"夜明宣传画"。用于户外的灯箱广告，其应用场所分布于道路、街道两旁，以及影（剧）院、展览（销）会、商业闹市区、车站、机场、码头、公园等公共场所。国外称之为"半永久"的街头艺术。

（二）灯箱广告的种类

按照材料分类可分为：超薄灯箱、吸塑灯箱、滚动灯箱、灯杆灯箱、水晶灯箱、光电灯箱、拉布灯箱、塑胶灯箱、成型灯箱、烤漆灯箱、电子灯箱、EL 灯箱、LED 灯箱、亚克力灯箱、铝型材灯箱、铝合金灯箱、玻璃钢灯箱、不锈钢灯箱、导光板灯箱、等。

按照形状可分为：方形灯箱、圆形灯箱、3D 灯箱、立体灯箱、双面灯箱、落地灯箱、翻盖灯箱、立柱灯箱、三面翻灯箱、吸盘式灯箱、换画灯箱、卷动灯箱、变画灯箱、彩变灯箱、旋转灯箱等。

按用途可分为：指路牌灯箱、银行灯箱、视力表灯箱、对色灯箱、广告灯箱、指示牌灯箱等。

新型灯箱分类：镜面灯箱、感应灯箱、魔变灯箱、变影灯箱、魔幻灯箱、太阳能灯箱、磁悬浮灯箱、EEFL 灯箱等。

（三）几种常见灯箱的具体介绍

灯箱在户外广告发布媒体中已经是最为常用的一种，且在美化城市方面也有独特之处。灯箱是一种用金属材料做内撑架，内装光源，外面采用透光性能好的广告材料制作而成的广告发布媒体，因形如箱体，所以被称为灯箱。它是夜间展示店名、商标、商品的一种理想传播工具。当夜晚商店或商品需要增加能见度时，灯箱提供了最基本最简洁的表达方式。灯箱广告、灯柱的媒体特征都是结合灯光把灯箱形成单面、双面、三面或四面的灯光广告。现在灯箱广告的制作已普遍采用电脑喷绘的形式，具有色彩鲜艳、旋转式、多面式、三角形、方形、圆形等。并且灯箱制作简单，基本上所有的上海广告公司都能制作。其分类繁多，应用广泛，以下介绍几种常用灯箱供大家参考：

1. 亚克力灯箱

这是用白色有机玻璃做面部材料，箱体结构通常用角钢或方管焊接成框架，然后用不锈钢边条包边，采用即时贴刻字或丝印将内容印在玻璃上。其优点是重量较轻、精致耐用、安装方便。由于工业技术水平的提高，特别是热成型技术的体现，有机玻璃可由吸塑成型机直接制作成吸塑灯箱，并可做成弧面、圆形，甚至不规则形体的灯箱都可以生产出来。广告画面主要采用丝热转印技术制作，非常适合规模化生产。

2. 灯箱片灯箱

灯箱片灯箱多用于室内，体积不大，外表材料讲究，造型多为长方形，边框用金黄色的钛金边或白色的不锈钢边条装饰，画面采用数码写真喷绘，色彩鲜艳，图像真是，质感强烈，很容易吸引消费者的注意。这类灯箱内部结构与亚克力灯箱相同，只是将亚克力换成普通的透明玻璃。关键是表层画面采用 PVC 灯箱片材料，这种材料很像胶片，一面光滑，一面涂有特殊涂层，将精密很高的图片反向喷在灯箱片涂层上，安装时要将光滑面朝外，粘贴在玻璃表面，就会平整挺括。透过灯光，画面细腻逼真、色彩艳丽。

3. 灯箱布灯箱

灯箱布的主要原料是经纬线聚氯乙烯面层，用它做底材的灯箱，叫灯箱布灯箱，因为灯箱布属于软性材料，所以又叫柔性灯箱。灯箱布透光性好，性能稳定，画面可折叠，运输方便，使用范围广。灯箱布灯箱通常适用于室外产品形象的表现，幅面尺寸没有限制，多为单面展示。画面用喷绘机制作，将设计好的画面直接喷绘在灯箱布上，色彩饱和度很高，可防紫外线照射，很易清洗，保存时间长。灯箱布灯箱既可以内置光源，也可以外置灯光。安装时直接将画面绷在钢架结构上，灯箱布灯箱的钢架结构由于面积增大而稍有不同，主要是增加钢架数量。如果广告设置的位置很高，则需要再钢架上铺满铁板增强抗风性。安装时难度较大，需要再后面加上支架保证安全。这类灯箱多放在门头或建筑顶层，用于制作大型广告牌。

4. 丝印灯箱

图 6 – 20　丝印灯箱

丝网印刷技术印刷的画面精度高、色彩还原性好、质量极其稳定，克服和解决了网印界的多项难题。

（1）特点：

（1）丝印灯箱可以使用多种类型的油墨。即：油性、水性、合成树脂乳剂型、粉体等各类型的油墨。

（2）丝印画面高精度、色彩饱和度好，可使画面在 0.2 秒完全干燥，画面绝不粘连。

（3）丝印灯箱画面可以丝印彩色、单色，四色及复杂的色彩丝印。

（4）墨层厚实，覆盖力强。

（5）丝印灯箱色彩耐久性强，这种印刷方式有着很大的灵活性和广泛的适用性。

（2）用途：

丝印灯箱可广泛应用于商场，超市、银行、连锁店、饭店酒楼、餐厅、机场、码头、地铁、车站、展览展示工程等行业。

5. 滚动灯箱

多画面滚动广告灯箱，是一种能全面展示企业产品和企业形象的新媒体，该产品将微电脑技术和精密的机械结构融为一体，具有动静结合、自动定时定格、自动往复播放、广告画面变化生动并具备普通灯箱色彩丰富，画面清晰的优点。

多画面滚动广告灯箱经过几年的研制生产，对产品性能不断完善，内打灯的光源，白天灯箱画面转，灯不亮，等天黑以后灯箱里的照明自动亮起来。既节省用电，又方便使用。每台灯箱 2 – 10 幅广告画面，自动定时定格，自动转换画面，每幅画面时间1 秒钟至 999 秒都可以设定。如果两台以上，规格相同画面相等还可以连机同步，如果有需要，还可以增加遥控。规格大小：户外长度 6 米以内，高度 2.15 米以内。

图2-21 滚动灯箱

该灯箱可广泛应用于商场、超市、药店、商店、医院、保险、宾馆、银行、电信、车站、码头、公园、娱乐场所、体育场所、展览展示、工商企业、市政亮丽工程等各行各业。

6. 超薄灯箱

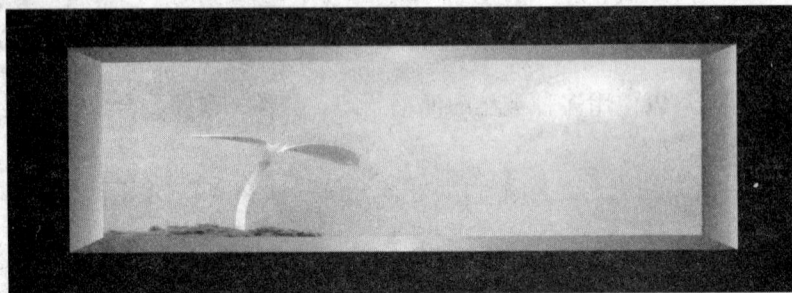

图6-22 超薄灯箱

超薄灯箱是是近年来迅速发展起来的一种新型的灯箱，它应用独特的导光板技术。使用普通荧光灯管或LED等作为光源。该产品具有薄、亮、匀、省的特点：

薄指厚度尺寸小；亮指光源在同样功率条件下亮高；匀指发光面光线均匀；省指节能，用导光板制造的超薄灯箱比普通灯箱节能60~70%

（四）灯箱广告发展现状及背景

灯箱照明应用范围极为广泛，无论是宾馆饭店、商场店铺、加油站，还是飞机场、火车站、地铁站等，灯箱广告随处可见。灯箱广告成为中外企业、机构宣传形象、展示品牌等吸引公众的重要手段，频繁地出现在各种公众场所。

可以预见，伴随着经济的发展，未来我国的灯箱照明节电市场前景非常广阔，不但蕴涵着巨大的商机，也蕴藏着巨大的节能潜力。但是目前我国照明节电政策主要侧重于节能光源的推广应用，而拥有自主知识产权的灯箱照明节电技术还需要政府部门加大重视并大力推广。

（五）灯箱广告与其他广告比较的优势缺点

1. 优点

（1）画面大。

众多的平面广告媒体都供室内或小范围传达，幅面较小。而户外灯箱广告通过门头、布告（宣传）灯箱广告栏、立杆灯箱画的形式展示广告内容。比其他平面广告插图大、字体也大，十分引人注目。

（2）远视强。

户外灯箱广告的功能，是通过自然光（白天）、辅助光（夜晚）两种形式，向户外的人们、远距离的人们传达信息。广告作品的远视效果强烈，极利于现代社会的快节奏、高效率、来去匆匆的人们在远距离刻意关注。其广泛运用于公共类的交通、运输、安全、福利、储蓄、保险、纳税等方面；同时在商业类的产品、企业、旅游、服务；在文教内的文化、教育、艺术等方面，均能广泛地发挥作用。其展示的形式多种多样，具有文字、色彩、图画等多种功能。

（3）千人成本低。

户外媒体可能是最物有所值的大众媒体了。它的价格虽各有不同，如果但它的千人成本（即每一千个受众所需的媒体费），与其他媒体相比却很有趣：射灯广告牌为2美元，电台为5美元，杂志则为9美元，黄金时间的电视则要1020美元！但客户最终更是看中千人成本，即每一千个受众的费用。

（4）发布时段长。

许多户外媒体是持久地、全天候发布的。它们每天24小时、每周7天地伫立在那儿，这一特点令其更容易为受众见到，也似可方便地看到它，所以它随客户的需求而天长地久。

（5）视觉冲击力强。

在公共场所树立巨型广告牌这一古老方式历经千年的实践，表明其在传递信息、扩大影响方面的有效性。一块设立在黄金地段的巨型广告牌是任何想建立持久品牌形象的公司的必争之物，它的直接、简捷，足以迷倒全世界的大广告商。很多知名的户外广告牌，或许因为它的持久和突出，成为了这个地区的远近闻名标志，人们或许对这街道楼宇都视而不见，而唯独这些林立的巨型广告牌却是令人久久难以忘怀。

能综合运用广告的大小、形状、载具形式、色彩、三维等各方面要素，为广告的创作提供创造的灵活性，表现力强；优秀的广告人能很巧妙的运用这些元素，同时借助高科技材料和技术的综合效果，形象生动的表现广告主题，卓越的表现出强势的视觉冲击力以吸引受众。

基于设计灵活性的特点，广告设计者常结合广告客户自身形象、发布区域、时间等量身定制富有个性化的广告。借助户外媒体特殊载具和新技术、新材料的特点，而设计发布的一些形式个性化的广告，能很好地突破户外广告没有的形式，展示运动感和时空性。在一些城市的地铁隧道墙上，经常可以发现一连串不同幅的广告画面巧妙借用地铁运动演绎一幅动态方面的广告。同时，一些运用视频、数字、移动等新材料、新技术的户外媒体也逐渐成为一种趋势。户外媒体给人的印象已不是简简单单的平面单一信息传达，目前数字电子技术的应用使户外媒体开始"动"起来，有了动态大屏幕、数字视频网络播放系统、公交车中的 CD。有了三维成像展示台，很多户外媒体开始走向多元化，这也正是户外媒体生命力所在。

（6）到达率高。

通过策略性的媒介安排和分布，户外广告能创造出理想的到达率。据实力传播的调查显示，户外媒体的到达率目前仅次于电视媒体，位居第二。

由于受众对户外媒体的关注度逐渐增加，很多客户越来越偏好使用户外媒体，而户外媒体的关注度和媒介的使用习惯呈逐年提高趋势。特别是在房地产、邮电通讯、金融、服务和家电行业的投放额的比例逐年大增。

户外媒体触动受众能力的无限性，一方面来自它自身的无孔不入，几乎任何户外的地方都可以发布大小、形式不一的广告，另一方面则来自人们户外活动的规律性。这就给户外广告被接触频率提供了一个优越的先天条件。人们每天的生活总是有规律可循的，简单地说，一个人的普通生活就是若干"点与线"的组合。"必经之路"便成了户外广告"守株待兔"的最佳位置。例如，人们每天总要接触若干次回家途中的户外广告。当广告人找到消费者相关活动的规律后，便能大大提升户外广告的效能了。

（7）城市覆盖率高。

在某个城市结合目标人群，正确的选择发布地点、以及使用正确的户外媒体，可以在理想的范围接触到多个层面的人群，广告即可以和受众的生活节奏配合的非常好。

（8）单一媒体分散但数量巨大。

多种户外媒体载具组合运用，且配合其他媒体攻势、整合传播效果明显。联合式户外广告包括媒介联合（户外媒介联合、户外与其他媒介联合）、品牌联合两种形式。户外媒介联合，即将户外媒体中各类形式综合性的组合运用于一个广告运动。如：一个广告主题既用交通类广告，又用大型广告牌、街道媒体、人体媒体等同时发布广告；户外媒体与其他媒体的组合是指一次广告运动中同时用到户外、电视报纸等媒体。如CDMA 的户外广告的画面用的是电视广告的主画面，这便放大了广告的效能，达到了整合传播的目的。

2. 缺点

（1）灯箱广告安全性不足，有电，悬挂，很多会掉下来；

（2）动感性不强；

（3）适应恶劣天气能力弱；

（4）单向传播；

（5）定量广告效果统计难；

（6）户外操作难度高等等。

任务七 手提袋制作流程

任务三策划文案中有很多创意设计涉及到彩色印刷，譬如手提袋、DM、彩页宣传单等。下面就手提袋的制作流程做一个简单介绍：

一、手提纸袋印刷的制作工艺流程

手提袋印刷广泛应用于服装、食品、鞋业、礼品、烟酒、药品等领域的商品包装。目前、我们可以把这些大量使用的手提纸袋归纳为两类。

一类是大众化的包装用普通纸袋。这类纸袋大都采用轮转印刷、自动生产线完成制袋，制作纸袋的材料多选用牛皮纸，纸袋规格和花样比较呆板，其优点是生产效率高，适宜大批量生产。

另一类是美观、精致的包装、购物袋。这类纸袋一般采用单张纸印刷，依赖手工或半自动生产，牛皮纸、铜版纸，卡纸都常被选作加工纸袋的材料。它们大都用于高档商品的包装、礼品袋或各种商业活动的广告袋。特点是任何形状、规格的纸袋都可生产，但工艺较复杂，生产效率低。本文就专门针对这一类纸袋来讨论手提纸袋的生产工艺。它的优点是：任何纸制提袋均可制作，缺点是生产速度慢。这类购物袋，大都用于高贵的商品包装，或当作礼品袋使用，或是作为商业活动的广告袋。

由于使用功能或设计上的需要，纸袋所使用的生产工艺具有一定的复杂性，但基本流程可以归结如下：

（一）设计

纸袋的设计制作是整个纸袋生产工艺的关键环节。多数纸袋是企业形象与商品广告策略的延伸，因此选用的材料、装饰的工艺和表现的形式都与纸袋的用途和功效密不可分。牛皮纸的韧性好、强度高，表面较粗糙。卡纸挺度好但韧性差，用作纸袋一般需要表面覆膜。铜版纸有一定的韧性，印刷色彩丰富，但挺度比卡纸差。强调耐用性多选择用牛皮纸，对色彩和挺度都有讲究时大都采用卡纸，而需要丰富艳丽图案效果，人们往往偏爱铜版纸。为了提高手提纸袋的品味和档次，设计师们在印后表面装饰工艺上大动脑筋。烫金、UV、上光、七彩、凹凸及植绒等工艺灵活运用也使纸袋色彩明快、立体感增强，表现力更加丰富。当然无论采用何种整饰工艺，设计师应考虑纸张材料的经济利用，工艺设计的合理性。为了生产和品质管控，设计时制作一套完整清晰的作业工程图必不可少，多数情况下产品还需要经过打样确认。设计中的打样既是工艺的验证，也是客户确认的依据、生产的标本。

（二）印刷

纸袋因其常常是企业形象与商品广告策略的延伸，它的印刷设计与一般印刷品不同，专色、满版较多，用墨量大、颜色鲜艳。所以它的印刷工艺也与其它产品要求有所不同。印刷操作者要特别注意水墨平衡的控制，设备调整的状态要好，否则容易发生水墨起杠，颜色的色差问题。一些印刷厂开单用纸较省，印刷时需注意上下和来去的印刷位置，以保证纸袋糊口和上舌口及底部的尺寸。如产品印后需要进行覆膜等加工时还必须注意尽量控制墨层厚度，减少添加剂的使用，最大限度地减少喷粉的使用量。

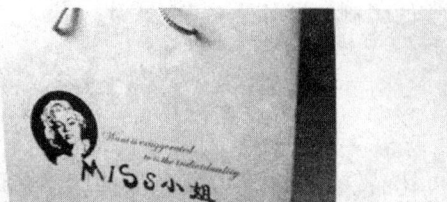

图7-1 单色印刷效果图

图7-2 双色印刷效果

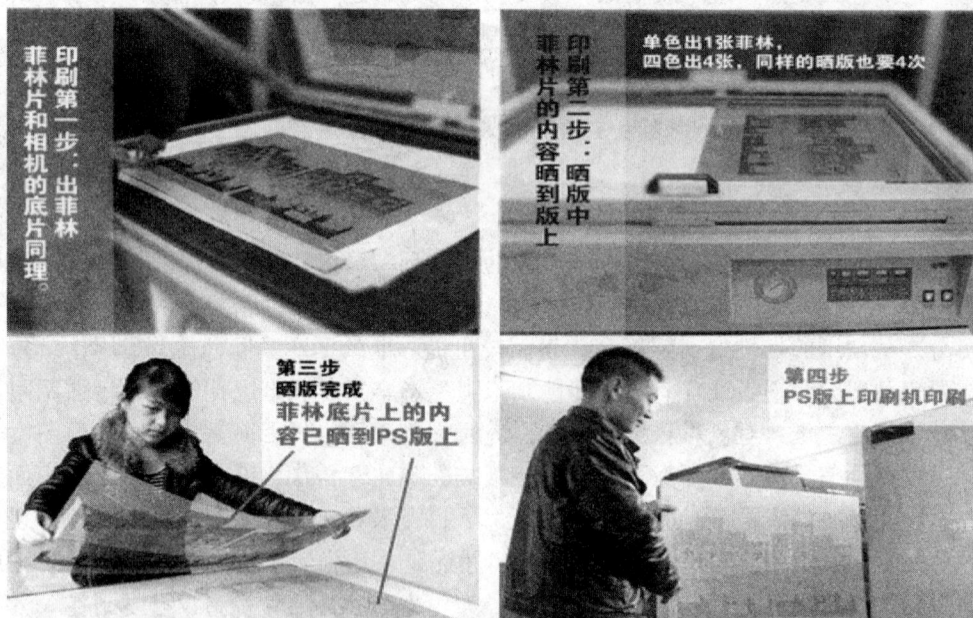

图7-3 印刷过程

图7-4　印刷单色—四色图

（三）覆膜

覆膜又称印后过塑、印后裱胶或印后贴膜，是指在印品的表面覆盖一层 0.012 ~ 0.020 mm 厚的透明塑料薄膜而形成一种纸塑合一的印后整饰工艺，一般分为预涂和即涂两种工艺。根据使用薄膜材料的不同又有高光膜和亚光膜之分。随着环保水性溶剂的使用，覆膜工艺的环保性有了进一步的提高。非牛皮纸袋多采用覆膜工艺，主要是因为覆膜可以增加色彩的浓度，产品防水避污性能好，纸张的抗老化、抗撕裂、抗戳穿等物理性能普遍提高，进而纸袋的牢度和强度得到改善，承载力明显增强。尤其是使用亚光膜能给人以柔和、高档、舒适的感觉。

纸袋的覆膜工艺要注意几点：①选择合适的覆膜胶水，尤其是满版金属墨产品和需要后续凹凸加工的情形；②控制覆膜的速度并根据车速选择合适的施胶量；③需覆膜的产品必须待印后干透才能进行覆合作业，刚覆膜的产品也需放置一段时间再进行轧切、凹凸加工；④印刷时喷粉过大还必须进行覆膜前的除粉操作；⑤加强对膜的电晕效果的检查等。如果不注意以上几点的控制，容易造成覆膜产品的脱膜、起泡、麻点等品质事故，甚至会导致批量报废。

（四）表面整饰

烫金、UV、上光等印品表面整饰工艺是手提纸袋广泛选用的生产工艺。它极大地满足了人们对纸袋的精美、高档的追求。在生产过程中，也必须控制好这些工艺环节中的关键点。

烫金工艺与印金相比其金属感强烈、一致性好、色泽明快、立体感更丰富。完美的烫金效果取决于烫金的温度、压力和速度的有机协调。烫金作业时应关注以下几个影响烫印效果的因素：①烫印产品的表面平整度；②烫印产品的表面印后处理工艺（覆膜、过油等）；③使用的电化铝的烫印适性；④烫印版和烫印机的状态等。烫印是一门复杂的工艺技术，在烫印过程中充分考虑上述因素的影响，才有可能达到满意的烫印效果。

表面的上光工艺主要指 UV 上光和普通上光。上光工艺能够使印品保持良好的光泽效果和提高印品的表面抗耐磨性，特别是 UV 上光和局部 UV 上光在纸袋加工工艺中的使用，使纸袋的印刷层次厚实致密、光泽丰富滋润、印刷主题突出、观感强烈。

另外，凹凸、七彩、植绒等其它印品整饰工艺也在手提纸袋工艺中获得一定程度的使用，这些工艺的使用既提高了纸袋的美观度和时尚性，又陶冶了使用者的生活情趣。我们也必须控制好这些工艺操作技术要领，从而起到锦上添花的功效。

图 7-5　印刷加烫金图

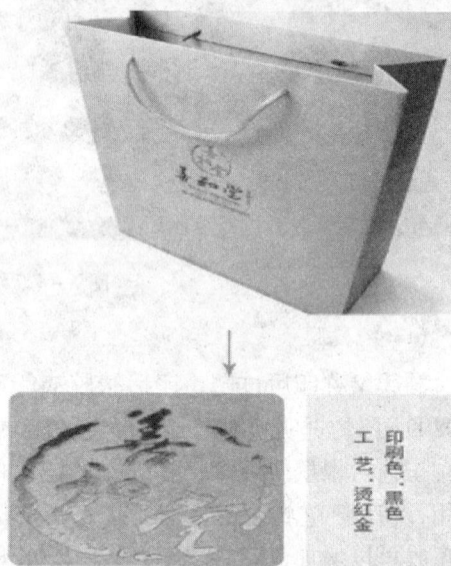

图 7-6　烫金效果图

（五）模切加工

模切工艺是将模切刀和压痕刀组合在同一块模板上利用模切机对印品进行模切和压痕加工的工艺方法，又称"轧痕"。它是纸袋生产过程中的一道重要工艺。模切的质量直接影响纸袋成型品质和手工糊制效率。

模切工艺要注意：①选用正确的模版。由于多数纸袋形状相似、有些尺寸变化不大，作业时必须制作首件对照工程图复核，以免用错模版。②控制好工作压力。要求模切边不能有毛刺，暗线清晰好折但又要避免炸线。有些纸袋模切时暗线部分看不出问题，但手工折袋糊制时会出现破裂，因此模切过程中要不断试折做好过程检验。③

考虑纸张的特性，沿着纸张的丝缕方向，纸张比较好折，模压压力可小些，而垂直于纸张丝缕方向，纸张比较难折可在局部增加模压压力。④卡纸的韧性较差，如没有表面覆膜时，特别要重视模切效果。

（六）糊盒

糊制工艺是手提纸袋制作中最特别的一个环节。除了辅助性的使用一些半自动设备外，主要依赖于手工完成，是整个纸袋工艺流程中效率最低的一个环节。发达国家对精美手提纸袋需求量特别巨大，因为无法通过自动化的生产线完成，所以也就为我国许多印刷包装企业的纸袋产品的出口提供了商机。

纸袋的糊制首先要做好首件工艺策划。①根据纸袋材料选用合适的粘合剂。许多纸袋厂因工艺经验不足，常由于粘合剂的选用不当造成纸袋假粘开胶。出口纸袋需要适应货柜中可能的 50～60℃ 的高温和使用地零下 20～30℃ 的低温考验，同时还必须考虑粘合剂的老化因素。②纸袋的构造和提手材料及联结形式等对于纸袋产品而言多种多样，我们则要根据具体的情况探讨使用合适的手工工艺方法。有些需要糊制前就要冲提手安装孔，有些要在糊制的过程中使用热熔胶固定手提等等。这些手工糊制工艺的策划需要在批量生产前完成，而工艺一旦确认，我们还应该在手工糊制过程中加强细节管控，防止溢胶污染和避免生产中的纸袋表面划伤等。当然，纸袋糊制批量产前的首件制作可以参考打样时的工艺策划进行工艺再评估。

经手工糊制完成的纸袋基本已经成型，有些手提纸袋还有最后一道工序——冲孔、穿绳等作业，从而完成最终的手提纸袋的成型包装。

通过以上手提纸袋工艺流程的分析探讨，我们知道精美时尚的纸袋是由一个个复杂的工艺过程串联而最终完成的。任何一个工艺环节的疏失都可能导致生产品质事故的发生。工艺的严谨性是确保产品优质的必要条件。在整个工艺流程中，我们要加强工艺的评估管理和各工序量产前的首件确认程序的执行力度，同时、严格生产过程中的跟踪管控。任何完美的工艺都必须依赖于严格地执行工艺作业程序来保证，纸袋的制作也不例外。

二、价格预算

（一）纸袋规格与价格

表7-1 纸袋规格与价格表

型号	尺寸（长X宽X高）	价格（元）
ST-01	13X8X15CM	0.65 元/只
ST-02	15X7X21CM	0.75 元/只
ST-03	23X9.5X34CM	1.00 元/只
ST-04	18X7X24CM	0.8 元/只
ST-05	20X10X28CM	0.9 元/只
ST-06	24X8X35CM	1.1 元/只

续表

型号	尺寸（长 X 宽 X 高）	价格（元）
ST－07	28X10X33CM	1.15 元/只
ST－08	32X11X25.5CM	1.2 元/只
ST－09	30X10X40CM	1.25 元/只
ST－10	32X12X44CM	1.50 元/只
ST－11	40X12X40CM	1.55 元/只

（二）烫金价格预算

烫金板费50元（一次性费用，内容无更改的话第二次免此费用，一块版50元，尺寸在10CM以内）加上上版费50元（每次50元）加上烫金费每烫一道加0.1元。

（三）提绳价格

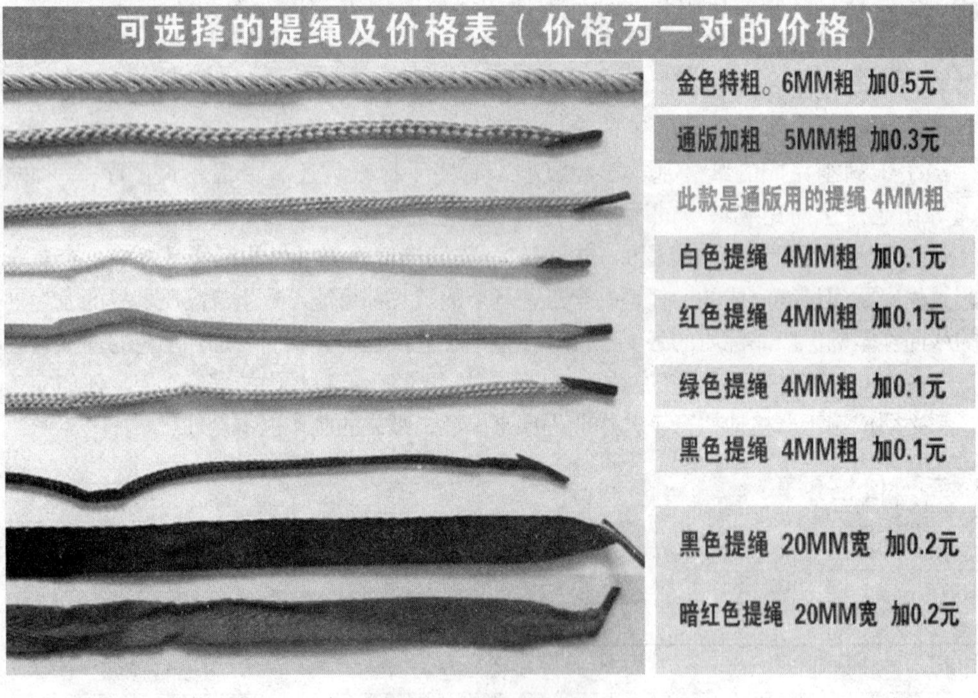

可选择的提绳及价格表（价格为一对的价格）

金色特粗。6MM粗 加0.5元

通版加粗 5MM粗 加0.3元

此款是通版用的提绳 4MM粗

白色提绳 4MM粗 加0.1元

红色提绳 4MM粗 加0.1元

绿色提绳 4MM粗 加0.1元

黑色提绳 4MM粗 加0.1元

黑色提绳 20MM宽 加0.2元

暗红色提绳 20MM宽 加0.2元

图 7－7　提绳价格图

三、效果评估

企业把相关活动或促销制作在纸袋上，这是在利用已购买的消费传播信息，让更多消费者知晓。纸袋对于消费者而已是便利的，所以很多消费者都不会拒绝这种无形的传播。并且节省了费用，传播面广。

综合实训

任务一：结合一个实际操作过程阐述灯箱广告制作流程。

任务二：详细分析一个喷绘广告的制作流程。

任务三：自己根据老师提供的手提袋可以现场讲解其制造细节及过程。

第四篇　模拟实战工作任务

任务八　注册广告公司流程

第一节　项目引入

项目引入：

刚到广告公司的大学生，面对公司所接的客户策划订单，不知道从哪里下手，公司负责人往往是安排到各部门实习，包含综合管理部、策划部、设计部、销售部，创意实施部等，转了一圈后你知道这些部门主要的职能吗？如果让你自己创业成立广告公司又如何着手？

学习目标：

掌握广告公司注册的基本流程，广告公司各部门的职责

技能目标：

1. 可以自己注册广告公司

2. 可以理清广告公司各部门职能

第二节　项目前期

如果学生毕业后准备自己创业成立广告公司，势必应该了解广告公司的注册流程，下面我们就广告公司在工商管理部门的登记、备案、领证等相关步骤阐述。

不同的广告经营者有着不同的审批登记程序。主要有：

1. 经营广告业务的企业。按照《广告管理条例施行细则》中的规定，对全国性的广告企业、中外合资、中外合作经营广告业务的企业，向国家工商行政管理局申请，经核准，发给《中华人民共和国营业执照》。地方性的企业，向所在市、县工商行政管理局申请，报省、自治区、省辖市工商行政管理局核准，由所在市、县工商行政管理局发给《企业法人营业执照》。兼营广告业务的企业，应当办理经营范围变更登记。

2. 兼营广告业务的事业单位。兼营广告业务的事业单位，向所在市、县工商行政

管理局申请，报省、县工商行政管理局或其授权的省辖市工商行政管理局核准，由所在市、县工商行政管理局发给《广告经营许可证》。兼营广告业务的事业单位申请直接承揽外商来华广告，则向省、自治区、直辖市工商行政管理局申请，经其审查后转报国家工商总局核准发给《中华人民共和国广告经营许可证》。

3. 经营广告业务的个体工商户。个体工商户经营广告业务，要向所在市、县工商行政管理局申请，报省、自治区、直辖市工商行政管理局或其授权的省辖市工商行政管理局核准，又所在市、县工商行政管理局发给《营业执照》。个体工商户领取《营业执照》仅标志着其因具备经营条件而获得经营广告的资格，而不标志其取得法人资格。

4. 经营临时性广告业务。非正式广告经营单位举办赞助广告活动，经办挂历广告等属于临时广告经营活动。举办单位举办地方性的临时广告经营活动，要向省、直辖市工商行政管理局或其授权的直辖市工商行政管理局申请，经核准并领取《临时性广告经营许可证》。举办单位举办全国性的临时广告经营活动，要向所在省、自治区、直辖市工商行政管理局申请，报国家工商行政管理局批准，由举办单位所在省、自治区、直辖市工商行政管理局发给《临时性广告经营许可证》

第三节　项目实施

一、营业执照及申领注意事项

（一）营业执照

营业执照时经营广告业务的企业单位取得法人资格，被国家允许从事广告经营活动的书面形式的凭证。经营广告业务的企业领到营业执照，既是它合法权益得到保护并承担相应义务的象征，又是它开展符合国家政策、法律、法令的生产经营活动的依据。经营广告业务的企业只有在领取营业执照后，才能在银行开立账户、刻制公章、签订合同、注册商标、刊登广告和开展经营广告的业务。我国工商行政管理机关签发的营业执照有三种，它们的发放对象和法律效力是各不相同的。《中中华人民共和国企业法人营业执照》的发放对象是经营广告业务的中外合资、中外合作企业和全国性的广告公司；《企业法人营业执照》的发放对象是专营广告业务的企业；《企业执照》的发放对象是经营广告业务的个体工商户。

（二）申请注意事项

1. 投资人只需要按照本申请书格式要求认真填写有关内容，即可申请企业名称预先核准。

2. 投资人应该依法慎重选择申请的企业名称，避免侵犯社会和他人的合法权益，因使用核准登的企业名称造成社会和他人损害的，应承担相应的责任。

3. 除提交本册文书外，投资人还应当依法提交如下身份证明：

（1）投资人为自然人的，提交身份证复印件，由被委托人署名"与原件无误"并签名；

（2）投资人为企业的，提交身份证复印件，并加盖本企业公章；

（3）投资人为事业单位的，提交事业单位法人证书复印件，并加盖本事业单位公章

（4）投资人为社会团体的，提交社会团体登记证书复印件，并加盖本社会团体公章。

4. 企业名称预先核准的机关与拟设企业登记机关不一致的，投资人还应当提交拟设企业登记机关的名称查询清单。

5. 被委托人应当携带身份证原件核对。

6. 申请冠以"中国"、"中华"、"国家"、"全国"、"国际"字词的，应向国家工商总局申请，并应当提交国务院的批准文件。

7. 报社，杂志社、期刊社在企业名称中使用报纸、杂志、期刊字词的，应对这些字词使用书名号。

8. 本申请书应采用 A4 规格纸印制，投资人可采用 A4 规格纸自行双面复印。

9. 投资人应当使用钢笔、签字笔或毛笔工整填写相关内容和签名，除签名外，其他内容可以打印。

10. 对字迹潦草、书写不清、难以辨认的，企业登记机关的名称核准受理人员有权要求投资人重新填写。

11. 已核准但未完成企业登记的名称，投资人、投资额、登记机关发生变化的，应向名称原核准机关重新申请企业名称预先核准，并应当申请撤销原企业名称。

12. 除当场提交且不予受理的申请材料外，企业名称申请材料一律不予退还。

13. 名称预先核准时不审查投资人资格和企业设立登记条件，投资人资格和企业设立登记条件在企业登记时审查。投资人不得以企业名称已核为由抗辩企业登记机关对投资人资格和企业设立登记条件发的审查。企业登记机关也不得以企业名称为由不予审查就准予企业设立登记。

14. 全体投资人应予本册文书末尾签名（自然人）或盖章（企业、事业单位、社会团体），对本册文书所填内同予以确认。

二、公司名称申请及注册登记流程

（一）名称预先核准

敬告

第一节 在签署文件和填表前，申请人应当阅读过《中华人民共和国公司法》、中华人民共和国公司登记管理条例》、《中华人民共和国企业法人登记管理条例》、《中华人民共和国企业法人登记管理条例施行细则》、《企业名称登记管理规定》、《企业名称登记管理实施办法》和本申请书，并确定其享有的权利和应承担的义务。

第二节 申请人无需保证即应对其提交文件、证件的真实性、有效性和合法性承担责任。

第三节 提交的文件、证件应当使用 A4 型纸。

第四节 应当使用蓝、黑色钢笔、毛笔或签字笔工整地填写表格或签字。

图 8 - 1 企业名称核准注意事项

填写公司名称预核准的相关表格（见表8-1），填写名称预先核准准托书（见图8-1）

申请企业名称				
备选企业名称				
主要经营业务				
注册资金（金）	万元		企业类型	
住 所				
投 资 人 出 资 情 况				
序号	姓名（名称）	证照号码	投资额（万元）	投资比例（%）
1				
2				
3				
4				
5				
6				
7				
8				
9				
10				

（写不下的可另备页面载明，并由全体投资人签名或盖章确定）

申请名称预先核准委托书

委托书＿＿＿＿＿＿＿＿＿＿＿＿＿前来办理了企业名称预先核准事宜。

委托有效期限自＿＿＿年＿＿＿月＿＿＿日至＿＿＿年＿＿＿月＿＿＿日。

委托权限如下（在所选唯一项目前的括号内打"√"，选择两项及以上或涂改的，本委托书无效。）

（　）1.不同意修改本申请书的任何文字内容。

（　）2.不同意修改本申请书的粗别字、遗漏或误加的文字。

（　）3.不同意修改本申请书的粗别字、遗漏或误加的文字，并且，如申请的企业名称未能核准，授权修改，增加或减少企业名称字词表述。

（　）4.同意修改本申请书的任何文字内容。

被委托人身份证复印件黏贴处

被委托人签名：　　　　　　　　　　联系电话：

通讯地址及邮政编码：

（全体投资人签名盖章处）

年　　　月　　　日

图8-2　名称预核准委托书

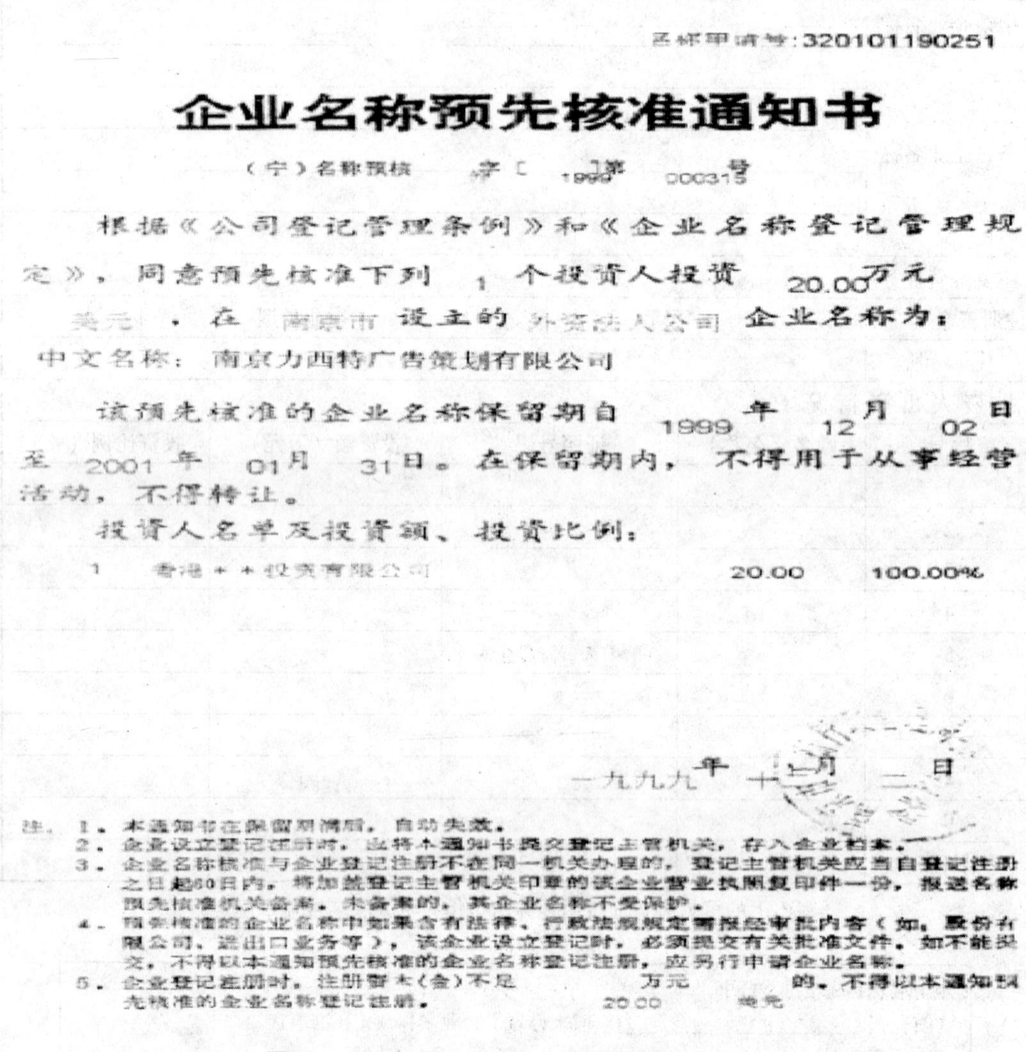

名称申请号：320101190251

企业名称预先核准通知书

（宁）名称预核　字〔 1999 〕第　000315　号

根据《公司登记管理条例》和《企业名称登记管理规定》，同意预先核准下列　1　个投资人投资　20.00　万元

美元。在　南京市　设立的　外资法人公司　企业名称为：

中文名称：南京力西特广告策划有限公司

该预先核准的企业名称保留期自　1999　年　12　月　02　日

至　2001　年　01　月　31　日。在保留期内，不得用于从事经营活动，不得转让。

投资人名单及投资额、投资比例：

1　香港＊＊投资有限公司　　　　　　　　　　20.00　　100.00%

一九九九年十二月二日

注：1. 本通知书在保留期满后，自动失效。
　　2. 企业设立登记注册时，应将本通知书提交登记主管机关，存入企业档案。
　　3. 企业名称核准与企业登记注册不在同一机关办理的，登记主管机关应自企业登记注册之日起60日内，将加盖登记主管机关印章的该企业营业执照复印件一份，报送名称预先核准机关备案。未备案的，其企业名称不受保护。
　　4. 预先核准的企业名称中如果含有法律、行政法规规定需报经审批内容（如：股份有限公司、进出口业务等），该企业设立登记时，必须提交有关批准文件。如不能提交，不得以本通知预先核准的企业名称登记注册，应另行申请企业名称。
　　5. 企业登记注册时，注册资本（金）不足　20.00　万元　的，不得以本通知预先核准的企业名称登记注册。

图8-3　工商局下达的公司名称预先核准通知书

名称预先核准时办理公司营业执照的先决条件，名称确定后即可进入公司注册。申领营业执照的第二个程序：填写公司注册的全部申请表、董事会章程、提交各股东或出资人资格证明、提交银行存款证明复印件、填写申请验资的相关手续。

内资企业验资指南

为规范企业登记注册验资行为，方便内资企业开户入资，提高注册登记的效率和质量，xx银行华侨路支行已率先与市工商局联网使用企业入资核对系统。新注册的内资企业通过我行入资核对系统入资的，可不需会计事务所所出具验资报告。具体操作如下：

8、新注册企业凭工商局核发的企业名称核准通知书、股东及经办人的身份证至我行开立临时验资账户。

9、出资人为自然人的，必须以现金或个人本票方式入验资账户，出资人为单位的，必须由单位签发转账支票，从付款行顺扎到我支行的验资账户。

10、全部入资资金到账后，出资人凭进账的回单到我支行打印企业入资证明，由我支行加盖业务公章和经办人章。

11、出资人凭入资回单和企业入资证明及其他所需资料，到工商局办理营业执照。

我支行为了方便贵公司的登记注册，长期派有专人为您解释我行办理验资的全部流程。并上门办理临时验资账户的开立、入资，基本账户的开户等业务，让您享受一站式的服务。

欢迎您与我支行的客户经理联系。

Xx 银行华侨路支行

图8-4　内资企业验资指南

（二）公司注册登记流程

1. 广告公司注册申报工商局的选择

公司开办条件基本具备后，下一步就是到什么级别的工商局申请注册，一般情况是根据公司设立所在地确定注册地址。若准备在南京市雨花区辖区内开办，就必须在雨花区内确定营业处所，并办理其处所的所有购房或租房手续，确定经营范围与规模后，按注册资金的多少，决定申报注册工商局的级别。目前情况下（2005 年）申报规定，注册资金 10 万-50 万范围由区工商局受理，50 万-500 万由市工商局受理，500万以上由省工商局受理，100 万以上就可以成立集团公司。注册申报的工商局级别与公司被批准设立后的级别相吻合（如省级、市级、区级），级别决定了公司今后的经营范围和规模，又是级别直接影响到企业在社会上的知名度，一般情况下，级别越高给人的感觉是实力强，所以在申报注册时，选择什么级别的工商局值得思考，凡是要量力而行。

2. 内资企业登记注册（国有、集体、股份合作公司）

（1）营业执照程序表（见图 5-5）

申请一套工商登记申请表

↓

办理名称预先核准手续

↓

由申请人填写相关表格

↓

提交有关登记材料报工商机关

↓

受理人员审查申请人的材料的真实性、合法性、有效性

↓

审核全部登记材料并在七个工作日内作出核准决定

↓

打印营业执照、发放营业执照、交纳登记注册费

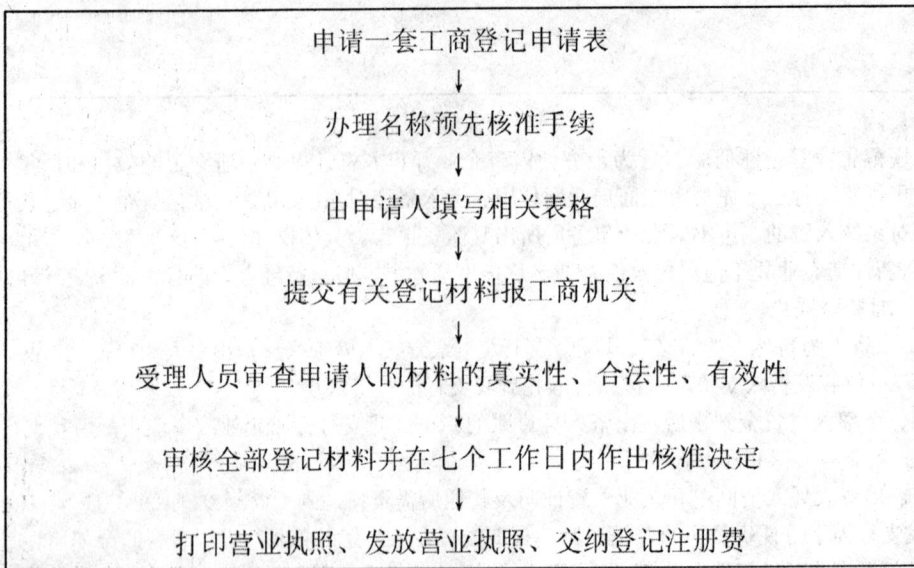

图 8-5　申请营业执照流程图

（2）设立非公司企业应提交的材料

1）组建负责人签署的开业登记申请书

2）企业法人申请开业登记注册书

3）主管部门的设立审批文件和设计审批的行业归口管理部门，国家授权部门的审批文件。

4）经主管部门或投资人批准同意的企业章程

5）资金信用证明，验资证明。

6）企业主要负责人的身份证明。

7）住所和经营场所使用证明。

8）其他有关文件证件。

3. 有限责任公司企业登记注册

（1）申请营业执照程序表（同内资企业）

（2）设立公司制企业应提高的材料

1）公司董事长或执行签署的《公司设立登记申请书》

2）全体股东指定代表或者共同委托代理人的证明。

3）公司章程。

4）具有法定资格的验资机构出具的验资证明。

5）股东的法人验资证明或自然人的身份证明。

6）独资企业、合伙企业投资人或全体合伙人同意投资入股的文件及加盟原登记机关印章的营业执照复印件。

7）载明公司董事、监事、经历姓名、住所的文件以及有关委派、选举或者聘用的证明。

8）公司法定代表人的任职文件和身份证明。

9）企业名称预先核准通知书。

10）公司住所证明。

11）国家授权投资的机构或者国家授权的部门的证明文件，及时设立公司的批准文件。

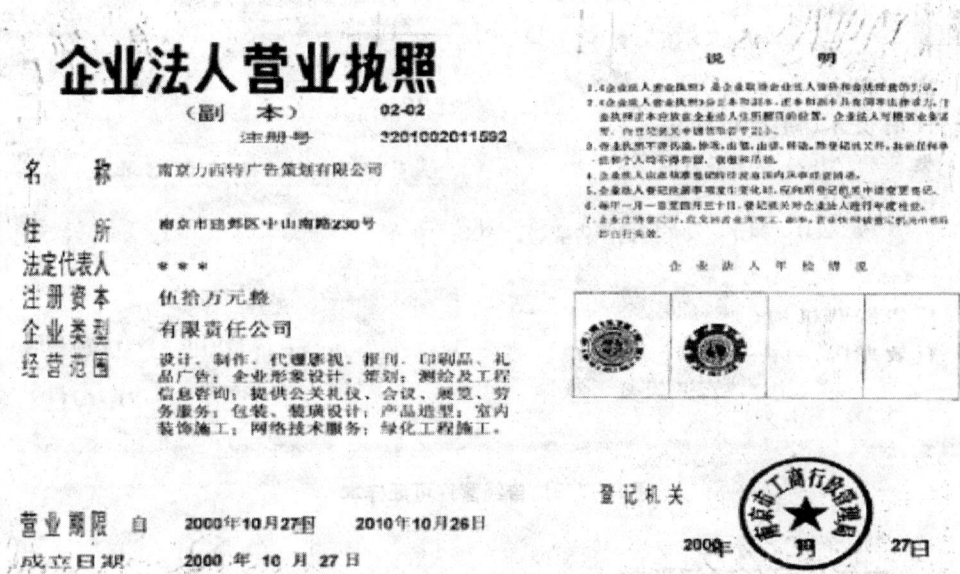

图8-6　广告公司营业执照样本

三、申领广告经营许可证

广告经营许可证是广告兼营广告业务的书面形式的合法凭证，是国家工商行政管理局统一印制。它规定了广告兼营单位必须在核准等级的范围内，从事合法的广告活动，否则，就要受到查处。我国工商行政管理机关签发的广告经营许可证有三种，即：《中华人民共和国广告经营许可证》，它的发放对象是直接承办外商来华广告的广告兼营单位；《广告经营许可证》，它的发放对象是兼营广告业务的事业单位；《临时性广告经营许可证》它的发放对象是从事临时性广告经营活动的单位。申请从事临时性广告经营活动的单位有两种类型：一种是工商行政管理部门批准的广告经营单位，一种是非广告经营单位。广告经营单位领取《临时性广告经营许可证》可以超出经营范围从事被批准的一次性广告业务。非广告经营单位领取《临时性广告经营许可证》可以从事被批准的一次性广告业务。被批准的临时性广告经营活动结束后，《临时性广告经营许可证》自然失效，不能继续使用。经营临时性广告业务的单位应将《临时性广告经营许可证》可交回原发证的工商行政管理局。

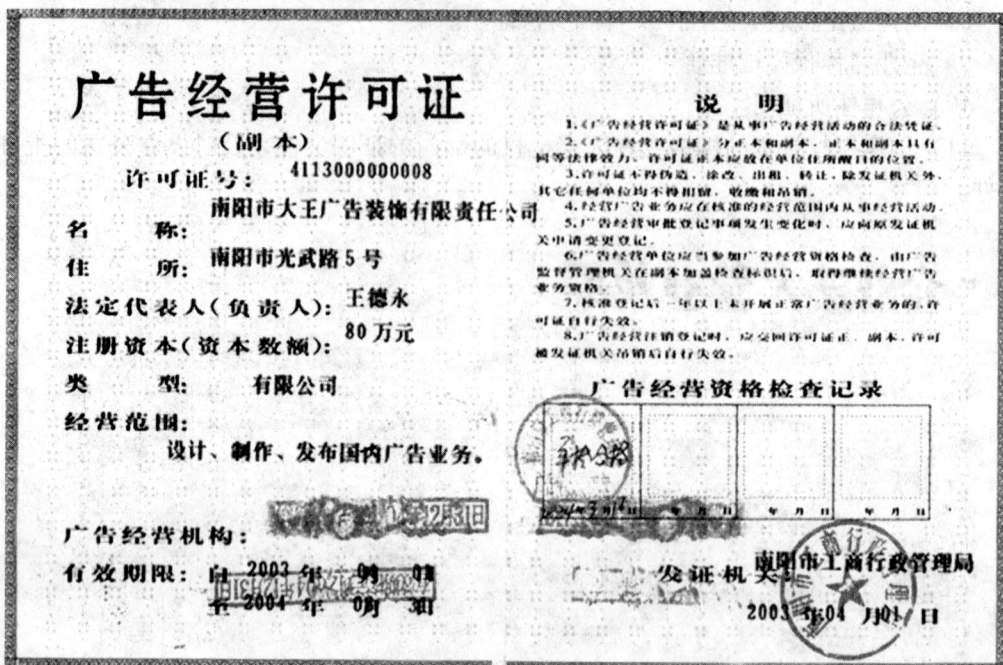

图8-7　广告经营许可证样本

四、广告公司各部门职能

如果自己打算进入相关广告公司工作，那么广告公司有哪些部门？各部门又有哪些职能？各部门之间又是如何配合的？这些内容应该是初步踏入广告行业者应该了解的，以下是就一个广告公司各部门的功能做了简单的介绍。

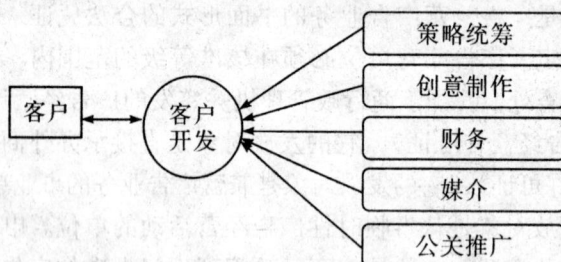

图8-8　广告公司部门示意图

（一）广告公司各部门负责人职责

1. 公司业务流通的中枢

沟通中介与桥梁

－客户与公司之间

－公司各职能部门之间

2. 责任承担人

- 负责公司与客户之间的所有业务运作
- 对公司提供的服务质量承担全面的最终责任

3. 策略控制人

- 与客户一道发展广告推广策略
- 为公司内各部门的工作设定方向
- 驱动公司与客户的业务关系

4. 监督和协调人

- 监督和控制所有业务的工作进程
- 协调公司内所有部门的工作

作为公司业务成长的原动力，监督和协调人担负着——

- 广告作业质量
- 与客户的健康业务关系
- 公司效率和效益

（二）广告公司业务流程（见下图）

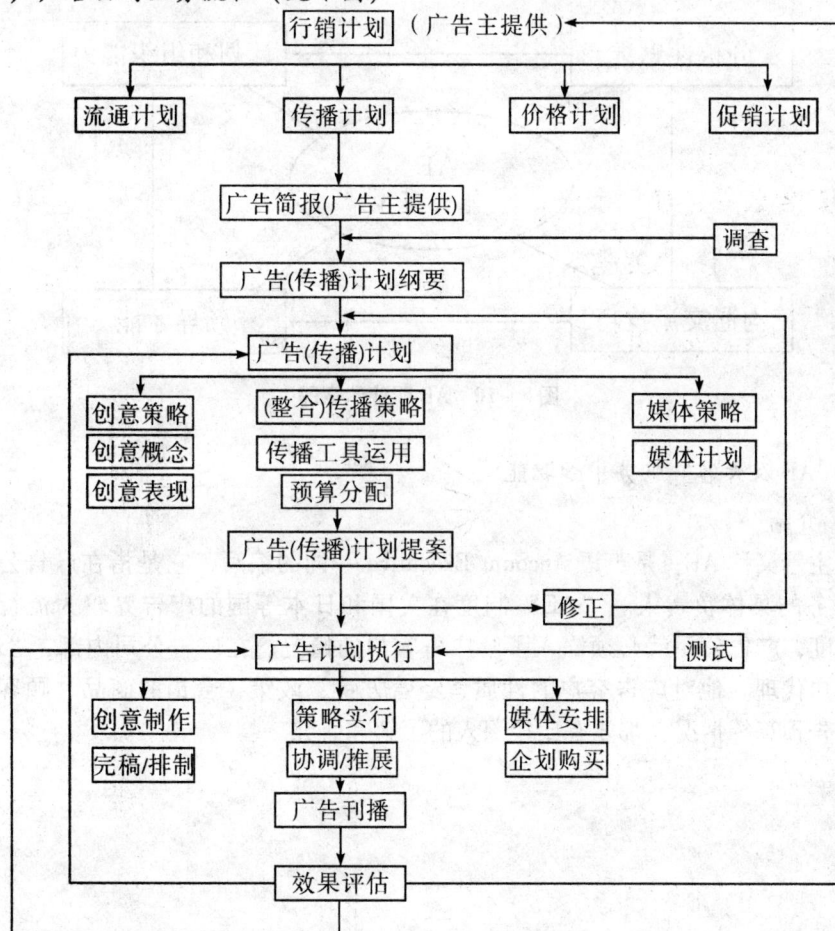

图 8-9　广告公司业务流程示意图

（三）广告公司部门工作理念

1. "精确服务"

很多正式的广告公司率先建立、实施了先进的 CRM（客户关系管理）系统，以数据库的定期分析确立分析研究、知识发现、市场开发、客户互动，提高客户满意度和忠诚度。

2. "创意服务"

将"创意"贯穿于广告服务全程，从初期接洽到后期执行的每一个细节中，皆有广告公司创业者的思想在闪光。

3. "专业服务"

以服务的规范性、全面性和高质量到达与客户合作的深度和广度，确立在广告行业中的基础竞争优势。

4. "团队服务"

不提倡个人英雄主义，不提倡一个人包办客户一个公司的需求，以个人能力与团队协作相结合，以集体力量为客户奉献无微不至。

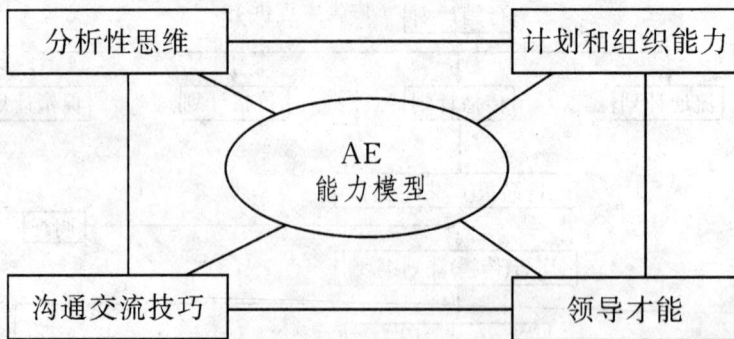

图 8-10　AE 职能示意图

（四）AE 及大客户服务中心职能

1. AE 介绍

客户主管又称 AE，是英语 Account Executive 一词的缩写，它是指在广告公司中执行广告业务的具体负责人。"AE"制度在美国和日本等国的广告界较为流行，实行"AE"制度，广告公司就必须深入了解广告客户的情况。在广告公司内部，"AE"其实就是客户代理。他对广告客户的性质、经营方针、政策、营销的商品、顾客、竞争对手、广告预算等情况，都要有比较深入的了解和研究。

2. 服务流程

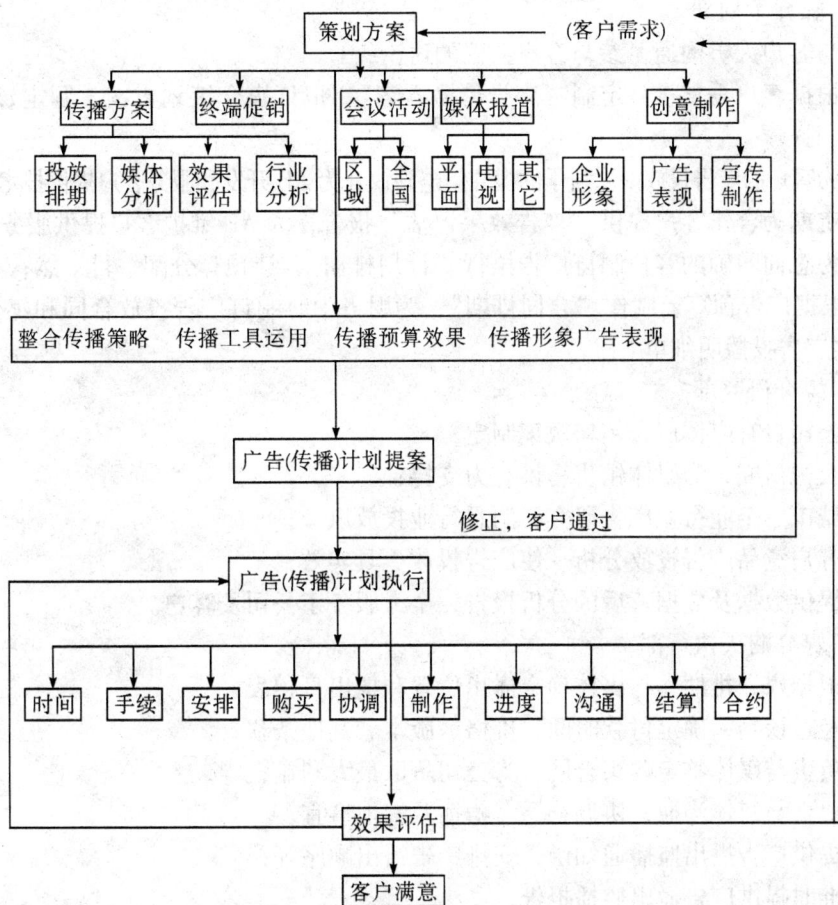

图 8-11　AE 职能执行示意图

（五）广告公司媒介中心职能

1. 团队风采（组成）

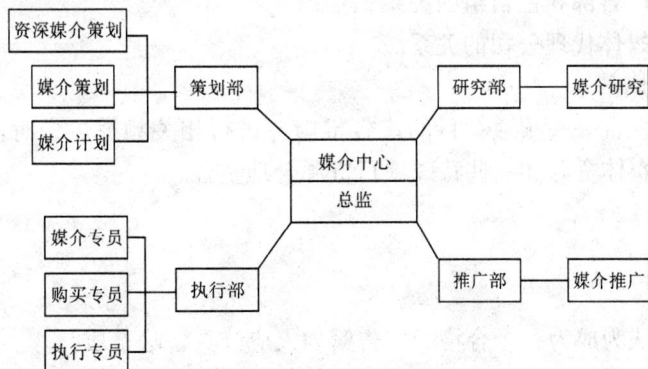

图 8-12　媒体中心职能示意图

2. 部门职能

（1）媒介策划部

1）与客户人员沟通，参与客户会议的讨论；

2）根据客户需求量身定制"广告传播方案"，拟订媒介策划方案、制定媒介策略和媒介计划；

3）为客户的广告投放提供科学的媒介策略建议，为 AE 开发和服务客户提供技术支持；

4）定期为合作客户提供"广告效果评估"报告，为 AE 维护客户提供服务支持；

5）为意向明确的客户制订广告执行"计划排期"，让预算分配一目了然；

6）根据广告预算，制作"合同排期"，为财务中心制订广告投放合同和媒介购买/执行提供广告投播明细单。

（2）媒介研究部

1）公司自有媒体广告销售政策制定；

2）收视研究，为媒体销售提供有力支持；

3）城市、企业行业广告研究，洞悉行业投放风云；

4）客户竞品广告投放分析，使广告投放更具实效；

5）提供数据及数据背后的分析报告，全力服务于公司及客户。

（3）媒介购买执行部

1）根据媒介排期，与媒体确定播出位置和播出日程表；

2）经过谈判，确定付款时间、价格、版本和其他条款；

3）负责与媒体签定购买合同，为公司争取最大利益；

4）负责与媒体沟通，协调补播，赠播及其他事宜；

5）提供广告播出监播通知函，安排广告播出顺序等；

6）准时提供广告播出监播报告；

7）自有媒体广告审批、报播；

8）提供广告播出通知、换版通知、媒介信息；

9）对媒介执行情况进行监控，协调；

10）安排赠播、补播等广告事宜；

11）协调与广告部和栏目组的关系；

12）维护与媒体代理公司的关系。

（4）媒介推广部

负责相关电视台一些频道栏目的广告推广并进行相关频道广告时段报价。将电视媒体资源、平面媒体资源和一些特殊项目资源合理整合。

综合实训

任务一：你认为成为一个合格的广告策划人应该具备啥素质

任务二：详细阐述注册成立一个专业广告策划公司的流程

任务三：结合实例讲述广告公司各部门之职责

参考文献

1. 何佳讯 广告案例教程 上海 复旦大学出版社 2007 38－43

2. 何佳讯 现代广告理论案例与评析 上海复旦大学出版社 2002 47－54

3. 胡晓芸 世界广告经典案例 北京 高等教育出版社 2006 278－289

4. 冯丽云 经典广告案例新编 北京 经济管理出版社 2007

5. 穆虹 李文龙 实战广告案例 全案 北京 中国人民大学出版社 2005 130－135

6. 穆虹 李文龙 实战广告案例 活动 北京 中国人民大学出版社

7. 覃彦玲 广告学 成都 西南财经大学出版社 2009

8. KENNENTH E CLOW 广告 促销与整合营销传播 冷远红 译 北京 清华大学出版社

9. 克里斯托弗 H 洛夫洛克 服务营销 3 版 陆雄文 庄莉 主译 北京中国人民大学出版社

10. 刘旗辉 最佳商业模式 北京清华大学出版社

11. 任探廷 浅议植入式广告 今传媒 学术版

12. 吴晓波 公司锦标赛 北京 中信出版社

13. 特劳特（中国）战略定位咨询公司 企业战略高峰论丛 北京

14. 赵素欣 浅议隐形广告的境界 今传媒 学术版

15. 周雄伟 孟文娟 王正兴 周洁 植入式广告与电影的联合 青年记者

16. 查道存 胡鑫 植入式广告 未来影视广告经营的新趋势

17. 王新玲 广告效果测评 销售与市场

18. 金融危机挤压亚洲广告预算 华尔街日报

19. 白晓倩 美国公司广告转投新媒体 通信信息报

20. 时间与大自然的巧妙组合 名牌时尚折扣网

21. 熊大寻 中国城市策划案例之一"策划大理——笑傲江湖"中华商界专家网

22. 熊大寻 "风花雪月"——大理游客短期翻信内容，博客

23. 钟国华 大理冲刺世界自然文化双遗产 政府先保护再抢救 都市时报

24. 大理白族自治州商务局 以文化力激活经济力 做强做大大理文化旅游产业

25. 威廉 阿伦斯。当代广告学。第 8 版。丁俊杰等译，北京，人民邮电出版社 2005

26. J Thomas Russell 克莱普纳广告教程，第 15 版 北京 中国人民大学出版社 2005

27. Tom Duncan 广告与整合营销传播原理 第 2 版 北京 机械工业出版社 2006

28. Belch G E 广告与促销 整合营销传播视角 第 6 版 北京 中国人民大学出版

社 2006

29. Jack Z Sissors 广告媒体策划 北京 中国人民大学出版社 2006

30. 辛普 整合营销沟通 北京 中信出版社 2003

31. David Ogilvy 欧格威谈广告。洪良浩 官如玉译 台北 哈佛企业管理顾问公司 1984

32. 保罗 M 莱斯特 视觉传播 形象载动信息 北京 北京广播学院出版社 2003

33. 大卫 奥格威 一个广告人的自白。林桦译 北京 中国物价出版社 2003

34. 冯斌 周建中 慕洋 平面广告创意经典 沈阳 辽宁科学技术出版社 1999

35. 甘布尔 有效传播 第 7 版 北京 清华大学出版社 2005

36. 丁俊杰 现代广告通论 北京 中国物价出版社 1997

37. 徐志明 高志宏 广告策划 北京 中国物价出版社 1997

38. 马谋超 广告心理学基础 北京 北京师范大学出版社 1992

39. 穆虹 李文龙 实战广告案例 北京 中国人民大学出版社 2001

40. Kevin Lane Keller 战略品牌管理 北京 中国人民大学出版社 2003

41. 吴柏林 广告策划与策略 广州 广东经济出版社 2006

42. 斯各特卡特里普等 公共关系教程 北京 华夏出版社 2001